微商

12招教你玩转微营销

任昱衡 编著

清华大学出版社
北京

内 容 简 介

随着微商市场的火爆，许多人纷纷加入微商行列，但是如果想在微商行业中赚取金钱，还需要一些技巧，比如如何寻找一手货源、如何选择价格低且速度快的物流、如何利用现有资源进行吸粉、如何说服客户购买、如何在朋友圈里发布软文、如何快速地招到代理等。这些核心点只有那些有丰富经验的微商才能做到，而普通人只能眼睁睁地看着他们在微商业赚取真金白银。

通过阅读本书，菜鸟也可以快速学会别人积累的经验，因为书中的内容是从上百位微商精英、数十位微商大咖的经验中总结而来的。本书对一些微商核心点进行反复分析，结合大量案例，让新手轻松做好微商营销。

本书适合刚步入微商行业的新人，因为这本书中有大量的实操案例，人人都能读懂。还适合拥有丰富经验的微商大咖，毕竟这是数十位大咖的微商经验，在抱团发展的新时代，与行业精英同行才是正确之选。

图书在版编目(CIP)数据

微商：12招教你玩转微营销 / 任昱衡编著. — 北京：清华大学出版社，2016(2016.7重印)
ISBN 978-7-302-42848-0

Ⅰ．①微… Ⅱ．①任… Ⅲ．①网络营销 Ⅳ．①F713.36

中国版本图书馆 CIP 数据核字 (2016) 第 028867 号

责任编辑：张立红
封面设计：邱晓俐
版式设计：方加青
责任校对：李　安
责任印制：王静怡

出版发行：清华大学出版社
　　　　网　　　址：http://www.tup.com.cn，http://www.wqbook.com
　　　　地　　　址：北京清华大学学研大厦 A 座　　　　　　邮　　编：100084
　　　　社 总 机：010-62770175　　　　　　　　　　　　　邮　　购：010-62786544
　　　　投稿与读者服务：010-62776969，c-service@tup.tsinghua.edu.cn
　　　　质 量 反 馈：010-62772015，zhiliang@tup.tsinghua.edu.cn
印 装 者：三河市中晟雅豪印务有限公司
经　　销：全国新华书店
开　　本：170mm×240mm　　　　**印　　张：**17.5　　　　**字　　数：**276 千字
版　　次：2016 年 3 月第 1 版　　　**印　　次：**2016 年 7 月第 2 次印刷
定　　价：69.00 元

产品编号：068185-01

你的生活，你满意吗

有人开豪车，你却骑自行车；有人住豪宅，你却住几平方米的隔断间；有人做全职妈妈能月薪上万，你做专职工作却每月只能拿几千块的工资；有人天天想着如何赚更多的钱，你却天天为房贷、车贷着急上火；有些人的孩子一出生就含着金钥匙，你的孩子却每月的奶粉钱都不够；有些人的孩子无论学习好坏都能出国留学，你的孩子努力了很久却只能上国内的一般大学……

这就是人与人的差距。别再羡慕别人开豪车、住别墅了，你自己也该反省反省了。先看看自己的朋友圈，再看看别人的朋友圈，你就知道自己和他们的差距在哪里了。比如，别人用朋友圈赚钱，你却用朋友圈浪费时间。

互联网又一个风口——"微商"疯狂来袭

移动互联网时代已经到来，很多人利用QQ、微博、微信等社交工具，开启了新的营销模式——微商。说起微商，也许很多人都还没听说过这个词，也有很多人瞧不起这个行业，就像淘宝刚刚兴起的时候，一些人也同样瞧不起它一样，后来却慢慢发现了淘宝中的商机了，然而此时黄花菜都已经凉了，只能眼巴巴地看着别人大把大把地数钱，自己眼红。

马云说："任何一次商机的到来，都必将经历'看不见''看不起''看不懂''来不及'这四个阶段。任何一次财富的缔造必将经历'先知先觉经营者；后知后觉跟随者；不知不觉消费者！'这样的一个过程，我们愿意做哪一种？现实中，我们又是哪一种？每一次新的商机的到来，都会造就一批富翁！富翁的共性：当别人不明白的时候，明白了；当别人明白的时候，富有了；当别人富有的时候，成功了。"

如今，微商时代疯狂来袭。特别是微信，对它来说，2015注定是个不平凡的一年。微信每月活跃用户达到5.49亿，其在线活跃度首次超过QQ。成为国内最大即时沟通软件的同时，微信又强势进军电商大军，打响了"微信，不仅仅是聊天工具"的漂亮一战。此时，如果你还认为微信仅仅是聊天工具，那你就真的OUT了！

微商是互联网的又一个风口，聪明的商家都在悄悄地把用户引导到微信上，把他们圈起来，即便是做自媒体的微博大号，也都在陆陆续续把粉丝引到微信上。马云说："未来的电子商务将会是移动电子商务！"现在的马云和其他商家一样，正在强行地将淘宝移植到移动端，而且这种趋势早就已经到来，势不可挡。

淘宝成就了一批创业者，微商也正在改变很多人的命运！如果你当初错过了淘宝，难道你现在还打算错过微商？别再犹豫了，微商已经成为潮流中的潮流，赶快抓住这个时代最好的赚钱的机会吧。

微营销模式

看着微商如此火爆，很多人都加入了微商的行列。然而有些微商每天都很努力很努力，无时无刻不在空间、朋友圈各种发广告、各种求支持，可惜啊，就是没人买单，甚至还会被别人拉黑、屏蔽。

每次看到其他微商在朋友圈晒订单，晒快递单，你就各种羡慕嫉妒恨，心想：要是自己也有这么一家店，那该多好啊！同时你可能也会感到非常疑惑，为什么自己做微商，别人也在做微商，他们能轻轻松松日进账上万，而自己辛辛苦苦一个月都挣不了几个钱。是他们太幸运，还是自己太无能？

其实，出现这样的结果，不是因为你不够努力，也不是因为他们太幸运，更不是因为你无能，而是因为你没有掌握住做微商的方法。

微商是传统营销方式的一场变革，它从单一渠道的线下营销模式逐渐转变为多渠道的线上和线下相结合的营销模式。微商采用"多级分销，三级分佣"分销系统，颠覆了传统的营销模式。为了增加精准顾客，微商要通过微信朋友圈、公众平台等方式进行线上推广，还要通过粉丝消费发展分销商，鼓励粉丝有偿转介绍，这样就可以用最低的成本迅速积累百万粉丝。微商说白了就是粉丝经济，精准粉丝多了，自然能让产品以最快的速度引爆市场，提高销售转化率，赢得品牌口碑效应。

另外，做微商还要紧跟微商潮流，传达微商最新动态。2015年的微商只会是更加品牌化、团队化，所以，微商必须要打造个人品牌，团队互相帮助配合，借助团队名气，在微商大潮来临之前，圈住自己的鱼塘。如果你还是依照传统的营销模式单打独斗，追求爆款，那么，你面临的将是被淘汰的局面。所以，要想做好微商，转变营销思路成关键。

通过本书，逆袭微商

有些人想做好微商，但却苦于无从下手。《微商：12招教你玩转微营销》这本书将手把手教你如何做好微商。

1. 教你如何寻找一手货源，解决货源问题。

2. 教你如何吸引精准顾客主动加你，解决客源问题。

3. 教你如何写出吸引顾客的软文。

4. 教你如何捕捉论坛、贴吧、百度知道上的潜在顾客。

5. 教你如何去运营并做大自己的朋友圈，解决促成成交的问题。

6. 教你如何应用平台工具，吸引粉丝的眼球。

7. 教你如何开通微信公众平台进行内容营销。

很多微商高手总结了微信卖货的3个关键词：精准定位顾客群、微点定位、有效沟通。而《微商：12招教你玩转微营销》正是收集了"寻找一手货源、查找精准人群、吸引粉丝、做内容营销"等实战技巧，让你系统地学习如何做好微商。这本书不仅适合刚刚入微商的小白们，还适合有一些实战经验的微商，好好利用此书，将帮你成功逆袭微商，月入百万不是梦。

关于作者

任昱衡，博士、副研究员，高级电子商务师，高级硬件工程师，中国电子商务协会电子商务研究院副院长，中国电子商务协会信用体系建设管理中心主任助理，中国电子商务师资质（职称）认证管理中心主任助理，参与国家多项电子商务法律、法规、标准制定工作，目前主要负责国家电子商务师职业水平（职称）认证体系的构建和国家电子商务行业企业信用监管工作，在多所重点高校担任客座讲师，负责讲授电子商务专业课程，并指导信息管理专业和软件工程专业（电子商务方向）硕士研究生。

本书由水拦鱼财经策划，由任昱衡组织编写，同时参与编写的还有黄维、金宝花、李阳、程斌、胡亚丽、焦帅伟、马新原、能永霞、王雅琼、于健、周洋、谢国瑞、朱珊珊、李亚杰、王小龙、张彦梅、李楠、黄丹华、夏军芳、武浩然、武晓兰、张宇微、毛春艳、张敏敏、吕梦琪，在此一并表示感谢！

目录

第1章

寻找一手货源，年省十万块钱

大家做微商基本都是卖东西，这点不管是在实体店还是在网上都是不会变的。当然，寻找货源对做微商的人来说是最关键的一环，拥有了好货源，就等于成功了一半。因为有了好的货源，你才能从中得到好的产品、好的价格，而产品和价格是你同其他网店竞争的最大优势。有了好的货源，你才能没有任何后顾之忧地去发展自己的客户，进而把自己的微商事业做得更强、更大。

1.1 如何挑选质优价廉的货源

做微商最为关键的一步，就是找货源。产品是信誉的基石，个人品牌营销、口碑营销是微营销的本质，而产品质量是个人品牌营销的前提和基础。如果你前期在产品选择上没有做好，那么，后期将会带来很大的麻烦。如今，随着移动互联网的高速发达，信息传播快，数量多，所以，微信圈和其他社交媒体圈都不缺好产品，在这种情况下，如果你跟别人的产品差距很大，那无疑将给你的微商事业带来很大的打击。

选择产品是微营销的第一步，那么，如何才能挑选出一款适合自己的产品，并找到能让这款产品质优价美的货源呢？一般要遵循五大标准和三大原则。

选择货源的五大标准如图1-1所示。

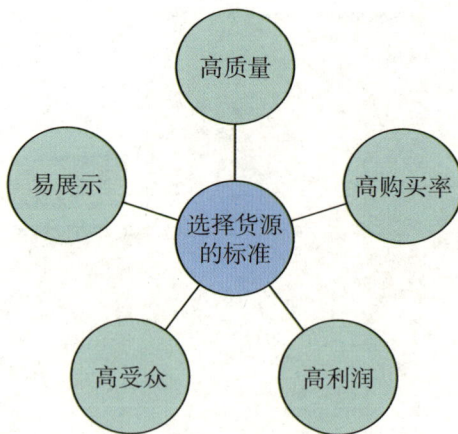

图1-1 选择货源的标准

1. 高质量

做微商一定要注重个人品牌营销，好的产品才能持续发展，这点不用有任何的迟疑。在朋友圈做销售卖的其实是人品。一旦货物质量不行，影响的是你整个人的信誉。假如你拿一款品质差的面膜去忽悠自己的朋友，甚至闺蜜，或者拿三无的食品去"谋杀"那些贪嘴的吃货朋友，其结果只有一个：既断财脉又断人脉。

@小鸟依人：好朋友也做微商，整天发布各种广告，搞得都不敢跟她聊天。上次直接给我推销一款代购化妆品，钱没少花，但被识货的同事一眼就看穿了。还好朋友呢，直接把她拉黑，以后又是陌生人。

@只为一世情缘：凭对熟人的销售变相地消耗自己的人脉，产品质量不好、朋友不好意思退。没有诚信，没有友谊，纯属利用朋友间感情，最终伤不起啊。

总之，你要想做好微营销，在选择销售产品时，一定要对该产品知根知底，哪怕自己前期辛苦点，一定要多去"蹲点查访"产品质量，最后你换来的会是对自身产品的信心和人品背书。

2. 高购买率

微营销不是无休止地销售，而且每个人开发顾客的能力也有限，这时候选择一个可以重复购买的产品无疑是最好的。所以，微商投资者最好选择一些快消品（即使用频次高的易耗品），比如，面膜这种日常消耗品，每个人每周都需要几块，同样的还有一些护肤品。爱美是人的天性，如今不仅仅是女生，连男生都开始关注护肤品了。这也是为什么市面上做面膜、护肤品的微商能火的原因。试想，爱美的人一生要用到多少面膜？只要产品足够好，有 100 个人一辈子都用的面膜，算算能赚多少钱吧？

3. 高利润

微营销不是淘宝，很难一天出去很大的量，所以，想要挣大钱就需要选择利润高的产品，比如护肤品、电子产品等奢侈品。否则忙活半天，货源找好了，客源也加的很多了，最后却挣不了几毛钱，还不如转行做别的。

4. 高受众

这点对于刚进入微商领域的新手们而言要特别注意，不要轻易地去做一些小众产品，如字画、紫砂壶等，除非你掌握了一些特殊的人脉或者商品资源。

5. 易展示

微营销主要通过朋友圈、QQ空间、微博等平台推广，而这些平台可利用的资源空间很小，不可能每次发一条推广信息，就把大家的屏刷爆了，试想谁愿意看这样的动态呢？所以，大家选择的微商产品不要过于复杂，比如服装，图片和文字展示其实都很难去完整地表达这件衣服到底如何，所以，要避免这样的产品。

挑选质优价美的货源要遵循的三大原则如图1-2所示。

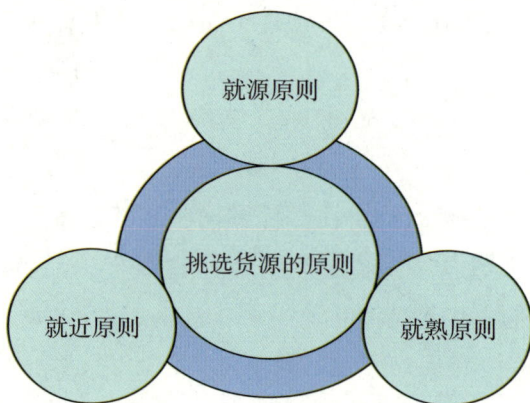

就源原则

挑选货源的原则

就近原则   就熟原则

图1-2　挑选货源的原则

1. 就源原则

微商要做大，发展自己的代理自然是不二之选。但要发展代理，货源价格必须有竞争优势。因此，为了适应长期发展的需要，并保证利润最大化，还是要从货源上游批发产品，当然最好就是厂家。这样发出的产品价格才最低，自然可以招到的代理也是最多的。

2. 就熟原则

做微商的产品要尽量选择自己熟悉的圈子，什么是圈子？就是熟悉的人员，比方说，你是一位宝妈，圈子里的人大部分应该都已经结婚生子了，那么，就可以从小孩玩具、奶粉等产品考虑，这些产品是熟悉圈子的朋友们购买力最强的产品，而且是可以亲身体验的，可以增加他人的信任感。再比如你是一个爱打扮的女性，那你肯定对护肤品、化妆品这类产品比较熟悉，那么，护肤品、化妆品可能就是非常好的产品选择。

3. 就近原则

如今，选择土特产作为微商产品也是一个很不错的选择，但要尽量选择家里附近的特色产品，比如新疆的朋友可以选择做新疆大枣，南京的朋友做南京板鸭之类的。这样大家才感觉你的产品是正宗的，才愿意光顾你的微"店铺"。

1.2 一手货源 ≠ 直接去工厂批发

自2014年微商兴起以来，越来越多的企业、团体和个人就开始抢占微商市场，无论是个体微商创业者，还是知名企业，谁也不愿错过移动互联网带来的千亿商机。

2015年无疑是一个全新的微商模式爆发年！2016年，微商市场会越来越大。对于微商创业者，要想存活，就必须和传统的模式不同！要想真正抢占微商市场，就必须有好的货源！然而现在市面上的货源一抓一大把！你拿到的真是一手货源吗？还是已经被你的上家或者上上家加了好几倍的价格的货源？再说已经被翻了好几倍价格的产品对你做微商还有优势吗？你真的甘愿做人家的二三手甚至更多手代理，辛辛苦苦为别人做嫁衣吗？

当然，对顾客来说，他们讲究的是物美价廉。在日常生活中，如果我们在同一条街上发现两家化妆品店出售同一款化妆品，但两家的价格却有所差异，我们理所当然地会选择价格便宜的那家店。化妆品价格的影响因素有两个，一个是店铺本身的租金、设备、以及装修的投入，另外一个就是化妆品本身的批发成本。同一条街，店铺租金、设备的投入相差无几，而唯一可以突出化妆品价格优势的就只能是化妆品本身的成本了。为此，很多店主当然都希望用同样多的钱购买更多的化妆品，以降低化妆品本身的成本，进而在为化妆品定价的时候也会相对降低，这无疑也是每个顾客都喜欢的。

做微商也是一样，想让顾客光顾你的"店铺"，就要用价格优势吸引他们。一般来说，最大限度地降低产品本身成本的最好办法就是找到一手货源。

那么，什么是一手货源呢？

很多微商新手误以为一手货源就是厂家货，先不说他们这样的想法是否正确，下面我们先来看看什么是厂家货，厂家货到底适不适合微商新手们。

一手货源 ≠ 直接去工厂批发

图1-3　一手货源与批发

厂家货就是直接从工厂生产出来的货品。如果是自产自销的加工厂，他们会在批发市场有档口，或是直接做品牌连锁加盟店，而不是在工厂卖货。所以，散客批发商要找厂家货，必须上市场去找。

假如你费了九牛二虎之力找到了一个自产自销的厂家，你接下来就要思考一些问题：

（1）厂家值得依赖吗？

（2）去厂家那里批发，他们要求的最低量是多少？

（3）你的微商"店铺"能需要那么大量的货吗？

像这样的厂家货，你要的货量除非能达到厂家的下限，否则他们是不会为这几件、几十件，或者一段时间只需要小批量的货而浪费时间的！要知道，厂家走的就是量，没有量他们就没有利润可言！没有利润的话，谁都不会有兴趣跟对方合作！一般来说，厂家只会和一些大的化妆品店或连锁经营店合作，像一些微商新手，或者一些做微商只有一段时间的人来说，找厂家货只是在浪费时间而已。所以，做微商要找的价格最低、质量最优的一手货源并不一定就非得是从厂家直接批发的货。

那么，微商如何才能找到一手货源呢？

其实，寻找一手货源最简单的办法就是找批发市场的档口（"档口"是广东话，是商店的意思），即批发的门店、批发的代办点等。但是，微商在找批发市场的档口时，还要注意，这些档口多半是私人提货批发给做小生意或者小门店的人，也有个别的服装厂之类的在服装批发聚集的地方开个厂家批发档口，也就是批发直营店。微商如果提的货多，最好找厂家批发档口，这样能保证提的货价格最低，质量最好。从厂家批发档口提的货也算是厂家货，而那些刚刚入行的新生们口口声声说要找的厂家货，其实就是"档口"货。

投资几家档口货源对微商投资者来说，一方面是再也不会被上家压榨利润，可以自己直接找档口拿货下单，自己做一手代理，把上家原本赚的那份收入自己囊中！另一方面是可以发展自己的代理，不愁没销量。勇敢尝试从批发档口拿货，才能把自己的资源翻一番！想做好、做大微商就不要再犹豫下去了，要赚钱就不要等！勇于踏出第一步才能得到想要的！否则就错过了自己的盈利机遇了！

虽然大家都知道从厂家批发档口拿货是最好的，但很多做开了的档口厂家，他们往往已经积累了一定的顾客，因此，他们会放弃高租金的档口，在产品出来后定时给自己手头上的顾客开几次订货会。这些厂家有时会做宣传，那么，微商投资者就需要关注这些厂家的宣传信息，抓住成为他们的顾客的机会。如果没有厂家做的宣传，也没熟人的介绍，新手们基本上是找不到他们的，所以，微商投资者还要建立自己的关系网，充分利用自己手上的人脉资源，让他们为自己穿针引线，找到让自己赚更多的一手货源。

总之，刚刚入行的新手及做散货的亲们，别总是把眼光盯着自己的上家，而要把眼光放长远，找到适合自己的货品，做一手代理，找到让自己赚钱的供应商那才是王道。

1.3 不要随随便便找一个上家

近两年，微商创业备受关注，很多人通过微商进行营销用一个月就可以赚到十几万元，如此可观的巨额利润吸引着很多创业者。而且做微商的门槛低，有一款手机，几百元就能入行。听起来很简单，但要想做好，还有一段很长的路要走。

去工厂、档口进货既费时又费力，很多微商都不愿意采取这种进货方式，那么，他们是如何找到货源的呢？答案是找上家！现在很多做微商的都是从上家那里拿货。但是采取这样的进货方式，微商要找到一个可靠的上家，千万别找那些嘴上说是一手货源，其实就是在网上查看哪家产品价格低，就选择哪家产品代发给你的顾客的上家。如果你选择了这样的上家，一旦顾客因为用你的产品出了问题，那你就真的不好收场了！所以，做微商不能随随便便找一个上家，要慎选，慎选，再慎选！这样才有利于你微商事业的长期发展。

有的人做微商，一开始就直接复制朋友、亲戚的产品；做他们的代理。这样做太盲目了。你应该首先了解一下朋友、亲戚的上家是谁，他们提的货源是否是一手货源，如果他们上面还有几层上家，那么，干脆就放弃做他们的下家，因为利润早被他们一层一层的剥夺去了，到囊中的利益只剩下残羹，甚至连残羹都没有。

另外，也有很多不了解微商的创业者，他们在做微商找上家这个问题上吃了不少亏。有的人在做微商的过程中随便选择一些上家，因而经常被一些不法分子利用。在市面上，有很多人会销售一些假冒伪劣产品，打着某大品牌的幌子，来招微商总代理，同时招收大量的下级代理，很多人误以为真，最终上当受骗，损失了大量的金钱。从选择上家这个角度来说，做微商并不是一件简单的事情。

下面就介绍一下微商投资者在选择上家时应注意的问题，以及应该选择什么样的上家？对于自己选择的上家，首先应了解他们是否具备如下（见图1–4）因素。

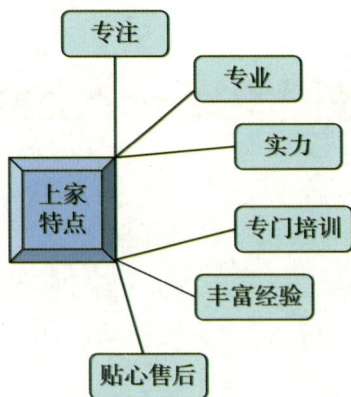

图1–4　选择的上家应具备的特点

针对微商怎么找上家这个问题，一些营销专家和微商高手提醒那些想通过做微商创业的人，最好选择市场上的一些知名度高的大品牌。由于微商中用户群具有特殊性，所以，现在还没有严格的监管制度，很多人都有所顾忌，对一些不知道的产品更没有信心去买。但对于市面上的一些大品牌，因为他们信任大品牌的产品，认为这样的产品有保证，顾虑也少，很容易去购买。

总而言之，微商们在确定自己的上家之前，必须问清楚并确认这些货源是否具有高质量、高资质等条件，经过多方打听和信息搜集，如果微商们确定了上家销售的产品没有问题，那还要进行下一步的确认工作，即他们是否有选择好的上家负责微代理的培训工作以及产品的售后服务。如果上述这些都清清楚楚了，再选择是否让他当自己的上家。

选择上家时，厂家的售后服务是关键，那么，什么样的售后服务才是值得信赖的呢？该上家应包括的服务内容如图1-5所示。

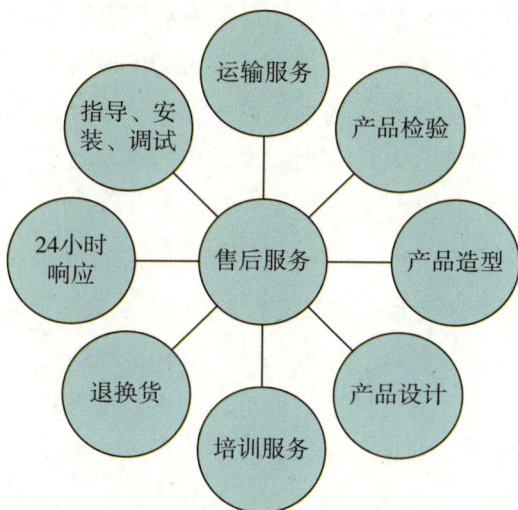

图1-5　售后服务内容

如今，随着微商的迅猛发展，一些微商产品的厂商也全力支持一些微商创业者，提出了一系列优惠条件和支持服务。这些厂商非常注重微信营销市场，还提供了微商的教学，他们产品的总代理招收下级代理商，同时定期给下级的代理商进行一系列的培训和教学等，这些重要的培训和教学可以让那些对于微商零基础的人在短时间之内了解微商营销的一系列技巧，通过微商营销赚得人生中的第一桶金。显然，这样的厂商是很有诚意的，微商们选择这样的厂商做上家，往往可以获得意想不到的效果。

有一名记者以准备做代理为名，通过微信联系到了××面膜微商张小姐。

张小姐告诉记者,她是一家公司的前台人员,平常工作很轻松,2014年她通过朋友圈买面膜后突发奇想,想利用业余时间做微商。她认为××面膜牌子硬,质量也很好,很多朋友都喜欢用这样的面膜。于是,她打算代理此款产品面膜。

有了这个想法后,她并不打算从朋友那里拿货,因为朋友的货也是从朋友的朋友那里拿的,这样一级一级下来,自己到手的就很少。再说,如果从朋友那里拿面膜,价格肯定在朋友圈没有任何优势,到头来很可能会白忙活,还不如干个大的,做一级代理,这样自己还能发展自己的代理。

说干就干,张小姐开始从网上找到微商的公众号,通过底部自定义菜单–找货–可以进入微商市场,查找自己想要了解的货源。另外,她还寻找××面膜的代理团队的微信号,负责人告诉她,他们会不间断地定期进行培训,张小姐得意洋洋地说:"团队老大会定期给我们讲课,有时候还会邀请厂商老总给我们讲课,并定期让微商达人给我们分享他们的成功经验。我从中学到很多做微商的技巧。"

张小姐就做了××面膜的一级代理,在参加完微代理的培训后,她很容易就入行了。自己的圈子越来越大,现在差不多已经发展有三十几个代理了。

"入行越早,拿货价越低。"她表示。当记者问到是否会有假冒产品时,她开始有点儿激动了,"肯定不会有假货的,我的货都是从厂商的总代理那里拿的。怎么可能有假货,除非厂商想自己砸自己的招牌。"

当记者表示对该产品不太了解时,她介绍道:"这个不要紧,公司会在微信上做一些培训,教怎么推销,还会讲一些护肤知识。"

最后张小姐告诉记者,微商入行容易,但做起来也很难。"开始一般要多拿货,这样才能引起朋友圈的关注,但仅靠自己的力量肯定不行,所以,需要不断去发展自己的代理,让代理从自己手里拿货去卖,这样才能卖得多,赚得也更多。"

做微商选上家的两个关键点:一个是好的产品,一个是好的老大。这两者缺一不可。没有好产品,微商会做得非常累,没有好老大,你就很难做起来,因为老大不教你做微商的技巧和方法,完全靠你自己摸索是非常累的。

所以,在选择你的上家时,一定要擦亮自己的眼睛。一旦确定好你的上家后，你就实实在在地跟着她，好的上家的信息量是你的n多倍，但是这些信息转化到你那里是需要你的诚意和时间的。一个不会游泳的人，老换游泳池还是解决不了问题的。同样，一个不学习的老板，换供货商和顾客也是于事无补的。大家都坦诚以待，下家对上家的真诚，也必然能换来上家对下家的全心全意培养。收获的只能是双赢！

1.4 在阿里巴巴找货源，要认准厂家

阿里巴巴是全球领先的采购批发平台，微商可以在此采购批发货源。但是，由于阿里巴巴平台跟万能的淘宝一样，聚集了上千万的商家，品种齐全，商品纷繁复杂。几乎可以说，你想要找的任何产品都能在这里找到。

虽然阿里巴巴与淘宝相比，还是比较有"节操"一点，也比较规范一些，入门要求也比较高。但同时也鱼龙混杂，良莠不齐，所以，阿里巴巴依旧存在一些问题，这也是不可避免的。比如，有些店主为了提高店铺的活跃度或者信誉，有刷销量、刷信誉的现象，还有一些则是来空手套白狼的。所以，微商在阿里巴巴上找货源，能否找到物美价优的货源，完全要看自己的功夫。下面以××面膜为例，说说在阿里巴巴上什么样的厂家有优质货源，其判别技巧如下。

第一阶段：判断商家是否靠谱

靠谱的商家必须满足的条件如下：

1. 开通诚信通

阿里巴巴上的诚信通相当于一个摊位，有了它商家才能在阿里巴巴上直接销售产品、宣传产品等工作。诚信通从名字上看也能猜出它主要是用来解决诚信问题的。的确，诚信通就是专门为发展中企业量身定制，用来解决网络贸易信用问题的，它相当于淘宝中的"消保"，用来证明你网店的资历，而且诚信通开通的时间越长越好。

2. 支持支付宝担保交易

支付宝担保交易是国内首创的网上交易担保服务，是一个第三方账户，

11

专门为买卖双方的资金往来做担保，它是支付宝交易的一种，同样遵循卖家发货，买家付款，买家收货并确保无误后确认付款的流程。支付宝担保交易服务有效解决了网购过程中的诚信问题，保障买卖双方货款安全和购物安全，以及防范买卖双方欺诈行为。当然，如果卖家支持货到付款，买卖选择此支付方式后，则不用考虑这一项。

3. 开通买家保障

买家保障，即先行赔付，指卖家接受阿里巴巴提出的《买家保障服务协议》，且同意缴存3000元以上的保证金，经阿里巴巴同意不用支付的厂家除外。本协议承诺阿里巴巴为买家的合法权益提供保障，如果发现卖家在交易过程中发生违约行为或出现不诚信行为，比如卖家收款后未按约定发货，或者商品质量与约定不符等，买家就可向阿里巴巴提出投诉，在调查取证后，阿里巴巴如果认定投诉成立，则将使用卖家的保证金对买家造成的损失代为先行赔付，从而保障买家权益。

图1-6从上到下三标志分别是：支付宝担保交易、诚信通开通2年、买家保障(先行赔付)，有这三个标志说明这个店铺同时满足上面的三个条件。

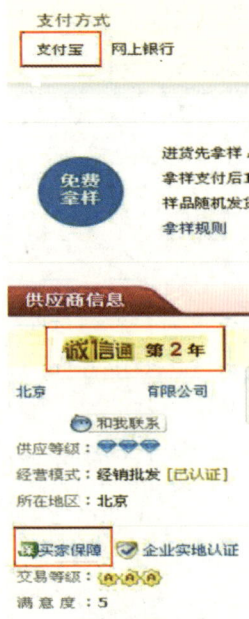

图1-6　靠谱商家

第二阶段：确认商家资质

靠谱的厂家应具备的三种资质如下：

1. 企业实地认证

实地认证（见图1-7），是阿里巴巴为所有中下企业推出的一项专业认证服务。此项认证是由阿里巴巴工作人员亲自到卖家的企业进行实地拍摄取证，而且拍摄内容绝对真实。然后再通过第三方认证公司进行专业的信息核实认证，确保供应商真实经营。有了此项认证服务，买家可以在该店铺放心购买，其目的也是为了帮助卖家赢得买家信任。

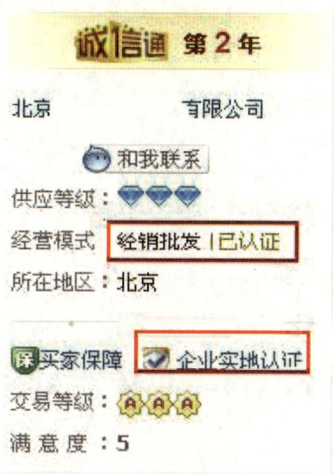

图1-7 企业实地已认证

2. 企业身份认证

企业身份认证（图1-8），顾名思义是对企业身份的真实性进行确认，阿里巴巴相关人员对"企业的合法性、真实性"进行核实，以及对申请人是否已经取得企业的授权，如果符合上述条件，阿里巴巴就为该申请人开通企业身份认证服务。该认证服务的查证每年进行一次，倘若没有通过此项认证，企业将不能使用诚信通服务。

3. 个人实名认证

对于个人经销商来说，如果是没有通过阿里巴巴个人实名认证（见图1-9）开的店铺，则有可能是小作坊，或者是从上家拿货。

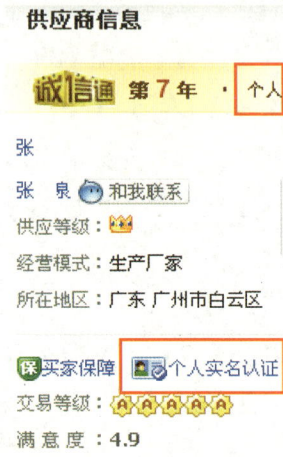

图1-8　企业身份已认证　　　图1-9　个人实名已认证

上述三种认证只是资质不一样，通过资质虽然可以证明商家的实力，但是不能通过资质来判断优劣，而且有很多个人经销商的服务和产品质量都是非常不错的，小而美嘛。

第三阶段：查看厂家销量

1. 查看是否可以拿样

采购前一定要先拿样品，满意后再进货，不然来回退换货不仅浪费精力而且还会损失金钱。

2. 查看产品成交量/评价

如果成交量非常高，评价很少，那么，极有可能是找人刷的成交量。另外，可以多翻看几页成交列表，如果成交时间非常密集的话，那么，刷的可能性也非常高

3. 查看商品满意度

商品满意度是证明产品的质量的标志，满意度越高越好。

4. 产看商品重复采购率

重复采购率越高，越说明产品不错，很多人都愿意重复购买。

5. 查看采购人数

查看采购人数的目的是为了判断是否是刷的成交量，如果非大众化产品的成交量和采购人数差距非常大，那么，极有可能是刷的成交量。

图1-10的标志是微商确定是否要从该厂家采购货源的依据。

图1-10 查看采购人数界面

第四阶段：根据价格判断

价格是所有采购事项中最重要的项目。高质量低价格，是所有消费者都希望的，微商自然也不例外。微商要先打听好价格，再确认货源厂家，而且切勿盲目相信所谓的"最低价"。此外，你在采购之前应事先调查市场价格，不可仅凭供应商片面之词，如果没有相同商品的市场价格可参考，可以参考一下类似商品的市场价格。而且你还要对采购的商品的成本或价格进行分析，若对所拟采购的商品，以进价加上合理的毛利后，连自已都判断该价格无法吸引顾客的购买时，就不应把该供应商作为自己的货源采购点，因为这家供应商很可能不是真正的厂家货提供者，真正的厂家货毫无疑问货源价格比较低，甚至比市场上的价格低好多倍。

俗话说，货比三家。在查找数家供应商后，你应选择出两三家较符合标准的供应商，再分别与他们进行洽谈，从而求得公平而合理的价格。但在使用竞标方式时，你切勿认为，能提供最低价格的供应商即为最好的供应商。我们还必须要尽快确认产品的价格、送货速度、售后服务、营销支持、其他赞助等方方面面，然后综合考虑上述各项因素。

第五阶段：确定货源厂家

以上四个阶段都完成后，你要从最初筛选出的1～3家供应商中做出最后的决定。如果对所选择这些厂家难以抉择，可以通过拿样，让这几家的同款宝贝寄过来对比一下，一是看宝贝质量如何，包装怎样。包装可分为两种：内包装和外包装。其中，内包装主要是为了保护商品、陈列商品，或是说明商品；外包装的主要目的是用在仓储及运输过程，防止商品受损。包装是顾客对你产品的第一印象，外包装基本上相差不大，没有比较性，所以，顾客看包装主要是看内包装，如果你商品内包装的设计很有档次，或者看起来很舒服，就会为你的商品加不少分，顾客有了好印象，必定能提高顾客的重复购买意愿，加速商品的回转。另一个就是看发货时间快递时效，最后从细节方面选出最满意的货源厂家。

1.5　适合自己的产品才是最好的

做网店就是卖东西，这点不管是在实体店还是做微商都是不会变的。选好产品是做微商必须要做的事情。但在具体的实施过程中，很多人在这第一步中就走错了。卖什么产品没选对，耗费了大量的时间和精力不说，结果却远远没有达到自己预想的样子。这时就开始怀疑自己是不是不适合做微商，"深思"之后，认定自己不适合做微商，二话不说果断放弃微商，另觅出路。这样的结果也是最可悲的。所以，做微商之前，一定要费尽心思想好自己卖什么产品，解决好这第一个问题，以后的问题就可以迎刃而解了。

既然做微商选择产品那么重要，我们应如何选择出最适合自己的产品呢？一般来说，大部分的微商新手往往缺乏微商运营技巧，而最适合他们的方法就是分析自己的朋友圈子。这当然要从你的职业、兴趣、爱好等方面来分析，看看自己的朋友喜欢什么类型的产品，分析一下自己是否适合销售这样的产品。

张晓璇是个游泳爱好者，所以，她的大多数微信、QQ、微博好友同样是游泳爱好者。几个月前她打算做微商，她选择的微商产品以游泳衣、游泳镜、游泳圈等周边产品作为切入口，随后她通过熟人介绍和网上信息的查找，挑选了几家货源批发厂商，从这些批发厂商的厂商口中，张晓璇了解了其中的可观利润，认为值得她为此拼一把。接着她的微商事业就做起来了，很快，她的"店铺"就受到了很多游泳圈内好友的关注。慢慢地，她的产品也得到了大家的好评。如今，她手下已经发展了十几个代理，她的微商事业也越做越顺手。

对于微商创业者，如果你有自己固定的朋友圈，就从朋友圈好友的需求分析开始，选择他们的需求产品。这无疑是一个最好的切入点，但前提是必须保证你所选的产品让自己有利可赚。方向确定了，并不意味着就搞定了一切。很多时候你明知道某个产品方向最适合你的朋友圈，但是很难找到好的货源，即使找到了操作起来也是非常困难的，而且这样的产品也没有利润优势。

比如，有个文玩爱好者，在他的朋友圈中有上千个同为文玩爱好者的好友。如果他想通过操作文玩项目做微商，一方面投入的资金非常大，另一方面货源也是一个很大的问题，他很难找到真正优质的货源。所以，对有些人来说，即使方向再好，没法操作的话也无法落地。

除了上面的两种人，还有很大一部分人的好友比较混乱，没有特别精准的指向性。在这种情况下，做一些大众型的消费品就成为最佳选择，比如面膜，只要是女性好友都有可能成为潜在顾客。又比如零食、衣服之类，都属于这种情况。但是，像牙刷、毛巾等毛利率比较低的消费产品，你最好不要选。因为它们的利润较低，可能你卖出100件产品所收获利润还不及卖一盒黑枸杞所带来的利润，而且选择像这样费时、费力又无利可图的商品，只会让你中途放弃自己的微商事业。

另外，做微商还可以根据自己的特长进行定位。如果你是一位爱美的女生，对化妆护肤很感兴趣，也有一套自己的护肤心得。OK，化妆品就很适合。如果你对服饰比较感兴趣，身材足以可以当自己的模特，知道要做什么了吧？如果你是一个很有耐心的人，遇到很烦人的人也不会生气的话，可以去做些教程之类的⋯⋯

微商时代不是人云亦云、跟潮流的时代，而是要有自己的想法，不随波逐流方能凸显自己的优势。如果你觉得你选择的产品适合你，而且还有很高的毛利，接下来就是选择货源上家的时候了。这时候你也不要太心急，如果你不确定你所选择的上家提供的商品好不好，你可以自己先买一点这样的商品，看看它到底是什么样的包装，物流速度怎么样，产品的质量好不好等。在网上找货源，不要去相信那些所谓的图片，也不要去相信上家说得天花乱坠向你介绍的"推荐产品"，更不要相信上家所说的"一手货源"。真正的一手货源的价格要比市场上低很多，而一手货源也不是一般人就能找到了。所以，只是听到或者看到图片根本不足以说明产品到底好不好，只有亲眼看到真正的商品才能确定。

做微商就是为了赚钱，所以，你一定要保证入选产品有高毛利，但还要记住一点：一定要在保证质量的前提下锁定低价货源，在选择货源上面锁定低价。这是你在微商行业中赚大钱的前提。因为很多人朋友圈的好友、QQ好友以及其他网上好友的数量其实并不多，想要保证你的微商事业月入过万，就要把主要精力放在选择低价的优质货源上。

如何才能保证你选择的货源有高利润呢？首先对你所选的货源，一定要看看将商品的零售价和上家给的价格，用"商品零售价（或批发价）—上家价格"计算出毛利率。商品的毛利率太低，或者单品绝对价格太低，都不适合去做微商。毛利率一般到30%左右就可以了。如果能找到利润率足够高的也未尝不可，但是也不能太高，如果太高，比如100%～200%，就相当于给到最低层级代理的价格，你很难发展自己的下级代理，这样的做法无疑是在断送你的微商前途。

另外，大部分做微商的，前期的顾客源都是自己的亲朋好友，你只能用价格为自己的微商事业铺路。市面上的同一款产品，只有你在保证质量的前提下，降低价格，才会有亲朋好友们捧场，并将你的产品介绍给其他的人。这样你才能打开顾客链。

1.6 做快消品才是王道

快消品是指那些使用周期短、消耗速度较快的商品，比如纸尿裤、奶粉、化妆品、面膜等。2015年是微商迅猛发展的一年，不少人开始投身做化妆品、面膜，像这样的快消品，最受广大爱美人士的喜欢，社会需求量大，利润也高。所以，才会有越来越多的人投身于做此类产品的微商行列中。

就拿面膜来说，如今，面膜在国内市场中已经变得成熟起来，其销售量也一直稳定增长。近年来，面膜不断推出新品牌，并以不可阻挡之势快速崛起。在这种态势下，中国面膜的产销量自然也不会差。据统计，2008年，中国面膜产量为4.45亿片，同比增长7.8%，销售额达到了51亿元，同比增长8.51%；2009年，面膜市场销售额为56亿元左右，同比增长9.8%；2012年，面膜在全国化妆品专营店的销售占比为7%，市场销售额达到130亿元，并以快于2.5倍的速度在增长；2015年，中国大陆市场的面膜销售总额大约达到了300亿元；2016年，中国大陆的面膜市场规模更是不可估量。

从目前微商创业成功者的情况来看，大部分微商创业者都选择了面膜和一些护肤产品。这些产品能够通过图片分享，展示其使用后立竿见影的效果，这就让很多女性消费者在查看护肤产品使用前和使用后的效果之后毫不犹豫地购买了。因此，对新手来说，卖面膜这样的快消品还是很不错的，它投资少，起步快，而且女人都爱美，她们的消费又是很吓人的，况且男人也开始步入爱美的行列中，产品市场广大。

如今，打开微信朋友圈看到最多的就是各种产品信息，各种推销广告，特别是面膜，大家都在努力地做面膜。虽然做面膜的微商很多，但对于做微商的人来说，大家都在做的产品不一定是好的选择，最火的产品也不一定能赚到钱，选择一款适合自己的产品才最重要。如果产品不适合，再大的牌子、再大的微商团队都不要去尝试。快消品有很多，并不仅仅只有面膜而已。况且做面膜的微商也并不是所有人都赚钱的，特别是这类产品的竞争力也慢慢变大，要想在这行干出点儿成绩也非那么容易的事。你要是还想在这个行业中赚大钱更难。

有些小伙伴冒着人怨天怒的风险做起了微商，但往往收获却没有想象中的那么好，甚至与之前想象的大相径庭。在付出与收获不成正比的情况下，他们中的有些人便伤心地离开了这个行业。甚至有些人还没有摸清这个行业的门路，就郁闷地离开了。我只能说，这些人太没有韧性了，遇到困难就赶快逃走。

梅梅是一个事业单位上班的80后女孩，做面膜微商的她实现了从开始月入500元到月入50万的成功跳跃。

一次偶然的机会，梅梅接触到了一款非常好用的面膜，经过自己体验也觉得很好，然后就在朋友圈和微博上分享了这款面膜。朋友和同事都纷纷留言问这是什么面膜，在哪儿买的，叫她帮忙带一些。于是，她就找了一些代理商、批发商拿了几十盒回来，开始卖给朋友们。起初的时候她都是给朋友带货，每样产品也就赚5～10块。就这样，朋友们的反映也非常不错，靠着口碑传递，朋友的朋友也要求帮买，一条顺势的微商道路就这样开始了。

刚开始做面膜微商时，她从零零散散的1单、2单的交易，发展到10单、20单……慢慢地发展朋友们也投入到了这种模式，她们也开始跟她卖起了面膜。这样下来，朋友们拿货量也渐渐大了起来。梅梅的微商事业一步步壮大，发展到现在全国各地都有代理商，出货量也比以前多了不少。半年过后她毅然辞去了事业单位的工作，专职做上了微商，后来还买了车子，买了房子，令人赞叹不已。

梅梅分享自己做微商的经验时，说："在我的朋友圈，没有天花乱坠的大肆宣传，没有过于华丽的文案介绍，一直以来，我都把该品牌的面膜作为自己的主打产品，随后我还顺便代理了该品牌的其他护肤品。还有最关键的一点就是，我做微商是靠诚信、产品质量始终如一的经营态度才走到了今天……"

最后，梅梅还感慨道："做微商是很辛苦的，因为顾客群会不断地变大，前提是你做的产品都是好的，让他们信任你。随着你的圈子越来越大，规模也会越来越大。辛苦虽辛苦，但是可以锻炼到自己，可以学到很多知识，比如为人处事，沟通等等。同时也给你带来了很可观的收入。女人就得自己独立起来，让自己拥有一份美丽的事业。"

现在朋友圈像梅梅这样靠面膜发家的人有很多，但是对一些新手来说，一定要注意：并不是所有的面膜都可以做的，一定要注重品质，有国家资质和检验合格报告的面膜，才可以长期做下去。因为朋友圈营销，是要把产品销给自己的朋友，不能一锤子买卖，一定要注重口碑。如果没有底线和原则地做一些不良产品，最终失去的不只是生意，还有朋友和更多的人对你的信任。

另外，除了做面膜，微商投资者还可以选择一些化妆品等快消品，因为只有快消品才是大家持续不断地使用的，只有卖这样的产品，我们才能留住顾客，从而获得持续不断的收入。但是，你一定不要做得太杂，专业一些，才能获得大家的信赖。

1.7 衣服、鞋子不要再做了

2015，当属微商元年，各大媒体大肆报道，众多品牌进驻微商，这当然又引领了一批做微商的人。在这里要提醒刚刚入行的新手们，在定位产品时，一定要选择竞争相对要小的产品。现在很多人在朋友圈里面卖衣服、鞋子、包包这些商品，结果往往不是很理想。因为大家都有在淘宝购物的经历，淘宝卖的最好的类目是什么，就是这些衣服、鞋子和包包。他们早已经在这些产品上面站稳了脚，难道我们就这样直接去和淘宝竞争？而且现在淘宝这些东西的价格都是非常有优势的，所以，这样的竞争一定非常激烈，而且也很难做大。

所以，我个人认为这类产品在微信里面不太好做。而且微商最开始做的时候是要刷朋友圈的，但是衣服、鞋子之类的产品种类多款式多，所以，要把各个款式的图片都发到朋友圈里，但这样的话大家的朋友圈天天都会被你刷屏了，当然会让朋友们反感，并最终把你给屏蔽了。即使朋友们不把你给屏蔽了，但衣服、鞋子这类产品，大家不仅注重款式，而且还非常看重材料，你仅仅发图片大家是看不出来好坏的，所以，很多人都不会考虑在不知情的情况下买这样的东西。

"90"后小姑娘王佳丽，看到朋友在淘宝上开店卖衣服挺赚钱的，她心想自己每天工作都很轻松，还有足够的业余时间，况且现在微商如此火爆，于是便决定投身其中。她选择了在微商上面卖衣服，前期她高高兴兴地从朋友那里拿了些不同款式的衣服。然而她发的产品好像大家都不感兴趣，根本没有人和她互动，最后刷屏一个月，一分钱没赚，还被朋友圈里的很多朋友拉黑了。没过多久，她就放弃了。

所以说，前期的产品选择特别关键。可能很多不了解情况的微商小伙伴会说，我觉得卖衣服挺赚钱的，因为在实体店中，衣服价格往往很高，这里面的差价当然也是很可观的，而且在微商上面卖衣服又不用交店租，这里面的利润会更高的，为什么不适合呢？

虽然你可以去市场档口进货，拿各种各样自己喜欢的款式，但每种款式又得配上各式各样的颜色，前期的投入肯定会不少！并且你还要为所选的衣服配图，如果你没有较高的拍照水平，或者不懂如何搭配衣服，这其中的曲折可想而知。即使你懂得这些，朋友们也都很捧场，但是愿意做你代理的很少，你只能天天自己卖货，做一些零售，虽然利润高，但很难有大的发展。

其实，大家之所以不喜欢做衣服、鞋子、包包的代理还有一个原因，就是做微商的人要么是在家带孩子的妈妈，要么是学生，要么是白领。他们这些人根本没有这么多的时间去实地厂家进货、整理产品，况且每个产品还要去找图片、拍照片，并花不少的钱去囤货。所以，不管是卖衣服、鞋子这样产品的实体店铺、淘宝商，还是微商，都需要投入大量的人力物力，根本不适合单兵作战，微商就更不适合了。

这时候很多小伙伴们会想，微商不适合做衣服、鞋子这样的产品，那么，是不是只能卖面膜、护肤品呢？其实，任何事情都没有绝对的，虽然我们不提倡做衣服、鞋子这样的产品，但就是有人卖衣服卖得也是非常好，或者卖杯子卖得特别好，或者人卖假货卖得特别好。每个人的优势是不一样的，每个人的特长和社会资源也是不一样的。所以，我们决定做事情的时候不要太主观，主观地认为市场是什么样子的，主观地认为，哪些产品比较适合市场的操作。其实，选择微商产品和货源厂家最重要的前提还是找适合自己的。

1.8 货源产品选择误区

做微商并不像一些人想象的那么简单，它需要很多的方法和技巧。如果每个人都能轻轻松松做好微商，那么，这样的好事只能是出现在微商刚兴起的那个时候。现在，要想在微商这个行业中赚大钱，就必须要摸清一些做微商的门路，这样才能够在微商这个领域中做得更强，走得更远。在这里我就跟大家来交流一下，做微商怎样才能够赚钱盈利？

首先，我们先来分析一下微商行业的现状。多看几个朋友圈，你就能发现现在草根微商现状：

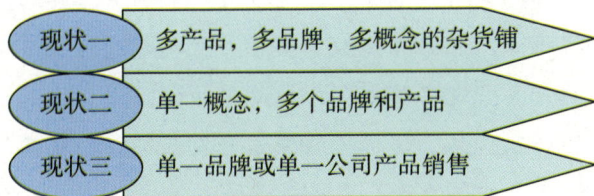

现状一	多产品，多品牌，多概念的杂货铺
现状二	单一概念，多个品牌和产品
现状三	单一品牌或单一公司产品销售

图1-11　草根微商的现状

1. 多产品，多品牌，多概念的杂货铺

打开一些人的朋友圈，这都是什么呀，产品乱七八糟，今天卖零食，明天卖衣服，后天又改为卖面膜了，说他们的朋友圈是杂货铺一点也不为过。

2. 单一概念，多个品牌和产品

打开有些人的朋友圈，他们的情况是这样的，主打护肤的概念，他们卖面膜、芦荟胶、洁面乳、爽肤水、马油等，而且每类产品他都同时销售好几个品牌，顾客也看得眼花缭乱的，有时会因为不知道选择哪一样产品而放弃购买，甚至顾客会觉得你不够专业，索性就不在你这儿买了。

3. 单一品牌或单一公司产品销售

做单一品牌或单一公司产品销售的这类微商，是微商行业中做得最多的。他们在朋友圈、QQ空间等一些社交平台上发布的内容基本上围绕着单一品牌产品进行。这类微商一直专注于某个大品牌的销售，他们卖来卖去，都是围绕着同一品牌的概念。

对上述三种模式的微商，从产品策略上分析，很显然，那些以多产品、多概念、多品牌为主的杂货铺形式的微商，在微商行列中基本上是行不通的。原因是这样的经营模式，乍一看上去好像产品足够丰富，比较好做，其实恰恰相反。

霸王集团推出的霸王洗发水之所以能在短短一年内业绩超过了20亿，除了成龙作为代言人，其主要原因是当时该集团只专注于做一款中药洗发水。但是，后来霸王集团耐不住"寂寞"，便开始投身于霸王凉茶、护肤品等行列，因为该集团做的东西太多了，反而让消费者记不住了。现在，"霸王"品牌的产品在市面上基本销声匿迹了。

王老吉就很专注，坚持只做凉茶。这样大家在购买凉茶的时候除了王老吉想不起来第二家。所以，王老吉能做到当年营业额超过可口可乐。我们做微商也是一样，选择的产品一定不要太杂，越简单越好，这样才能让大家记住你。我建议只做简单的一款产品，这样你的微信好友在购买护肤品的时候能第一个想到你。做简单而不做太复杂反而更容易成功！

多产品，除了粉丝们会对你产生不信任感，还代表每一个产品你都没法大批量投入，货源量越少，拿货的价格就越高，像很多做"杂货铺"的微商，他们不可能把每一种产品拿很大的货量，这就使他们的每类商品的成本价很高，当然，要想赚钱，其零售价格就高了。顾客也不傻，他们一般都会货比三家，在相同质量下，他们当然选择价格较低的那一家。所以说，做微商的产品多而杂，反而赚不到钱。

做微商要想赚大钱，就要将产品聚焦到一个品牌，紧跟一个品牌。要知道，顾客一般都是很钟情的，他们如果觉得某一品牌的商品不错，就会认准这个牌子，以后再买这类东西时，他们首选的就是他们认准的这个牌子。所以，微商们需要专注于一个品牌，有自己的主打产品，以顾客的重复购买率赚钱，比开发一个新顾客要容易得多。

第2章

月增万名粉丝方法攻略

　　在移动互联网时代，"粉丝经济"开始盛行。微商中有一制胜法则：得粉丝者，得天下。谁掌握了粉丝，谁就找到了致富的金钥匙。因为你的粉丝，可能是你的客户，也可能是你最忠实的推销员，他们会把你的产品介绍给他的朋友，帮助你宣传推广，还可能成为你的合作伙伴，帮助你设计产品，或者研发产品，甚至可能成为你未来的股东，比如你希望通过众筹的方式筹集资金，这时你的这些粉丝就是你最好的群众集资来源。所以，在移动互联网下的"粉丝经济"中，做微商要将主要精力放在吸引粉丝上面，这样才能在竞争激烈的微商行业中长期立于不败之地。

2.1 "草根微博"变"拉粉利器"

很多人会把微商误以为是微信电商，他们认为微商就是专指在朋友圈卖东西的那些人。其实，在微信朋友圈卖货只是微商的一部分，它还包括微博、QQ、陌陌等载体渠道产生的商机。特别是微博，现在几乎每个玩智能手机的人，都会有一个微博账号。正是由于微博如此的流行，它背后才潜藏着巨大的赚钱效应。当然，微博的赚钱法宝还是粉丝，现在已经有不少的前辈们利用粉丝赚了不少钱了。

有人曾这么形容微博："当你的粉丝超过100个，你就是一本内刊；当你的粉丝超过1万个，你就是一本杂志；当你的粉丝超过100万个，你就是本地电视台。"明星大腕们有巨大的曝光率，他们的粉丝量当然不是我们这些草根所能及的。但是你也不要灰心，因为在一些百万级、千万级的微博大号中也有一部分是属于草根们的。他们之前也没有什么影响力，但他们靠自己的智慧和方法也在微博中打造了自己的一片天空。下面就来分析一下这些草根们是如何让自己的微博成为拉粉利器的吧，其内容如图2-1所示。

1. 内容运营

内容精彩是吸粉的最重要条件。而要想内容出彩，其内容更新一定要是"干货"。现在随着互联网的发展，人们厌倦了文字，逐步倾向于看图片、看视频，所以，你给大家分享的内容最好是图文结合的，有必要的话最好穿插一些小视频。这样才容易引起大家的共鸣，让看到你发布的内容的人心甘情愿地为你转播，进而加速提升你的影响力。

然而好的内容并不是自己天天绞尽脑筋想出来的，而是有一定的方法的。眼下，草根大号的内容来源主要靠三种手段：

（1）翻译国外内容，然后发到微博上。

（2）纯粹抄袭，自己不生产内容，别人有什么好段子，直接转过来。

（3）有策划专题，自己生产有吸引力的段子。

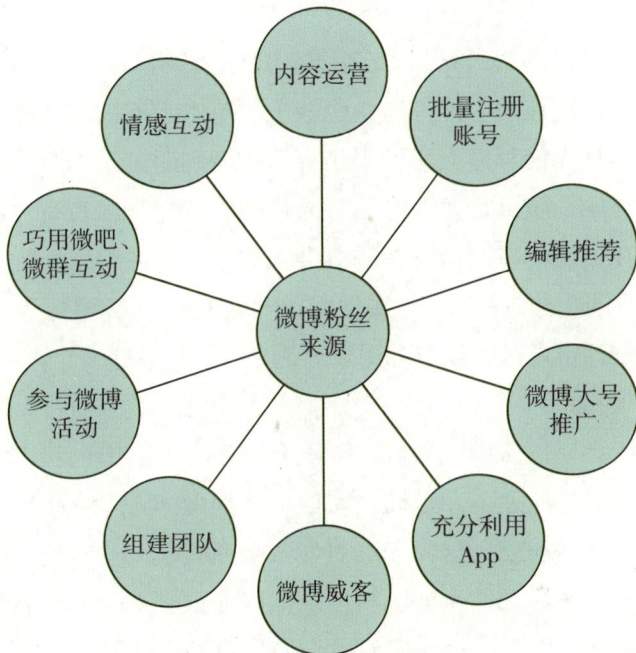

图2-1　微博粉丝来源

2. 批量注册账号

"批量注册账号"是微商们推广自己产品的常用方法。这种方法很简单，就是注册多个账号，比如QQ账号、微博账号、微信账号等，注册完这些账号之后，你就用这些账号关注其他人的账号，比如你关注了N个用户，那在这N个账号中总会有一些人会反过来关注你。用这种方法，大概几个月后，你的这些账号中总会有几个能脱颖而出。最近，比较热门的"冷笑话精选"微博就是通过批量注册账号才获得众多粉丝的。

而且你的这些账号还有一个"转发"的功能。因为有些微博大号上已经很少有原创内容诞生了，它们大都采用与站长一样的"互联网搬运工"的方法，从各个网站取材，编成140个字的"微博体"发到微博上。但如果你的这些没有新意，大家肯定不会转发。这时你前期注册的小号就派上用场了，经过小号不断转发，不断@人，总会有人关注到，而且大家都爱凑热闹，看到"沙发""板凳"都没了，那么，就开始有了前排一定要"占座"的心理，他们便开始纷纷评论、转发等，这样就保证了你微博的活跃度。

3. 编辑推荐

新浪微博刚刚兴起的时候，为了拓展自己的影响力，它通过编辑推荐扶植了一些草根大号，而在内容推荐这块位置上也基本上都被那些搞笑的、星座等草根大号霸占，从而使草根大号迎来了辉煌的盈利时刻。如今，要想获得编辑推荐，除非你有像俞敏洪、雷军等明星人物的影响力，或者有"业内关系"，否则你不可能在微博中有编辑推荐的机会。知名IT博主卢松松的一位朋友之前就是因为被新浪微博推荐到IT名人堂里，才让其粉丝量短短一周就过万。可见，获得编辑推荐也是微博拉粉的重要渠道之一。

4. 微博大号推广

如果你有机会获得微博大号推广的机会，千万不要错过呀，因为此种方式是较快获得粉丝的方法之一。目前，有很多草根微博大号就是靠微博大号推广的方式才获得了众多粉丝，这样无疑对你做微商有很大的好处。如果你现在的微博粉丝已经很多了，那你也可以将自己的资源跟别人互换。但是对于没有资源的新手来说，你只能通过金钱交易找一些微博大号进行推广了。

5. 充分利用APP

作为一个草根微博，你在前期拉粉的时候还是要先以互粉为主。那么，如何快速互粉呢？目前新浪和腾讯微博都有很多互粉和涨粉的APP应用，比如QQ、陌陌等交流工具，目前此类应用已有几十个。你可以充分利用这些互粉和涨粉的APP应用，它们方便快速，能在较短的时间里，得到很多粉丝。一般情况下，一天可以得几百粉丝甚至上千粉丝。

6. 微博威客

市场上有很多买卖"僵尸粉"的，这些粉丝质量不高，买了也几乎没有任何实际意义。最近，一些微博威客类的网站诞生了，草根微博们可以进行真人互粉、做任务得粉丝、用积分换粉丝等。虽然这种方式操作较为繁琐，但大都能保证粉丝的真实性，非常适合草根微博操作。

7. 组建团队

俗话说："一个好汉三个帮，一个篱笆三个桩。"个人的能力是有限的，在微博发展的同时，你最好寻觅一些合适的人选，组建团队，逐渐壮大实力，增强抵御风浪的能量。

8. 参与微博活动

当你的微博有了一些影响力后，你可以通过多参与一些微博上的活动（比如：公益活动，主题活动，节假日活动，推出新话题等社会正能量的一些活动）来扩大影响力。而且你参与、举办的这些活动可以更有效地激发网友们的积极性、主动性，提高粉丝的忠诚度。你如果有一定的财力支持，也可以适时的举办有奖活动，充分调动网友的能动性，发挥潜力，进一步挖掘粉丝周围的粉丝。

9. 巧用微吧、微群互动

为了推广自己的微博，微商们还可以利用微吧和微群互动的方式。当你的微博拥有一些粉丝后，就要开始提高你微博的内容质量了。毕竟微博还是以"内容为王"的。你有了一个好博文后，就要推广出去，让大家看到你、认识你。这时，微吧、微群就是一个很好的去处，你可以把自己的博文分类，再根据不同类型的博文去寻找一些对应的人气旺的微吧和微群，在这里你要经常发微博内容，积极互粉互动。如果你坚持做一段时间，那么，就能吸引到很多志趣相投的粉丝。

10. 情感互动

你要常向粉丝问寒问暖，你也可以扮演一个嘴巴很甜蜜的人，开口闭口不离"亲"等。只有和粉丝进行人情化交流，他们才不会轻易离开你。

以上就是一些草根微博经常采用的拉粉方法。当你的微博有了一定的人气和影响力后，你就可以开展微博营销，传播品牌赚钱了。

2.2 QQ群、QQ空间拉粉

做微商我们需要顾客，仅仅靠朋友圈里的那几个好友是远远不行的，那么，顾客哪里来？这就需要我们每天不断地努力加好友，只有好友多了我们才有机会将产品卖出去，假如有1000个好友、2000个好友，好友越多，自然成交几率越高，买的人也就多。所以，微商要想做强做大，就必须要学会为自己拉粉丝。那么，做微商应该怎样吸粉，怎样加人，怎样快速找客源，尤其是精准粉？

其实，拉粉的方法有很多，其中就有通过QQ空间获得精准粉的。QQ空间吸粉，有人会问："我是做微商呀，你为什么要让我在QQ空间去吸引粉丝啊？"问这样问题的人，我只能说你的思维太禁锢，QQ空间就不能做微商吗？引流的方法有很多种，用QQ空间引流就是其中的一种！

利用QQ空间引流，你必须首先保证你空间里有较高的空间流量和人气。而QQ空间里的流量和人气不单是每天写日志、发发说说之类就会有的。我们一定要知道从哪儿去将一些精准的流量人气引到我们的空间，并将这些优质的流量进行高效的转化。

首先，你要准备一个QQ，最好是比较通顺的，Q龄最好是太阳QQ。还要把你的QQ空间形象包装好，你可以通过一些图形处理软件进行QQ头像的加工和处理，再按照百度搜索到的相关QQ空间引流界面的方法进行包装和设计，使其一看就懂。总之，一定要把你的QQ空间打扮得漂漂亮亮的，这样别人在访问时才会多瞧瞧，一旦触动了别人就会有成交。

另外，寻找一些同行或类似的空间，每天转载几篇比较好的日志分享到自己的QQ空间。再从一些同行业的QQ群去寻找一些精准顾客，并通过赠送礼品的方式将对方加为自己的精准好友。加的精准QQ好友越多，流量就越大。然后，每个人根据自己的实际情况加精准好友并进行引流。

不过，现在QQ每天的加人数量会有限制，你可以通过培育QQ小号引流，每天用这些小号加人，然后通过小号每天分享自己要打造的人气空间。

除了通过自己的空间进行引流，还可以通过其他一些相关行业的人气QQ空间去引流。用这样的方法首先要做的就是对自己所需粉丝进行定位。比如，你现在做的是女性护肤品，你就要找一些与女性有关的人气QQ号。所谓人气号，就是QQ空间浏览量比较高的，不仅总访问量很高，而且最好每天的访问量也很多，这样的QQ空间活跃度才高，从这里面加的粉丝才精准。下面（图

2-3）中QQ空间访问量可以做参考。

图2-2　寻找QQ群加粉

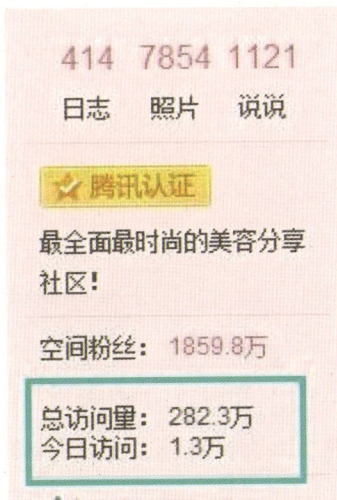

图2-3　QQ空间活跃度

　　找到类似上面的空间，你可以把它们设为"特别关心"，这样就可以在它们更新动态时，第一时间去评论这些人气空间发的说说和日志了，让大家都能看到你的评论，她们中的一些人若有对你感兴趣的，就会自动送上门。而且这些评论的人，基本都是对这个品牌感兴趣的人，不管是想做代理的，还是买来自己用的，你是不是都可以去把她挖过来呢？看下面（图2-4），上面的评论都是其他的人去吸引粉丝留的。

图2-4　活跃空间评论吸粉

另外，如果你点击关注了这种高人气的QQ空间以后，它还会弹出与该空间相似的其他空间，这样你就可以很容易从中挑选出类似的高人气空间，从而就拥有了更多的类似精准用户的QQ空间，那么，想从中找精准粉是不是变得很容易了。

总之，上面的QQ空间的拉粉方法可以帮助你迅速增加粉丝，但操作这个需要注意几点：

1. 一定要把你找好的人气空间设置为"关注"，对于特别火爆的空间设置为"特别关心"，这样才能保证他们发说说的时候你可以第一时间去评论，当然前提是你的网速要快。

2. 前期的准备工作要做好，比如，你需要准备10篇以上的评论文案，这样就可以在他们发表说说和日志后直接复制粘贴了，这时候比的就是速度。但是，评论的时候不要总是用同一个文案，这样也可能会导致QQ账号被限制。

图2-5　关注高人气QQ空间

3. 特别注意，不要连续快速地评论过多的空间，这样可能会导致QQ账号被限制。

如果你每天这样坚持不懈地去关注这些人气空间，不停地去评论，那么，你就静静地等着别人加爆你吧！

2.3 微信公众平台拉粉

微信公众平台作为一种全新的服务平台，是腾讯公司专门为企业、组织和个人提供的业务服务与用户管理的平台。它是一种粉丝营销，以吸引粉丝和留住粉丝为基础，通过服务顾客，为顾客提供方便，进行品牌推广、活动推荐、企业动态展示等，从而让更多人知道、了解、信任、选择产品，而不是一个直接的营销工具。

微信公众号是用户在微信公众平台上申请的、能与QQ账号互通的应用账号。对于商家用户他们可以通过公众号，在微信平台上实现和特定群体进行文字、图片、语音、视频等全方位互动沟通，从而形成一种主流的线上线下微信互动营销方式。

微信公众号分为服务号、订阅号和企业号三种，其中服务号是给企业和组织提供更强大的业务服务与用户管理能力，帮助企业快速实现全新的公众服务的平台；订阅号是公众平台的一种账号类型，旨在为用户提供信息，如果是个人申请，只能申请订阅号；企业号是专门为企业或组织提供移动应用入口，帮助企业建立与员工、上下游供应链及企业应用间的连接的。

服务号　　　　　订阅号　　　　　企业号

图2-6　微信公众号类型

微信公众号主要用于向企业、政府、媒体以及个人等用户推出合作推广业务。在这里可以通过微信渠道将品牌推广给上线的微信用户，这种操作方式不仅能减少宣传成本，还能提高品牌知名度，从而使企业打造出更具有影响力的品牌。那么，如何开通微信公众号呢？

1. 在浏览器中进入微信官网，进入微信页面，选择下面（图2-7）所示的"公众平台"。

图2-7　进入微信公众平台

2. 在弹出的页面中，点击"立即注册"。

图2-8　公众平台注册页面

3. 在弹出的页面上输入你的基本信息，勾选"我同意并遵守公众平台服务协议"，点击注册。

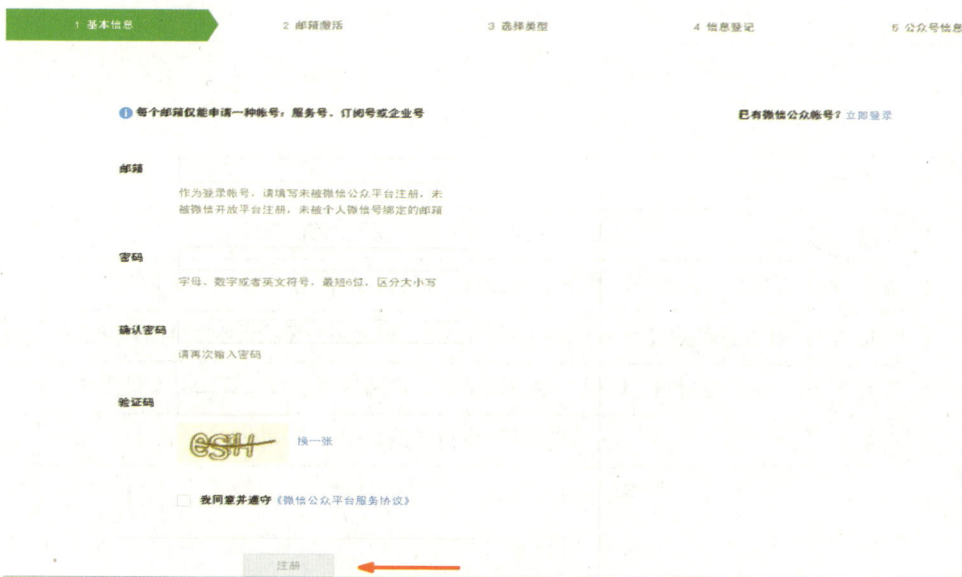

图2-9　填写基本信息页面

4. 填写完注册信息后，进入你填写的邮箱，点击链接进行激活。邮箱激活后，你需要选择公众号类型，注意：一定要对自己所选择的公众号类型进行确认，确认无误后再点击"确定"按钮。因为一旦确认后，其类型将无法更改。选择完你要申请的公众号类型后，要填写相关信息，并上传证件照，提交后，等待腾讯审核即可。

另外，腾讯微信已经开放微信公众平台认证服务，认证是对你身份的核实，粉丝一般会信任那些已经认证的公众号。只需要通过认证微博即可关联到微信认证，1秒钟自助完成微信认证，无需人工审核，但是认证微信公众平台有三个必要条件：

条件一	微信公众平台账号至少加够500粉丝
条件二	有认证微博（这里主要采用腾讯微博）
条件三	微信公众账号要和微博昵称一致

图2-10 认证微信公众平台的必要条件

以上（图2-10）三个条件缺一不可。对做微商的人来说，早一步完成认证，就早一步占领微信用户市场，所以，不要再犹豫了，赶快行动吧。

如今，随着微信用户量的激增和微信公众平台的开放，越来越多的企业和个人都纷纷注册了微信公众账号。无论是服务号、企业号还是订阅号，它们都有一定的功能限制，而对于做微商的个人来说，只能申请订阅号，其功能介绍如下（图2-11）：

功能一	每天（24小时内）可以发送1条群发消息
功能二	发给订阅用户（粉丝）的消息，将会显示在对方的订阅号文件夹中
功能三	在发送消息给订阅用户（粉丝）时，订阅用户不会收到即时消息提醒
功能三	在订阅用户（粉丝）的通讯录中，订阅号将被放入订阅号文件夹中
功能五	订阅号不支持申请自定义菜单

图2-11 微信订阅号的功能

在微信平台上，订阅号有向特定群体发送文字、图片、语音、视频的功能，用户可以利用订阅号与潜在顾客进行全方位的互动沟通，从而形成了一种主流的线上线下（线上主要是指依托网上进行的各种行为，即使用电视、报纸、广播、杂志、互联网、电影院、户外七大媒介作为载体的营销服务；线下主要是指传统贸易所进行的各种行为，即采用店面管理、促销活动、终端销售团队管理、活动公关、会议会展、促销品营销等手段为顾客提供"一对一"的品牌宣传、产品助销服务）微信互动营销方式。那么，订阅号是如何在这一公众平台增加粉丝量的呢？

1. 利用"熟人经济"

对微商新手来说，根本没有一丁点儿的用户基础，该如何启动呢？常见的就是让熟人先成为自己平台的种子用户，让他们为你介绍更多的粉丝。

2. 其他平台导入

如果你的微博、QQ、网站等地方已经有用户群，那么，你就可以通过相关的宣传、奖励活动和激励政策，非常迅速地把粉丝从原有的这些平台上转移到你的微信公众平台上，这样的做法比较方便有效。

3. 通过活动来增粉

对微商新手们来说，他们的粉丝数量很少，在这种情况下，微商新手们可以通过线下活动来增粉，比如关注送小礼物，关注并分享送话费之类的，这种吸粉效果是非常好的。当你的粉丝量达到一定程度后，你还可以组织单纯的线上活动，比如分享有礼、疯狂大转盘、领红包等等，组织活动不仅对增粉的效果明显，而且还能留粉以及增加活跃度等，这些都是非常重要和可行的手段！

4. 有效互粉

其他人是无法看到你的微信平台上的粉丝量的。由于每个微信推广人员进行互粉的方法和途径不尽相同，所以，互粉而来的粉丝是否有用，还需根据各自平台互粉的情况进行观察。常见的互粉方法有qq群内互粉、加入平台进行互粉等。但是，通过什么路子互粉来的，互粉得来的粉丝是否完全没用，需要自己摸索。

5. 用小公众号推大公众号

用小公众号推大公众号，即在做主公众号的同时，做起来几个小公众号，以舆论导向来为主号拉粉。这种吸粉方式，与互粉、刷粉一样，是腾讯比较不喜欢的一种推广方式。

6. 用内容吸粉

在陌陌、bbs、贴吧、百度百科等交流性质的场所上，你要充当活跃分子，多与这类平台上的人员进行互动交流，而在一些需要内容分享性质的场所上，你要出精品内容。这样才能引起粉丝的关注。从长远来看，内容一直是拉粉的重中之重，如果你分享的内容不够引人注目，不够让人拍手叫好，那是比较难让人有欲望去更进一步关注你的微信公众账号的。

2.4 论坛、贴吧、视频拉粉

　　粉丝是微商的生存之本，无论时下流行的微博、QQ还是微信，不断地取悦粉丝、引来粉丝是一个账号不变的任务。那么，在吸引粉丝的时候，不少人还会想到论坛、贴吧等地方，他们感觉这是个人气聚集的五方杂地。的确，你可以在这些平台上写软文去吸引客源。

　　有一个月流水十万"90后"女生，她的朋友圈不像有些人那样每天都不停地发很多产品宣传、销售推广信息，而是每天只发6条，其中有4条都是关于护肤的小知识，她的微信基本上没有掉粉的现象。

　　同时这位女生还开通了新浪微博、百度百科、以及各大论坛和贴吧的账号，然后每天在这些平台上分享各种护肤知识，但在这些内容里面完全不提及自己的产品信息，只是在这些文章里面插入自己的微信号。她这样的方式看起来很傻，但让人想不到的是，她却用这种方法将有需求的目标顾客引流至自己的微信。如今，每天都有100个左右的新顾客主动加她，成为她的粉丝。

　　可见，你只有把所有能利用的推广平台都利用上，才会有更多的粉丝主动加你。然而想有效地利用这些平台来拉粉，方法也是最为关键的部分。

1. 论坛吸引粉丝

用论坛来吸引粉丝，一般有下列（图2-12）四大类型：

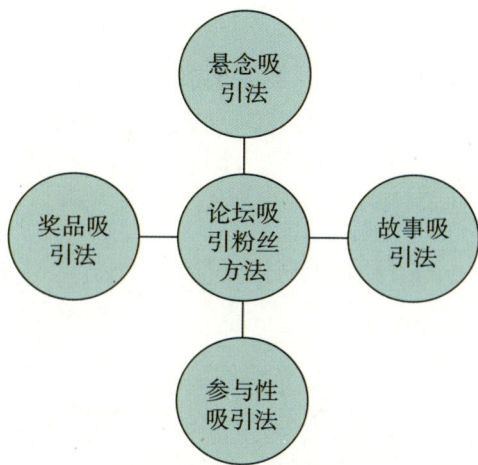

图2-12　论坛吸引粉丝方法

（1）悬念吸粉

悬念吸引法是一种比较常用的吸引粉丝的方法，比如，你在论坛上面提出一个脑筋急转弯、谜语或者智力测试等，让大家来竞猜，如果他们想要知道答案就必须关注你的账号。虽然这种做法具有强迫的意思，但是如果你提出的东西吸引到了大家，也能取得很好的效果。

（2）故事吸粉

故事吸引法其实就是在论坛上讲故事，但你必须在故事内容上足够重视，无论是心灵上的内容，还是趣味上的内容，总之，你的内容要让逛论坛的人真真切切感觉到有意思。只有你的故事吸引了他，他才会注意到你并关注你。

（3）参与性吸粉

每个人都有想展现自己、被人关注的渴望，比如你想让大家关注你的某个平台，就可以在这个平台上征集一些答案或者某些相关方面的内容，在此项活动中，每个参与者都有机会被选中，最后被选中的人将会获得平台的展示及提名等。这种参与方式能让参与者产生荣誉感。

（4）奖品吸粉

人人都有占小便宜的心理，"天上掉馅饼"的事大家都喜欢，所以，你可以利用大家的这种心理，在论坛上主办一些抽奖活动，虽然有时候你的奖品不一定有多好，但这是人类的普遍心理，所以，操作起来也很容易出效果。在设置奖品的时候，不要让大家觉得奖品遥不可及，否则吸粉的效果也会很差的。

不过论坛毕竟是论坛，一方面效果有限，另一方面可能导致对账号的封杀。所以，大家在论坛上发广告的时候一定要注意频率。

2. 贴吧拉粉

（1）变相引流术

曾在贴吧上看到一则"免费赠送泰迪宝宝，找个有爱心的女性朋友领养"的帖子：

想找个跟我一样爱狗狗的有爱心的人士来领养我家的泰迪宝宝。由于工作原因，我实在没有时间照顾它了。它现在已经有三个月了，很健康，很招人喜欢，也打过疫苗了。有意者请联系我，欢迎上门看狗。仅限爱狗的女士哦。由于本人上班有的时候无法接听电话，如有意愿，可以加我的微信：××××××。下面还附加了一张泰迪宝宝的照片。

有人肯定会问，她真的要把泰迪宝宝送人吗？哈哈，当然不可能送人了，要知道泰迪熊多贵啊。其实，她的这种说法只不过是个诱饵，目的是让人关注她的微信。当有美女加她微信后，问她送泰迪熊的事，她只要说泰迪宝宝已经送给别人了，你来晚了，就可以了。用这招吸引女性粉丝，简直太容易了，做女性用品的朋友，可以去测试！（如果觉得此招很忽悠，那么，可以不送泰迪宝宝，换些小礼品，真心实意地送给那些加的朋友。

（2）将精华帖搬到不同的贴吧

在很多热门贴吧里，其首页总有几篇吸引人的精华帖出现。这时你可以来个"偷天换日"，比如，你发现百度贴吧里面有一篇精华帖，那你就可以转移到优酷看吧，或者是其他贴吧之类的网站、平台上。你的广告或者链接可以加在这些帖子的头像上或者内容里面。打广告或者加链接的时候，尽量不要太明显，也不要一上来就加上你的广告，或者是链接，这样会让管理员很生气的。管理员一生气，你静心挑选的帖子就白费了。

（3）百度贴吧上的软文发表

在百度贴吧上发表软文还是一个比较好的吸粉方法。你还可以利用直播的方式来做第一帖、第二帖。把自己的帖子尽量写得好一点。等到你的帖子有一定的知名度后，再去渐渐地加上你的广告或者链接，就ok了嘛。每天发的软文数量不宜过多，10篇之内就好。发多了，别说百度会k你，管理员也不会容忍你这样的帖子存在。所以说，在任何平台上打广告都要有个度。

（4）热心帮助别人

在贴吧上有很多求助信息，如果你能够回答其中的一些问题，就不要推辞，比如说在微商吧里边，有人经常在上面说找师傅，学做微商。其实像这一类的人最好利用了，为什么呢？因为他们渴望得到帮助，比方说在他们求师傅的帖子上面，你可以写上，免费传授微商技巧。这样的帖子传出去后，即便有些人不感兴趣，但看到"免费"两个字后也会进去看一下，因为这是人的通病。

（5）用别人想不到的方法

在贴吧上重复发同样的内容会被封的，即使这样你的广告还是要发的。所以，你在贴吧上发广告要时刻学会变通。怎么发呢？图片是不受限制的，你可以从这方面着手，这种方法看起来效果很差，其实只要自己亲手做的时间长了，那就没什么难的了。

3. 录视频拉粉

录视频这种方式做起来很简单，但要做出高精尖的视频还需要下一番功夫的。这样的视频往往有一定的条件制约，也有一定的门槛，比如视频的录制时间、素材、口语表达等，但是效果绝对是最好最快的。如果你录的视频能够吸引大家的眼球，或者给大家带来价值，只要播放量一上去，一天增粉数千都是有可能的。但现在微视的出现，让这个工作变得容易多了，只要把精彩的东西在几秒钟表达出来就可以，但前期需要花时间好好策划一下。

2.5 "钓鱼神器"二维码拉粉

如今提起二维码大家并不陌生，因为在商场或者路面上处处都有宣传扫二维码打折送礼品的广告。二维码已经成为实现移动营销的重要载体，它的广泛应用正在逐渐改变着消费者的生活习惯。用户扫描二维码获得信息的过程让营销活动和广告不再是单方面的信息传递，借助二维码本身与广告中的元素的巧妙结合，当有吸引消费者扫描的亮点时，可以给消费者提供新奇有趣的用户体验，再加上原有的线下资源，就能实现线上线下同时拉粉，又能通过趣味的营销活动盘活粉丝，最好还能通过线上支付完成交易来扩大销售额。

日前，长虹电视企业也开始玩起了微信，"长虹电视"便是其微信公众号。近期，该企业更是通过微信公众号在其官方微信上发起了一个"越扫越土豪"的互动活动，这个活动是长虹电视设计的一个简单的游戏，很有意思。

用户在"长虹电视"微信中打开"越扫越土豪"活动，生成自己的二维码，并将二维码分享到朋友圈或微博，邀请亲朋好友扫码即可累计金额，实现"病毒式营销"的传播。活动结束后你可以兑换不同面值的电话充值卡，5万话费送完为止！该活动的规则如图2-13所示：

详细规则如下：

1. 已关注长虹微信的好友（资深虹粉）扫你的二维码，你将获得1元的奖励；首次关注长虹微信好友（新虹粉）扫你的二维码，你将获得2元的奖励。注意：同一人多次扫描你的专属二维码只作一次奖励。

2. 每个生成的专属二维码限时30分钟有效，过期后请再次生成。

3. 未达到充值卡面值的累计金额不予兑换话费，可兑换积分，1元=100积分，三日内会发放到你的会员账户。每人可获得话费最高上限为110元。

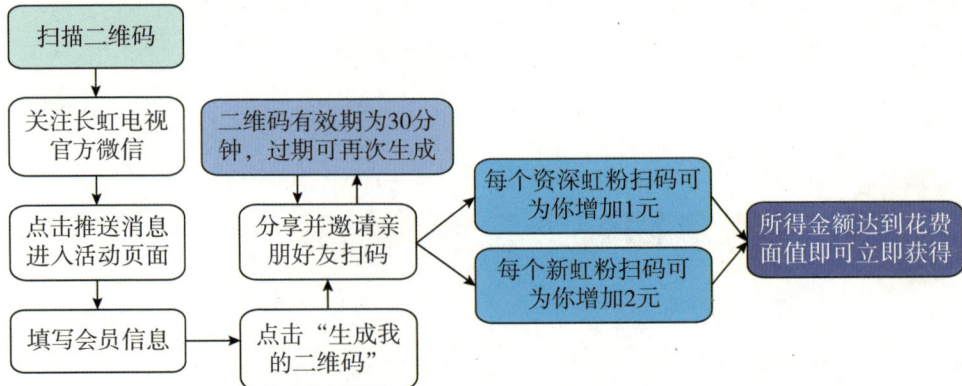

图2-13 "长虹电视"活动规则

4. 活动奖励将以手机话费的形式发放，请填写真实有效的手机号，以避免不必要的麻烦，如需修改手机号等信息请点击"虹粉视家–我的会员卡"。长虹电视会在三天内为你手机充值。

此活动仅仅推出6小时50分钟，5万元的话费便送完了。长虹电视通过此活动，当天其公众号就增加了20421个微信粉丝，期间微信接口调用次数达149189次，是平日的230倍。从以上数据上来看，长虹电视推出的这个赠话费活动吸引了众多的粉丝，这在短时间引爆已然是一个不错的微信营销案例了。

目前，"钓鱼神器"二维码拉粉是一种比点赞更疯狂的病毒式微商营销模式，在二维码刚刚兴起之际，抢得先机就是抢得市场，可以让你的品牌达到快速传播的目的。然而用户是不会平白无故就扫你的二维码的，它的使用是非常有讲究的，你要提供给他们一个有价值的扫描的理由，这个理由能对顾客有足够的诱惑力。他们只有对你的产品感兴趣，才会扫描。那么，如何才能让顾客心甘情愿扫你的二维码呢？

1. 给顾客一点小恩惠

现在很多商家推出扫码送饮料的活动，用户只要轻轻一扫，就可以获得一大瓶饮料，这种活动让一些商家获得了很多粉丝。除了送饮料，很多做微商的为了吸引顾客，还推出各种各样的免费送礼品活动。

前段时间，一位男同志通过微信卖面膜，刚开始他的女性粉丝很少，为了增加大量的精准女性粉丝，他想到了一个妙招，不仅很快获得了很多女性粉丝，而且她们中的很多人都买了他的面膜，甚至一些更忠实的粉丝还为他拉了不少粉丝。大家都管这位哥们叫"面膜大叔"。接下来，我们就看看这位"面膜大叔"是如何巧妙加粉的？

刚开始的时候，"面膜大叔"拉拢了一个经常给附近的写字楼送外卖的小哥，让他在送外卖的时候，碰到是女士订餐，就赠送给她一张他的面膜，并要求她扫描微信二维码加他为好友。

第一天小哥送出去两百多张面膜，其中就有150多人关注了"面膜大叔"，而且这些顾客都是精准的粉丝。

第一天测试就有了不错的效果，然后他就继续复制这种方式，后来除了写字楼送外卖的小哥帮他送免费面膜，就是附近的肯德基、麦当劳，还有一些送盒饭的快餐店的外卖小哥也开始给他送免费面膜。一个月时间，他就积累了5万多粉丝。5万多的粉丝该怎么运用呢？他又是怎么把面膜卖给这5万多的粉丝？

平常"面膜大叔"除了发一些护肤小知识、用户的反馈照片，还经常提出一些有趣的话题和粉丝们互动聊天，以增加自己的名气和信任度。另外，"面膜大叔"通过细心观察，把活跃度高的粉丝拉到一个独立的微信群里，与这些活跃粉丝交流护肤经验，还不定期地派送红包。慢慢地，他和这些粉丝们建立了感情。

预热了一个月后，他觉得火候差不多了，就开始向微信群里的人推荐自己的面膜，当时就有很多人回应。第一天，他就轻松地卖出了10000多片面膜。后来，他的粉丝越来越多，再加上他的产品质量高、品质好，很多粉丝都成了他的回头客，有的还做了他的代理。如今，"面膜大叔"的微商生意做得风生水起，赢得了很多人的羡慕。

几乎每个人都喜欢别人送的免费礼物，特别是女性。"面膜大叔"就抓住了女性的这个心理特点，通过免费送面膜让很多女性都扫了他的二维码，之后他还通过送红包赢得了众多女生的心，让很多女性成为了他的忠实粉丝。

2. 用优惠吸引粉丝

制定一套优惠政策是吸引用户扫描二维码最常用的方法，你可以让用户通过扫二维码来获得这些优惠。比如，××超市推出"9.5折"优惠活动，但是前提是你必须用手机扫他们指定的二维码。这样一来，很多人都会为了那"0.5折"的优惠去扫描你指定的二维码。但是用这种方法，你还要在优惠力度上思考一下，如果你只是简单的100元减1元，那除非你的产品足够吸引力，否则很难吸引到顾客。

3. 用爆款吸引粉丝

不管你是线下店面，还是线上微商，都可以设置一套爆款出来，用这些来吸引粉丝扫二维码。比如，你去一家自助餐厅，若想获得最后两道热门菜，就需要扫描一下餐厅的二维码，这就是一种非常聪明的用爆款吸引用户的方法。

本身这些热门菜也是需要给用户的，但是该店面就是要先让顾客扫一下二维码，成为微信粉丝后才可以享受美食，而且如果顾客是他们的常客的话，一般都也不会轻易取消关注。

4. 利用顾客的猎奇心理

人人都有好奇心理，你可以充分利用用户的这种心理。如今，在广告中加入二维码是最常见的形式，特别是在日本、韩国等国家，二维码覆盖了各种领域，比如户外、杂志、报纸、电视、DM、卡片甚至网络等，各种可视化的广告载体中都能看到二维码的身影。

某著名女性内衣品牌店，在二维码如此盛行之际，做了一个二维码的户外广告，并轰动一时。他们用该品牌的性感模特作为街头广告画面中的主角，将她们的关键部位用二维码挡住，此方式顿时引起很多路人的关注，他们中的很多人还拿出手机对着性感模特图进行扫描，都想一窥二维码后面藏着什么。

5. 把你的二维码放在合适的地点

想让用户光顾你的二维码，地点选择也是重要的一个步骤。你准备把二维码印在哪里呢？

首先你要选择一个有手机信号覆盖的地方，如果你的二维码放在没有手机信号覆盖的地方，用户的手机网页加载不出来，你除了会被用户骂以外，不会有任何效果。所以，电梯上如果没有覆盖手机信号，还是算了吧。高速公路边上的广告牌？这是为超人准备的。过道广告牌、路边橱窗上的二维码，那匆匆而过的人群，也很少会有人停留……其实，最适合的地方就是大家比较闲的地方，例如公交车站的站牌上，餐厅的桌角上，电影院排队的长廊里。

2.6 微信好友互推拉粉

互推这种方式是微博上常用的拉粉丝玩法，如果把这种拉粉方法用到微信中，其效果要远比微博互推的效果好得多。目前，利用微信好友互推是拉粉中最好最快的方法，你不用长篇大论地写文章，不用辛苦劳累地改文案，只需要短短100字左右的小段子和几张图片就可以，但需要注意文案和图片的质量，还要以诚信为前提，这些都决定了加人的数量。如今，微信互推这种省时省力的拉粉，当然也是大家最喜欢用的方法。

微信好友互推拉粉一般是同行之间互推，假如你是做面膜的，你的另一个微信好友是做另一个品牌的化妆品的，你们就可以商量互推各自的产品，但前提是她的化妆品有固定的品牌，质量有保证，而且是价格低廉且统一，顾客去哪里买这款产品都是这个价格。这样的话，不管是代理的顾客还是零售的顾客都比较稳定，才不会存在顾客流失这样的问题。如果你发现她的化妆品的质量有问题或者价格高，就要果断放弃和她合作，再找另一个合作进行互推。如果没有问题的话，就要可以在你的朋友圈推她的化妆品，她当然也要在她的朋友圈里推你的面膜。你发完她的化妆品的广告后，如果你的朋友圈里有几个人要买，那你们就可以成为互推的同行了。

那么，同行之间进行互推时，有哪些互推方式呢？各种互推方式的效果又如何呢？

图2-14　同行互推方式

一般来说，微信的互推方式主要有文末互推、图文合作互推、阅读原文互推，以及被关注自动发消息处互推等。下面按照四种互推方式对用户体验影响的效果好坏依次排下来。

1. 文末互推

文末互推就是合作方在每次发表文章的末尾，把对方的微信公众号粘贴上即可。有兴趣的粉丝在阅读完发表的文章后，会顺便看到这些推荐信息。如果他们想关注这些推荐的公众号，直接按复制就OK了。这种互推方式是大部分微商经营者经常采用的互推方式之一。从操作上来看，你没有必要每天到处叫喊互推合作，只要找几个能长期合作的就行，而且互推个数最好控制在5个之内，太多了反而达不到想要的效果。综合来看，文末互推方式的效果挺好的，操作简单，并且对掉粉无太大影响。

2. 图文合作互推

图文合作互推的方式是将合作方的微信号直接附在发表的图片或文字中，这种互推方式最直接，效果也不错，其互推内容中的图文数量最好不要超过4条。一般来说，粉丝关注你，最主要的目的是看你代理的产品的主要内容，如果你偶尔发一条广告，或者互推都没有关系，但如果你经常这样做的话，势必会让粉丝们厌烦，从而产生掉粉现象，这将有可能直接导致得不偿失。当然，如果你的互推文案写得比较巧妙，能让粉丝有同感，掉粉现象会在一定程度上减轻。综合来说，以图文合作的方式互推操作起来比较麻烦，还会在一定程度上产生掉粉现象，因此，很多人都不愿意进行这样的互推合作。

3. 阅读原文互推

阅读原文互推是编辑在创作文章时，添加"原文链接"的字样与链接，当粉丝点击此链接后，进入的是互推对象的界面。当然这里只能写一个链接，所以，很多人组团互推，每个人共推一个链接，这个链接上有大家的公众号可供选择。粉丝在阅读完文章之后，会看到一个阅读原文的提醒，点击之后，就到了这个推荐关注的地方。总体来看，毕竟是在整个文章最不显眼的地方，所以点击率也小，但是互推人数如果多的话，其实也很可观，特别是组团互推。因为这个操作也不麻烦，整体效果讲下来也是不错。目前这种互推方式也是很流行的，效果一般，但组团数量大，操作简单，掉粉现象不太明显。

4. 关注发消息互推

关注发消息互推是依靠系统自动发送消息的功能进行互推的，即在粉丝关注你的微信公众号时，系统会自动把互推消息发给你的这个新粉丝。这种方式虽然简单方便，但是其效果却不好。因为关注你的这个粉丝也是新粉丝，在他们还没有了解你的情况下，你就向他们推送广告，他们心里当然不乐意，也不愿意接受你这样的人，如果他们对你的第一印象不好，更不可能买你的产品了。所以，关注发消息互推这个方式效果不好，不提倡大家用这种互推方式。

互推是一种互惠互利的拉粉方式，并不是什么违法行为，所以，微信方面目前并不会阻止互推拉粉的方式。即使这样，你在互推时也要小心，最好是在你的粉丝达到1000以上时再开始找人合作互推，否则你浪费很长的时间后，不仅会很难找到互推对象，还很可能因为操作不当出现掉粉现象，粉丝少了，互动当然也跟着少了，互动少了，就很容易出现掉粉现象，这样将形成一个恶性循环。但是，如果你的粉丝量很大，谨慎选用一种好友互推方式，严格控制互推次数，每次互推也能获得上百的粉丝。

2.7 创意无限=粉丝无限

如今，做微商的人越来越多，大家每天都在想方设法地增加自己的粉丝量。但凡那些粉丝量过万的人，他们都有一个共同的特点，就是他们在微博、朋友圈、论坛、贴吧、微信公众平台上面发布的信息都富有创意，并能吸引住大家的眼球。所以，很多人都愿意关注他们，做他们最忠实的粉丝。下面我就介绍几个微商如何用有创意的方式吸引粉丝。

1. 用"盆栽点心"做微博营销

曾在微博上看到一张照片，照片里的人手里捧着一盆一盆的"鲜花"，大口大口地嚼着"泥土"，当时很惊讶，了解之后才知道这是重庆一家"盆栽点心"的工作室专门推出的创意点心，他们店内所有甜点都以植物的形式出现，他们利用微博营销，引得不少年轻人追捧，短短一周已拥有大批"盆栽"爱好者。

当记者询问"盆栽点心"工作室的负责人高子润是怎么有这种想法时，

她回答说："在原料使用上，我们的奶酪、奶油来自意大利、比利时和爱尔兰等。其实这样的形式很容易被模仿，因此，必须靠真材实料的品质和吸引人的创意。"

高子润还说，她们每天都会从鲜花店购买各种各样的花儿，这些成本都很高，所以，为了降低成本，她用的这些"花盆"基本上都是从外贸店里淘来的。由于她们靠微博营销，少了门面租金，因而省下了一大笔费用。这样她的每盆点心的售价就得以降低。目前，她每盆点心的利润只有几元钱，这样的话，一般顾客都能消费得起。她在微博上发布这些好吃、好看、有创意又不贵的"盆栽点心"，自然会引来很多顾客的光临。

如今，微博渗透到生活的各个方面。很多人已经习惯了在用餐之前"晒晒"自己的美食，而像这样别出心裁的美食更是少不了大家的疯狂晒单。这个过程，其实也是为美食店宣传的过程。大家看到这种富有新意的美食，当然要关注一下，品尝一下了。

"目前我们没有做任何的广告，只靠微博营销。"高子润说。通过微博传播，她在短短一周内就收获了200多粉丝，随着粉丝的关注和传播，她的微店里面来的客人越来越多。他们虽然大多都不认识，但是凭借一传十、十传百的口碑效应，顾客纷纷被吸引过来。

高子润说："我每天都会在微博上不断更新产品照片，以及对口味、价格的介绍，而客人甚至连电话都不用打，可以直接@森林厨房进行预订。"在她的私信和评论中，常常会有客人的反馈，她会根据这些意见及时做出调整。除此之外，她还每天都关注微博，与粉丝们进行亲密互动，有时候还能从粉丝口中获得新的创意和点子，比如，在圣诞节或者情人节等特殊节日，为顾客提供订购花盆样式的服务。

高子润通过微博宣传自己的美食店铺，其他美食店也纷纷效仿。目前，微博美食已成为时下非常流行的营销模式。可见，微博巨大的扩散效应让不少微型食品经营者尝到了很大的甜头。

2. 1号店巧用游戏式营销

近日，1号店在微信当中推出了"我画你猜"活动，其活动方式如下（图

2–15）：

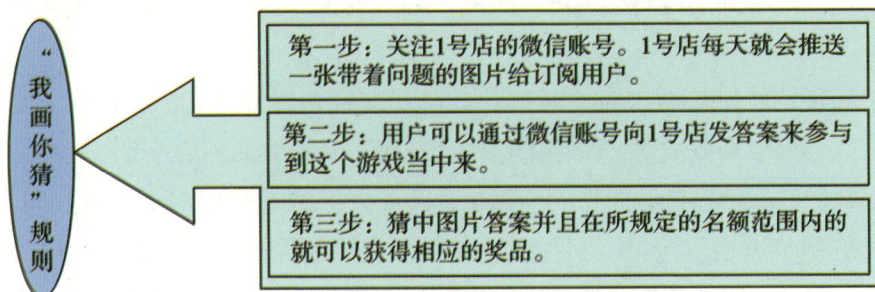

图2-15 "我画你猜"规则

其实，1号店推出的"我画你猜"活动的创意概念来自于日前火爆的App游戏Draw Something，并非1号店自主研发，只是1号店第一个把流行游戏结合到微信活动推广中来。这种活动不仅吸引了爱玩Draw Something游戏的粉丝，而且其他没有玩过此项游戏的人，听了这种富有创意的活动，也都想加入其中。很快，1号店通过"我画你猜"吸引了众多粉丝的加入。

3. 星巴克音乐推送微信

有创意的东西才有生命力，想要自己把微商做火，就要推出有创意的东西。星巴克咖啡就凭借了微信的强大功能，用微信中的"回复表情"把自己的微信做得很有创意，让它的微信富有生命力！其操作方式如下（图2-16）：

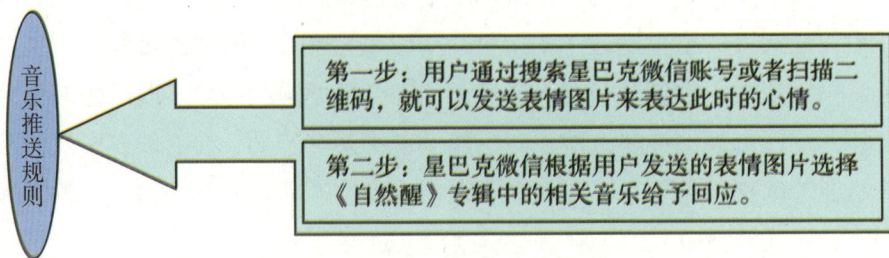

图2-16 星巴克音乐推送规则

星巴克这种刺激听觉的独特宣传方式，受到了大家的热烈欢迎！很多粉丝纷纷关注了星巴克的微信公众号。这时星巴克就可以通过此平台推送一些产品信息，从而达到宣传目的。

我们都喜欢有创意的东西，看到新奇的东西总想弄明白到底是怎么一回事。上述的"盆栽点心""我画你猜"游戏和音乐推送的方式，正是利用了大家的这种猎奇心理，获得了大批粉丝。所以说，创意是无价的，只要是有创意的东西，总会有人捧场。

2.8 要"僵尸粉"，还是"精准粉"

微商想要做大做强，光靠那些亲朋好友肯定不行，还必须要开发陌生人市场。于是，很多微商新手，起初根本不懂得正确的微营销方式，一开始便进入了疯狂加人模式，微营销真的是人越多就越好吗？答案肯定不是。

做微商粉丝太少肯定不行，但是粉丝多也不一定就是好的，关键要看有多少活粉和铁杆粉。现在淘宝上，有很多卖粉丝的主，有时候买1万粉丝花100块钱都不到。这时一些投机取巧的人为了能迅速增加粉丝，会在淘宝上买一些粉丝。外行人一看，哇！百万粉丝好霸气！其实都是一些没有价值的"僵尸粉"。做微商就是为了赚钱，想赚钱，粉丝真的不是看数量，而是看质量。可以说，几十个精准粉丝比起5000个不知道哪里来的粉丝，价值高太多。如果你的朋友圈没有几个精准粉丝，其他方面你打造得再好，也是只是对着和尚卖梳子，难以实现买卖。

怎么看你有多少活粉和铁杆粉？有个测试小技巧，就是看一下每天你发信息的评论内容，如果你发的内容基本上没人回复，或者回复的人寥寥无几，说明你的粉丝都是一些"僵尸粉"，很难促成买卖；如果在评论里面打广告的多，说明你的粉丝都是像你一样做微商的，你可以从中发展一些微代理；如果是真诚回复的多，说明你的粉丝都是质量高的精准粉，很容易就能促成买卖。

所以，做微商最重要的就是有大量精准粉。如何挖掘精准顾客呢？

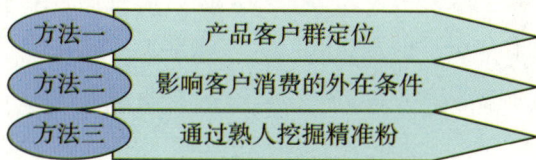

方法一	产品客户群定位
方法二	影响客户消费的外在条件
方法三	通过熟人挖掘精准粉

图2-17　挖掘精准顾客的方法

1. 产品顾客群定位

在微营销中，产品顾客群定位非常关键。在选择微商产品前，首先要了解你的朋友圈好友的消费属性，即好友的性别、年龄、宗教信仰、家庭收入、社会地位、消费价值观等因素。然后再结合朋友的这些自身属性，来合理定位自己的顾客群，从而选择出适合朋友群营销的产品，毕竟大部分做微商的人都是从朋友圈开始的。

明确你所选择的产品适合你的朋友圈中的消费群体，是获得精准粉的前提条件，然后才能有针对性地推销自己的产品。比如，现在有一款热销的"××芦荟胶"，该产品适合的人群一般是18岁～30岁的女性朋友，35岁以上的人群基本上不会买芦荟胶敷脸，一方面是因为该产品档次不够，另一方面是芦荟胶对这批年龄群所起的功效达不到最优。所以，要明确你的目标群体，才能最大限度地发展自己的精准粉。

2. 影响顾客消费的外在条件

影响顾客消费的外在条件主要包括顾客的所在地域、所拥有的产品现状以及组织归属等。只有了解了这些外在条件，微商才能给顾客对症下药，从而挖掘出适合自己的精准粉。然而想要掌握顾客的较为详细的外在属性，还需要进行大量的资料搜集和深度解析，这是一件不太容易做到的事情。但是，顾客的外在属性中的一些概况性的数据还是比较容易调查与收集，你可以针对其在朋友圈的言论、发表的图文等信息对顾客进行分析，以此便能对其消费层次有一个大概地了解。

3. 通过熟人挖掘精准粉

利用熟人挖掘精准粉是微商新手快速获得精准粉的最简单的方式。微商如何从熟人做起呢？我们每个人都有自己的人脉圈，新手微商最初的人脉就是自己的亲戚、朋友、同学、同事。有些人会觉得，赚亲朋好友的钱，多难为情。的确，赚这些人的钱很难为情，所以，我们最好不要赚他们的钱。这时有人就纳闷了，微商基本上都是从朋友做起的，不赚朋友的钱那我们赚谁的钱呢？答案是赚你朋友的朋友圈的钱。对，你没有看错，就是赚你朋友的朋友圈的钱。

那么，你的朋友圈的朋友是干什么用的呢？实际上，他们应该是你的拉粉利器，让他们帮你拉精准粉。如果你起初就抱着赚你朋友的钱的心态，朋友多半会碍于面子，跟你购买产品。但是你这样做的后果就是，把自己的微商路堵死了，你和朋友的这种交易基本上就是一锤子买卖，然后就没有然后了。

但是换一种思维，如果你选的产品足够好，受众面广，恰恰也是你朋友需要的。那你千万不要急于推销你的产品，不妨自己先把货囤起来，自己先试用，并在朋友圈分享你的使用心得。这时候就是拼人品的时候了，如果你在朋友当中人品过关，生活中是一个值得信赖的人，我敢保证在你做微商的这个阶段，也就是初期，你的朋友不仅不会屏蔽你，相反令很多人对你的产品都跃跃欲试。在你吊足了你朋友的胃口的时候，你可以发朋友圈，举行一些免费试用或者免费赠送的活动，比如点赞的送精品试用装或者抽取名额免费送等。

如果这些朋友试用以后效果很好，他们当然会跟你购买。如果这个时候，你又想着去赚朋友的钱，无疑是前功尽弃。正确的做法是，你可以以成本价或者赚一点点钱卖给你的朋友，她知道了肯定会感激你，也会很乐意帮你在她的朋友圈推销产品。

做微商，一定要懂得利用朋友圈的人，人滚人地去加人，这样加来的人都是朋友介绍的，他们对你的信赖度远远大于那些不知从什么地方把你加来的陌生人的信赖度，这些人基本上都是要买你产品的精准粉。

假如你的朋友圈有10个这样的朋友帮你推荐和介绍，你的东西难道还愁卖吗？如果你再把这个模式继续复制下去，执行到位，那么，你的收益将会是你无法想象的。但是，如果初期你都不舍得送好友试用装，一心钻到钱眼里，那我还是劝你老老实实地上班吧，你真的不适合做微商。因为，刚开始做微商时，如果你朋友圈里的好友都不肯为你推广，那你更不可能卖给陌生人了，这时你的微商事业就岌岌可危了。所以说，做微商，在保证质量的前提下，利用自己朋友圈的好友拉精准粉才是王道。

可以说，精准粉是微商的血液，僵尸粉除了占用我们的微商资源，没有任何价值。我们经常说，人脉不能断，时刻给人脉换血。做微商也是一样，如果人脉不换，死粉不清，新的活粉不进，就没新人关注你。不要以为加人只是新手微商要做的事情，其实只要你做微商，你就得为自己的人脉圈不停地换新鲜血液，因为微信好友最多只能加5000人。在这5000人当中，你不可能让每个人都关注你、喜欢你。所以，为了让微商一直有新鲜的血液注入，你就必须把那些不关注你，或者从来不和你互动的人清除出去。

　　为了避免一些僵尸粉占用你的空间，以及浪费你的时间去清除，我们在加粉丝的时候一定要擦亮眼睛，以优秀人的姿态对待自己的粉丝，要加就加精准粉，拒绝加一些僵尸粉。另外，不管我们的微信朋友是不是满了，我们都要定期花一部分时间来清理死粉，将那些从来没聊过的或者屏蔽你的好友及时清理掉。

第3章

不"掉粉"的攻心策略

估计很多微商都曾有过这样的困扰，好不容易添加了新的好友，那个人过两天就把自己删了！前些日子还在联系的客户，这些日子却找不到了！给某个朋友发微信信息，却发现自己已被他屏蔽了……这些都是"掉粉"现象。其实，出现"掉粉"的最主要原因就是你不了解粉丝的心理，你没有维护好你和粉丝的关系，或许你只是把他们当作你的利益工具，甚至把他们当作"僵尸粉"，你没有对他们进行关注，他们又何必浪费自己的空间呢。

3.1 利用好点赞人性

目前，从博客到微博，从QQ到人人，再从人人到微信等，社交平台都陆陆续续推出了"点赞"功能，一时间引得大家在各种社交网络晒赞数。可以说，每一次网络社交平台的更新都暗藏了设计人员对用户心理的揣摩，"点赞"也不例外，设计人员正好抓住了用户们都渴望被他人关注的心理。被点赞多的洋洋得意，获赞少的难免失意。

有时点一个"赞"就会成为你重拾友谊的桥梁。在我们朋友圈里人群中，包括亲人、恋人、同事、同学、顾客、潜在顾客、陌生人……特别是做微商的人，朋友圈里的朋友会更多。然而每个人每日的时间精力有限，你不可能与朋友圈里的每个人都保持高密度的联络，但他们却是你不想放弃的资源，这些资源可能是职场上的人脉、潜在顾客，也可能是个人心理的需求，总之是你在乎的。为了让这些资源在可利用之时显得不那么功利，你就需要时不时地保持联系，在他们发状态时，不妨为他们点个"赞"，这就代表了你关注他们，而"点赞"的心理语言是"我记得你，我关心你"。况且点赞要比发评论更便捷，在时间上的投入与对方当前在你心理上的比重相当，同时这还能让朋友圈好友知道你的存在。

另外，对于新添加的朋友，第一时间关注他的朋友圈，给他朋友圈的内容点个赞。每个人都渴望被关注，希望成为话题的中心！你为他点赞，证明你关注了他，他当然就不会把你删了。之后你再时不时地对他的内容进行点赞或者评论，就这样，你们互动多了，自然就熟了，这时他就更不好意思把你删掉了。

最近，打开朋友圈就能看到"求点赞"的消息，这种玩法是一种新兴的、有点火爆的营销手段：点赞有礼，即厂家在粉丝们积累了多少个赞就能够获得相应的奖赏，如抽奖、优惠券、电影票等。这时，如果你动动你的手指，帮助你的粉丝们点一个赞，他们当然会很感激你，也不会轻易把你拉黑。

图3-1 熟人效应

为了让你的朋友圈不容易"掉粉"，就要利用好点赞人性。当你的好友在朋友圈发了一些不错的内容或者信息时，你要及时给他们点个赞或者评论。多动动手，给朋友点个赞，才能收获好人缘。人缘好了，大家才信任你，并帮助你宣传，这样你的粉丝才会越来越多。而且点赞都是相互的，如果你经常给他人点赞，他人也会在你发一些内容后给你点赞。做微商，不就是为了增加粉丝，留住粉丝吗？如果你和粉丝成为了朋友，他们还会轻易屏蔽你吗？

其实无论朋友在朋友圈发什么内容，无非就是想弄明白关注自己的人到底有多少。如果你经常给他们点个赞，评论一下，或者常给他们发一些关心祝福的话语，并经常和好友们在一起互动，比如点赞送礼等，他们自然会对你产生好感，这种做法是维护粉丝、不"掉粉"的非常重要的一个环节。

赞美他人是一种美德，点赞也是如此，它并不是像一些不怀好意的人说那样心理"阴暗"，当然存在真心地赞美，而且还会让对方感到被关注。所以，动动你的手，在朋友圈里为友人豁达的人生态度、超棒的厨艺、精彩的旅途等分享点个赞吧。

赞美别人是一种优秀的品质，在一些社交平台上，我们要不时地为好友发出的说说、照片等内容点一个"赞"，这是促进你们感情最简单可行的方法之一。假如你还想更深入地和好友增进感情，一个"赞"字毕竟功力有限，传递情感的质量也有限，这时你可以将赞美的心声转化为赞美的评论，充分利用社交中的评论功能，定更能拉近自己和友人的心灵距离。

3.2 互动效应：让粉丝high起来

微商"店铺"都在一些社交平台上，要想做好微营销，关键就是社交，社交当然就是人与人的互动交流。互动的前提是什么？最关键的一点就是，你自己有没有和粉丝互动过？这一点很重要，如果你从来都不与别人打招呼，从来不主动联系人家，人家找你你也爱理不理，我相信最后你的粉丝也没有几个愿意和你交流，最后你就成为了孤家寡人。俗话说，礼尚往来，你经常和别人聊天，别人有空的时候也会和你聊天。而你在做微商的时候，还要有一种交朋友的心态，不要把自己的位置放得过高，感觉好像没有什么人值得你去交往，那是很难做好微商的。

想要不"掉粉"，就要让粉丝动起来。当然你不可能做到和每个人都私聊，所以，这时你就要想方设法地提高大家的参与感，参与的人越多，话题才越多，你的"店铺"中的活跃度才高，这样才很容易形成一种很好的强关系。

在有些时候，你必须要和一些粉丝私聊，比如，新加入你的新粉丝，如果你不和他们私聊，他们也不会主动和你聊天，慢慢地他们就会成了你的僵尸粉。但是你在和这些新粉丝私聊之前，要和人家先认识，先熟悉，所谓"一回生，二回熟"就是这个道理。所以，做微商和粉丝互动，就要以群聊的方式让大家都参与其中，当你和大家多次互动、多次交流之后，再和他们私聊，会有种很亲切、很熟悉的感觉，这会让粉丝感觉你和他认识很久，当然也就没有"掉粉"的事情发生了。

赵晓敏是一个全职妈妈，她现在做德国奶粉代购，月赚两万元。刚开始的时候，她和很多全职妈妈一样，在家带小孩非常无聊，希望找些在家就能做的事情，赚点外快分担家庭的负担。当微商盛行之际，她决定试水。

由于她哥哥在德国留学，所以，她选了一个德国奶粉代购作为微商项目，她之前采用的方法和大部分微商一样，天天刷屏，但是销售业绩非常差，成交的也是一些身边的朋友同事。后来她向有经验的微商朋友询问，朋友当时给她支了两招：一是去通过互联网寻找妈妈聚集地，跟她们真诚地交朋友，忘记要卖奶粉的事情；二是晒真实的生活，多和朋友圈的妈妈们互动。

听了朋友的建议，赵晓敏说做就做，而且执行得很到位。一个月后，她通过妈妈网和妈妈类 QQ 群获得了800多名精准的妈妈粉丝。每天她都和这些粉丝在群里或论坛里面互动交流，各自分享自己的育儿经，谈一些生活中孩子们发生的小事，家庭中发生的有趣事儿，还会聊一些最近的娱乐新闻……在赵晓敏的带领下，妈妈们有了很多话题，大家聊得不亦乐乎。除此之外，她每天还在朋友圈里发一些自家小孩的照片，并分享或转发一些预防小孩子感冒、治疗小孩子咳嗽等偏方，让看她的朋友圈的妈妈们能有些收获。

快到月底的时候，她又给朋友打电话，问朋友接下来她应该怎么样卖货。当时，朋友给她写了一条微信文案："奶粉又快被我家这个小家伙吃完了，又得打电话叫他在德国上学的舅舅邮寄过来，有没有宝妈要奶粉的可以一起，邮费我包了！"朋友让赵晓敏附上一张奶粉剩半袋的照片，把这条文案内容发到她的朋友圈里。

这条消息一发出，就有很多宝妈评论。当天晚上就有30多个宝妈找她代购，算算成果，足足赚了1万3千多，这个数目可是她老公工资的两倍。

现在她每个月稳定收入都在两万左右，而她每天要做的就是和这些宝妈互动交流。由于奶粉是一个消耗品，只要保证产品质量，基本可以说是一个非常稳定的收入。对于自己的成功经验，她经常开玩笑说："再牛的策划也比不上傻子一样地执行。"赵晓敏就是严格按照朋友的建议，每天像傻子一样坚持不懈地和自己的粉丝互动，让她的粉丝每天都high起来。

粉丝维护最重要的就是互动，总的来说，不要让粉丝感到自己是机器人，要让他们感觉你们是像朋友一样在交流，因为只有朋友才不会随随便便就把你拉黑。

　　那么，如何才能更好地和粉丝进行有效的互动交流呢？根据微商达人的经验，以及多次的测试，发现参与度高的互动都具备以下（图3-2）几个特点：

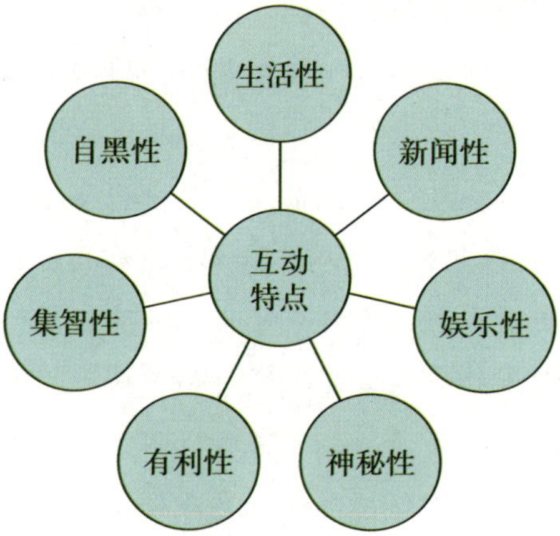

图3-2　互动特点

1. 生活性

　　在互动的时候，你不一定要聊你的产品如何如何，你可以聊一些生活中发生的小事情，分享一些生活中的所感所悟，这不仅有话题感，还会让人有一种很亲切的感觉。比如，上述事例中，赵晓敏就是通过谈论家庭琐事，分享孩子趣事等生活信息，让很多人乐意参与其中。

2. 新闻性

　　有时候，你可以尝试提供一些与主题相关的新闻。许多用户都喜欢最新的新闻。如你发的微信能成为他们的第一手信息来源，他们就会重复访问。比如，某品牌最近的动向，最新的优惠活动等。

3. 娱乐性

　　互动的话题要有娱乐效果，也就是话题中一定要有一些笑点，让大家能够娱乐一下。那该怎么策划呢？这当然就要发挥你的幽默细胞了，如果你真的幽默不起来，可以和其他好友一起配合，让你群里的一些活跃分子出谋划策。比如，你可以结合一些当下最流行的娱乐新闻，用自己的观点和思维去制造话题。如果你的话题很有意思，粉丝们就会纷纷评论，有时候在评论里就会有很多笑点,这样好友之间就可以相互在评论里调侃和互动。

4. 神秘性

每个人都有一种好奇心理,所以,当粉丝看到你发了一条带有神秘色彩的信息时,很多人都想一探究竟,有些人还会好奇地发问,他们很迫切地想知道是什么。比如,你可以发布一些小测验,每周公布答案。这样,很多参加者就会在你公布答案后来看正确答案。

5. 有利性

上面章节中,我们谈到了长虹电视通过扫二维码关注送话费的活动,该集团在不到7个小时就增加了两万多个的粉丝,可见,"利"对大家的吸引力有多大强大。既然大家都有这种心理,微商们也可以采用评论送礼品、有奖问答的方式,这种内容一般都很有诱惑和吸引力。当然这还要看你的奖品是什么,以及你的问题设置。如果你设置的奖品没有吸引力,或者问题的难度系数太高,都会降低粉丝参与的积极性。我认为问题越简单、越傻瓜越好,这样参与回答、评论的人数才多。而且有奖活动需要持续做,奖品不必太贵重,只要对你的粉丝来说稍有用即可。

6. 集智性

集智性互动也是一个不错的方法,就是无论是你生活中遇到问题,还是关于自己代理的产品方面遇到一些困扰,都可以征求粉丝的意见或建议,或者让粉丝们帮你出谋划策。粉丝的力量是强大的,利用这种方式你不仅解决了问题,还能起到有效互动的目的。集智性互动通常都是以问答的方式结束。比如,你可以搞一些有奖小调查,问一些有趣的或关于产品的问题,让粉丝投票。

7. 自黑性

自黑,即拿自己的短处开玩笑,但这种方式不是每个人都可以做得到,当你能做到这一条,你就真的天下无敌了。在自黑的时候,一般都是以长相、财富、身高等来做文章。比如有人喜欢说自己长得很帅,突然有一天他爆出一张很丑的照片,一时自夸,一时自黑,就这样实时地和大家互动,把大家的兴致提了起来,并一次一次地引爆了这条微信。

3.3 用"心"才能造出吸粉的"强磁场"

很多的微商营销者在遇到"掉粉"现象时会给自己找一千个、一万个理由，说微商不好做，觉得别人成功的微商营销案例不可复制。其实，要想做好微商，只在于你用不用心，而不是你可不可复制的问题。你不用心做微商，粉丝当然就不会被你吸引过来，"掉粉"现象当然也会很严重，并最终让自己成为孤家寡人。

90后女汉子刘艳芳，看着社会上那些开豪车、住豪宅的白富美、富二代们挥金如土，心中也曾羡慕嫉妒恨过。她知道，那些人比她要幸运许多，投了一个好胎，有一个不愁吃穿，还有钱花的富裕家庭。

一次偶然，刘艳芳得知了微商是现在非常火爆的行业，她身边的许多小伙伴们也开始踏入这个行业，就连一些以前从事淘宝的朋友也开始做微商。每一次时代变革，出现的新事物都蕴含着机遇与商机。她知道，自己的机会已经来了！移动互联网下的微商一定能够给人带来巨大的商机。

平时，刘艳芳比较注重保养，每天睡觉之前她都会敷一片面膜，而且她的很多女性朋友也喜欢敷面膜保养。于是，她萌生出一个想法，像面膜这样的护肤品，对于女人来说是消耗品，每个月都会进行重复购买，其中的利润大有赚头！既然微商创业又这么火热，那说不定自己也可以做护肤品微商闯出一番事业呢。

俗话说："师傅领进门，修行在个人。"找到入行的"师傅"十分重要，刘艳芳通过网上搜索信息，向朋友圈好友咨询，最后选择了一家有专门培训团队的"上家"。他们通过微信群给刚入行的新手讲很多微商技巧，教他们如何吸引粉丝，如何留住粉丝……每次上课前，刘艳芳都提前准备好笔记本和笔，把课上的关键点记到笔记本里。上完课，刘艳芳就会按照课上的思路进行实际操作。虽然刚开始她在朋友圈发广告的时候，碰了不少"钉子"，被人嘲讽过，也由于广告过多被人拉黑过，也因此彷徨过，不过好在她都坚持了下来，遇到不懂的地方，就会虚心向他人请教。

刘艳芳是一个非常细心的姑娘，平时她会搜集很多护肤知识，并从中挑选出一些很实用的方法技巧，这不仅培养了自己的专业能力，而且她由于经常在朋友圈分享一些护肤知识，还塑造了她在别人心里的专业形象。她精心为粉丝们挑选的小知识、小技巧吸引了很多人的关注，粉丝们也不再因为她的刷屏信息而感到厌烦，反而津津有味地阅读她发的一些信息。如今，她基本上没有"掉粉"的现象。

而且因为刘艳芳对自己的产品质量、售后服务等也很上心，第一批用过她产品的朋友，很快就传来了好的反馈，纷纷向周围的熟人介绍其产品，推荐到她这里购买。还有一些粉丝都觉得她在护肤方面很有经验，于是纷纷向她请教。在这过程中，她了解到了顾客的一些肌肤问题，然后巧妙地跟她们推荐了自己的产品。粉丝们在她的推荐下买了适合自己的产品后，肌肤有所缓解，此后，她们更是把刘艳芳当作了护肤专家，在崇拜心理的驱使下，成为了刘艳芳的铁杆粉丝。

上案例中，刘艳芳在做微商的各个环节中，处处都很小心，每一步都用心去做，去付出，不让自己有任何的疏忽，所以，她赢得了很多忠实粉丝。

在朋友圈卖货，有些人总是抱怨，为什么无论我怎么努力做微商都赚不了钱，为什么别人稀里糊涂地做微商，每月都能轻轻松松拿到上万的利润。有这种说法当然是错误的，没有人能"稀里糊涂"就赚钱的，有时候你只看到了自己的努力，却忽视了别人的汗水，在你用心做微商的时候，别人比你更用心。微商最重要的是赢得粉丝的心，如何做才能拉近你与顾客的心理距离呢？

一	用心赢得粉丝的信任
二	做微商，要端正态度
三	利用情感效应
四	用心维护老顾客

图3-3 微商赢得粉丝方法

1. 用心赢得粉丝的信任

做微商不像淘宝、天猫、京东等电商平台，它没有健全的店铺评价体系，也就是说，陌生人来到你的微商"店铺"，是没办法通过系统直接去判断你这家"店铺"可不可靠、产品好不好的。所以，不要再幻想陌生人一来就能成为你的顾客。你要做足了功课，加强这些陌生顾客对你的信任，这样，他们才有可能成为你的顾客。

对很多微商新手来说，好友无非就是亲人、朋友、同学、同事等熟悉的人。他们来你这里购买产品，不是基于对"店铺"的信任，而是对你这个人的信任。所以，90%的人做微商的第一步，都是首先把产品卖给现实生活中的朋友，这种成交之所以成立，核心优势在于：信任。大家都是先信任你这个人，从而信赖你的产品的。所以，你首先要用心赢得朋友的信任，比如，免费让朋友试用你的产品。不要一开始就为了赚钱而把产品卖给朋友，前期你的目的是让朋友成为你产品的"活广告"，慢慢地帮你把产品传开。然后再让你的粉丝也成为你的"活广告"，而且这样的粉丝是最忠诚的，他们具有强大的"磁场"，帮你吸引过来的粉丝也是精准粉，基本上不存在掉粉现象。

2. 做微商，要端正态度

做微商，不管你要卖什么，都要先自己体验了产品再说。东西好不好，自己试了才知道。如果你卖的东西自己都没见过，也没有试过，就开始忽悠别人，这样你的微商事业是做不长久的。对于你的微商产品，你要做足功课，基本上要把自己训练成该产品的一个小行家。你只有对自己的产品"身"有体会，才可能在别人问的时候回答得流利自如，而且也才会让对方相信你说的是真的。如果你对自己的产品还没有了解，别人问你什么，你都回答得模棱两可，这样会让粉丝觉得你很不专业，自然也就不会买你的产品，慢慢地他们就会变成你的"僵尸粉"，甚至对你取消关注。

另外，有些微商简直是掉进钱眼里了，他们刷朋友圈和地摊小贩差不多，比如，整天刷屏告诉大家你现在有什么产品，让他们快来买啊！他们恨不得天天群发微信上所有的好友，逼着朋友来买他的东西，甚至威胁说："如果你不购买我们的面膜，你的容貌将衰老；如果不购买，你的老公就会跟别人跑了。"亲，这种自我销售的方式你自己觉得好受吗？其实，这是一种非常原始的销售方式，属于产品的强硬高压式推销。如今，这种叫卖式的销售方式完全不适应时代的发展，你要用心考虑顾客的需求，让顾客心甘情愿地买你的产品才是长久之计。否则，你的产品非但卖不出去，稍有不慎，还会让好友远离你，让粉丝逃离你。所以，微商们刷朋友圈一定要端正好自己的态度，切忌以利益为前提，虽然你的最终目的还是为了赚钱，但不要把这种心思公布于众。

3. 利用情感效应

以"情"动人是销售人员经常用到的销售技巧。微商同样也可以利用情感效应去维系与粉丝的关系，让粉丝感受到不一样的待遇。适时给粉丝他们需要的，他们才喜欢你。适时与粉丝进行沟通互动，他们才会记住你。及时与粉丝化解误会，他们才会体谅你。微营销不比摆地摊、淘宝，微营销注重的是情感，而摆地摊跟淘宝可以说没有情感在里面。用做淘宝的思维来做微营销就是自寻死路。

4. 用心维护老顾客

老顾客是微商最重要的顾客来源之一，你对他们用心，他们就会对你用心。你维护好了老顾客，他们就会心甘情愿给你介绍新顾客。如何维护老顾客呢？没事给顾客问个好，发个语音什么的，而且在你们交流的时候，不要带任何利益的东西，而只进行纯个人交流沟通。如果你每天用心和10个粉丝沟通，一个月就可以问候300个粉丝。无利益的交流是建立情感关系，也是营销成功的基础。所以，你要不时地和老顾客交流感情，这是他们不会远离你的关键环节。

3.4 用"小甜头"留住老顾客

很多微商对如何维护好老顾客很苦恼，他们有时会觉得没有时间和老顾客交流，或者不知道该怎么和顾客交流，这就会让他们经常顾此失彼，就像狗熊掰玉米，掰一个丢一个，到头来却发现，老顾客流失，新顾客则没发展几个，欲哭无泪啊。只能说这样的微商，不明白开发新顾客的成本是维护老顾客成本的6倍的道理。

新顾客开发并不是随随便便加人就可以完成，有时就算你加了很多粉丝，但这些人中的大部分并不是你的精准顾客，又有何用！再想想其中的时间成本与精力成本，这些足够让你手忙脚乱，不知所措。况且随着线下传统的企业家的觉醒，他们开始杀入微商这个新兴市场，这些人有丰富的团队管理和市场营销经验，我们只有利用时间的优势抓紧建立竞争壁垒才可与之竞争，才能赢得一席之地。

与此同时，引流的难度和成本比半年前已经高了很多，这也就是说，微商做新顾客的难度越来越大。试想，如果我们有500个老顾客，这500个老顾客每年在我们这儿消费1000元，那么，我们一年的销售额就是50万，那如果这些老顾客每月在我们这儿消费1000元，那么，我们一年的销售额就是600万。可见，维护好老顾客，将给我们带来巨大的收益。经调查显示，企业80%的利润来源于20%老顾客的重复购买，而持续地保留老顾客就成了企业生存发展的重要保证。这就是二八定律，稳定老顾客数量与复购率决定企业是否可以持续发展，这一定律同样适用于微商界。所以，做微商没有稳固的老顾客数量，就没有固定的复购率，从而就产生购买无法持续进行的后果。

那么，如何才能留住稳定的老顾客呢？我们维护老顾客除了日常的交流以外，还要在过年过节的时候给他们送个小礼品，这样才能让你们的关系更加稳固。

张梦洁是"中华神皂"的代理商，她做微商仅有9个月的时间，代理就已经发展到35号人了。下面我们就以她的代理艳艳为例，讲讲她是如何留住自己的代理的。

艳艳是2015年初加入张梦洁的微商团队的。要加入张梦洁的微商团队，有一个前提：在她这里买399元的货。当时艳艳心想，还不错，自己不用交学费就能在这里学到做微商的方法和技巧。的确，张梦洁都是手把手地教她的代理，让她们从入门到精通。

两个星期后，艳艳就把她399元的货卖完了。当艳艳要求再进货的时候，张梦洁很热情地跟她说："你这次如果买800元的货，我可以给你打8.5折，这样的话你就会赚得更多。"艳艳当时想想，反正她的这款货朋友们用着效果还不错，而且有好多朋友都还想要，那自己进的货越便宜赚得越多。于是，她就又进了800元的货。

艳艳800元的货剩下3盒的时候，又要到这里进货了。这时，张梦洁说了，最近她要做代理回馈活动，买1299元以上的货，可以给代理打7折。而艳艳这时的市场已经打开了，来买她产品的人除了自己开发的顾客以外，还有许多亲朋好友转介绍的精准顾客。她心想，在原价上面打7折，这样算下来，自己要是把这些卖完，就能比以前赚得更多。这次艳艳又毫不犹豫地在张梦洁这里进了1500元的货。

到第四次进货的时候，艳艳已经发展了自己的小团队了，她手下当时已经有两个小代理了。对各个代理的情况都了如指掌的张梦洁，知道艳艳发展了小代理后，主动联系上了她，告诉她："现在我们团队的代理分为特级代理、一级代理、二级代理，代理的级别越高，拿货的价格越便宜，当然你赚的也就越多。我觉得你做微商挺顺手的，才不到三个月你就已经发展到两个代理了，按照这个势头，你团队的人会越来越多，但前提是你的价格要有优势……"

艳艳听了张梦洁的话，打算做她的一级代理，也就是要进5000元的货，这次她拿货的价格是原价的4折。

从艳艳的微商经历中，我们能从张梦洁身上看明白点什么呢？

张梦洁一次又一次地用"打折"把艳艳"锁"住，让她从口袋里掏出更多的钱。这看似是艳艳占了便宜，实际上真正占便宜的还是张梦洁，她在满足艳艳"占便宜"心理下的消费优惠机制，更容易和顾客保持长久的关系，从而让艳艳在她那里长期复购。当然，除了艳艳以外，张梦洁对其他的代理或者顾客同样也是采用这种方法留人，所以，她的顾客一旦跟了她，就很难离开她。

目前，微商上同类产品多如牛毛，顾客凭什么要买你的产品。另外，一些原有顾客具有墙头草心理，你不能保证他能够长期对你保持忠诚。所以，无论对于购买者或代理者来说，改换门庭都是常有的事，这也是让微商头痛不已的事，留不住人等于眼睁睁看着自己的钞票流向别人的腰包，痛苦却无能为力。

怎么办？关键还是解决如何维护核心老顾客的问题。所以，你要从一些老顾客中挑选出那些核心老顾客。

核心顾客自然是那些购买频率高的群体。只有留住他们，才能延续他们的购买行为，并通过他们口碑传播影响周边人群，间接扩大宣传推广。这年头大家都在卖产品，而且同类产品之间差别并不大，别人凭什么买你的产品?凭的就是你能满足他们"占便宜"的心理，如果你能定时给他们一些小恩小惠，他们自然就会死心塌地跟着你。

如今，我们去超市，有超市会员卡；去理发，也有理发店会员卡；去酒店，还有酒店里会员卡……我们现在是很难碰到去消费没有会员卡的地方了。而且顾客也喜欢办会员卡。因为如果他们是会员，就能享受到更多的优惠，这同样是满足了顾客"占便宜"的心理需求，他们当然乐意成为该店里的老顾客。微商当然也可以通过办会员，提升顾客的重复购买率。

有一个专注于做男袜的"男人袜"微商，推出了一款商务男袜"定期送到家"的服务，该服务是包年的，每年分四次寄送，一个季度送一次，每次三双，一共12双，价格是108元，这比每次买一双的价钱便宜了好多。很多顾客觉得赚了"小甜头"，就纷纷下单购买。

对稳定的顾客和代理商，就在其每次购买的时候都给他们一些"小甜头"，让他们觉得自己得到了更多的利益，这样才能鼓励他们继续光顾你的"店铺"。

3.5 不做"一锤子买卖"

"鱼塘理论"你有没有听说过？所谓"鱼塘理论"就是，公司根据营销目标，对顾客的喜好和特性进行分析，把顾客分为不同的类型，然后再根据各类型顾客的特质采取灵活的营销策略,最终实现整个捕鱼过程的最大成功。而把"鱼塘理论"用到微商里面,那就是养粉丝,怎么让粉丝主动加你呢?加之后怎么养呢?怎么让粉丝对你死心塌地呢?概括起来就四个字:提供价值。你要让粉丝们觉得他们买你的产品不吃亏,那么,下次他们就还愿意买你的产品。

做微商,回头客非常重要的,如果你没有回头客,那么,你做微商只有一个结局——失败。因为微商是靠回头客存活的,没有回头客,你的人脉就断了,没有人脉的微商就等于"无源之水""无本之木",根本没有发展的可能。所以,一定要维护好你的顾客,不要为了眼前的利益就做"一锤子买卖",否则你就是在自毁长久利益。

王晓舟在做微商之前是北京一家卖珠宝首饰的销售员,每个月的工资是2500加提成。每个月除去房租、吃饭、坐车等开销,她的工资所剩都寥寥无几。她2011年毕业后,换了几家公司,工资都少得可怜,三年下来手里仍然没有几个钱。当时她也很迷茫,不知道这样的生活何时是个头,每次想到这儿,她内心都有一丝丝的恐惧。想到父母辛辛苦苦把自己拉扯大,现在自己长大了,还让父母操心,她就半夜睡不着觉。

2014年10月,她认识了一个女性朋友,是做微商护肤品的,当时两个人聊得很投缘,况且爱美是每个女人的天性,所以,她就试着买了一些××品牌的护肤产品回来。她用了一段时间后,感觉效果很不错。后来,她又跟这位朋友沟通交流了一段时间,感觉这个人很实在,自然而然地就做了那位女性朋友的代理。当时王晓舟就暗暗下定决心:我一定要通过微商实现自己的梦想以及人生价值。

对于一个做微商的新手来说,首先遇到的最大一个难题就是客源问题,没有客源,再好的货你也卖不出去。为了增加客源,他们每天都会在朋友圈刷屏,囤货却一件卖不出去,每天对着一堆货发愁,不知道如何是好。王晓舟也是一样,她当初的微信好友只有五十多个,虽然那位朋友也给了她不少的指点,但她自己不能融会贯通,每天虽然忙得鸡飞狗跳的,却卖不出货,害得她经常半夜不能入眠。

慢慢地,她冷静了下来,好好琢磨那位朋友所说的话,以及她所在的团队对她进行的微商的一些专业知识以及营销方法的培训后，她开始进入了自己的微商生活。

她不再天天刷屏，而是决定从发展身边的朋友开始，让朋友们成为她的忠实顾客。但是，这个时候她决定不赚朋友的钱。她说："不然她们会认为你想赚她们的钱。你的朋友就是你最好的活广告，这可是花钱都买不来的。"那么，她是怎么发展自己的朋友的呢？

王晓冉的第一批货拿回来的时候，就邀请自己最好的朋友一个一个免费试用，朋友们试用后如果感觉效果很好，她就叫她们把效果图发到朋友圈。这样她朋友的朋友看到并了解后，就有不少人来找她买。

就这样她坚持了几个月，她的微信好友大幅度上升。为了让好友们不停地光顾她的"店铺"，她还制定了一些奖励制度，比如朋友介绍来的会给打折等。俗话说得好，有利益大家一起分享嘛！这样大家都不会感觉到吃亏。王晓冉为了招揽更多的粉丝，还会不定时地发"红包"、赠送礼物等。粉丝们觉得有利可图，当然不会取消对她的关注。

虽然王晓冉有时免费赠送朋友或粉丝一些产品，看起来是她亏了，但恰恰相反，她积累了更多的粉丝，从长远来看，她赚得更多。如果你一开始就打算大赚朋友一笔，那么，你的朋友下次就不可能再从你这里拿货，更不能帮忙宣传你的产品。

想要朋友帮你传播你的产品，你除了不要把朋友们当成赚钱的工具以外，还要提高自己的产品和服务，制造一个好的传播点让别人传播。千万不要费尽心思玩什么花样，如果你的产品和服务没有做好，其他的一切都是虚的。

买家也不傻，如果你骗了他一次，那么，下次或者下下次无论你怎么努力，他都很难再相信你，你也将很可能失去这个粉丝。另外口碑传播是把双刃剑，好的口碑和坏的口碑同样都会一传十，十传百。但是，好口碑的建立需要很长时间，而坏口碑的建立只需转眼间的功夫。所以，不要做任何对不起粉丝的事情，更不要为了一时的利益和你的粉丝做"一锤子买卖"，否则你失去的不是一个粉丝，而是一群粉丝。

3.6 功利心不要太早表现出来

微商要想做大就必须依靠陌生好友，毕竟你熟悉的好友是有限的。对于陌生好友，你们甚至彼此都没有见过面，信任度更难建立，又怎么能从弱关系转化为强关系呢？其实有一个很简单的规则，十次群聊不如一次单聊，十次单聊不如一次电话聊，十次电话聊不如一次见面聊，十次见面聊不如一次裸聊。

裸聊？不要瞎想呀！这里所说的"裸聊"，其实就是你与粉丝随心所欲，不带任何包袱，没有任何功利心，放空自我，无拘无束地沟通交流，找到心灵深处的碰撞点。然而很多做微商的人都做不到"裸聊"，他们总是带有很强的功利心，他们在与陌生人交流的时候，不是想办法让别人信任你，而是想方设法地让对方买自己的产品。这也是他们做不好陌生人市场的主要原因。

做任何事都需要一个过程。做微商，发展自己的代理固然重要，但如果你都不知道顾客真正的需求点在哪里，刚开始聊天就大肆介绍你的产品配送政策多好，产品效果多好，就询问人家是否合作，就想让人快速成为自己的代理等。新手小白可能会对你说的话感兴趣，但那些有经验又有质量的微商只会鄙视你，也不会对你说的话感兴趣。

做微商就是为了赚钱，这是毋庸置疑的。关键是你能不能稍微先把这种想法埋在心里，不要让大家看见。倘若你对那些还不熟悉你的新关注你的网上好友，你就想从他们口袋里拿钱，其结果只会增加别人对你的防备。记住，功利心太强的人没有人喜欢，做微商也是一样，最忌讳功利心太重。微商说白了，就是卖好人缘，如果你的人缘不好，就别指望你的粉丝长期关注你了。

所以，请把你急切合作赚钱的心先收一收，怀着真诚的心去交朋友，这样你会收获很多。

　　四十多岁的张明阳是上海一家茶店的老板，他的业余时间很多，几乎每天都是在喝茶中度过的。

　　有一天，张明阳在和朋友一起喝茶聊天的时候，朋友给他介绍了微信的玩法，没想到，他玩着玩着居然上瘾了，而且有点无法自拔的劲头儿，有空就拿出手机倒腾。就这样，他在玩的过程中加了很多没有见过面的微信好友，其中很多都是一些像他一样喜欢茶的人。

　　张明阳本来就善聊，微信更是给了他一个很好的平台。闲暇时候，他就和微信中的好友聊天，有时候群聊，有时候私聊，反正不管他以前认识还是不认识，只要能聊得开，他都推心置腹地像好朋友一样和他们畅聊。时间久了，有些人他虽然没见过面，但是在微信聊天中他们甚至比老朋友还亲。

　　彼此熟悉了之后，他们不免就会说一些生意上的事情，喜欢喝茶的很多微信好友听说张明阳是开茶店的，而且还对茶有一番研究，都愿意和他聊天。他们中的很多人还主动到他的店里买茶叶，也有一些人直接让他发货，甚至有些好友的单位发福利，也从他这里购买。一些关系不错的好友还给他提出建议，让他把头像换成自己店的logo，这样其他好友就会一目了然，知道他是做什么的。听了好友的建议，张明阳用自己店的logo作为自己的微信头像。为了让微信好友更加信任自己，张明阳还经常定期邀请一些微信好友来自己的茶店里面品尝新茶。

　　如今，张明阳微信里的好友也不断增多，很多人都奔着他的好人缘来的。他更没想到的是，经过这样一番折腾，他茶店里的生意比以前更火了。这让他很是意外，玩微信居然玩出了业绩，而且还结识了很多不错的茶友，真是一箭双雕啊！

　　很多像张明阳一样业余时间充裕的工作者，都会在闲暇时间拿出智能手机消遣。他玩微信的初衷只是为了消磨时间，找一些和自己志同道合的人聊天，并没有刻意去宣传推广他的茶店。

　　对于张阳明的成功，有人会认为他是无心插柳柳成荫。的确，他最初并没有想着靠微信赚钱，但最后微商却为他赚了不少钱。在与微信好友的沟通中，他的行为看起来并不是营销，但实际上这是一个极好的微营销技巧。

"以利相交，只得利；以心相交，得心得利"。从张明阳的成功中，我们可以得到一些启示：刚添加好友的时候与对方要用朋友聊天的方式进行沟通，功利心不要太强，把你的粉丝当朋友对待，才能迅速获得对方的好感，从而加深彼此的感情。有了这层感情基础，不但可以有效避免对方将你屏蔽，而且还能够为后期的微营销打下良好的基础。然后你再等到一个合适的机会，让对方知道你是做什么的，那么，以后只要对方需要，就一定会想到你，继而在你这里消费。

3.7 淘宝卖家如何玩转微信

2012年11月11日对马云来说是一个值得庆祝的日子，也是一个具有标志性意义的日子。这短短一天时间，淘宝和天猫的交易量就突破了191亿！这个数字是多少企业一辈子都达不到的高度，却被马云一天就完成了，这就是电商的力量。与此同时，马化腾宣布微信用户量将突破两亿！2013年，马化腾宣布微信用户量突破三亿！2014年微信月活跃用户达5亿！这是多么迅速的发展。微信的发展速度让马云都在颤抖！马云说："我开始害怕微信了！"

微信用户量增长迅速的同时，做微商的人数也持续增长，一些淘宝卖家也开始转战微信。让我们先来看看他们是怎么做的？

首先，一些淘宝卖家会想方设法把在淘宝网店上面买过他们产品的顾客资料收集过来，以备将这些顾客演变成自己的微信好友。于是，他们就开始拼命地找方法将淘宝顾客转变为微信顾客。终于，他们在百度上找到了方法——通过Excel表格将手机号导入手机通讯录。

然后，他们就把成千上万的淘宝顾客一个一个添加上并申请好友，记住，一个微信最多可以加5000个好友。他们想，自己把5000个微信好友都加满，这样只要自己一发产品信息到朋友圈，就会有5000个人能看到。

这些淘宝卖家们想法是很美好的，结果实施起来却是另一番光景。他们发送100个申请，只有区区几个人同意。于是，他们开始心灰意冷了，这样的通过率，得加到猴年马月呀。又或者自己没日没夜地花费一个月的时间添加好友，好不容易加进去几百个人，然而自己在发表产品信息后，结果又有一大半把你删了或屏蔽了。

为什么会出现这样的结果呢？现在我们就来分析一下这些淘宝卖家到底错在哪里（图3-3）。

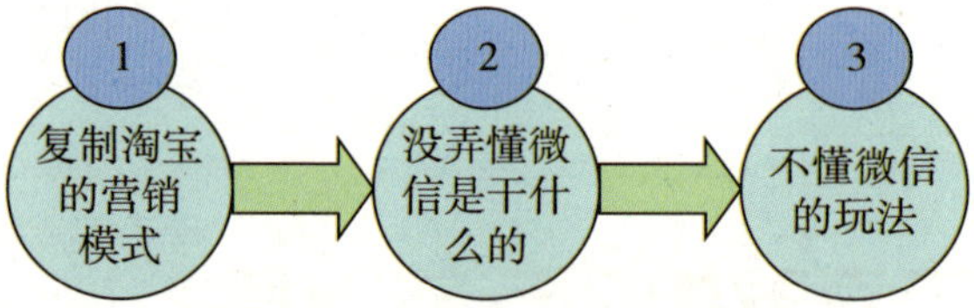

图3-4　微商被屏蔽原因

1. 复制淘宝的营销模式

淘宝本身就是一个以流量为主的电商平台，淘宝卖家的店铺排名，都是根据销售量和评论数量来衡量的。因为淘宝销售量都需要流量的支持，流量越多，转化的可能性就越大。所以，一些淘宝卖家在转战微信之后便顺理成章地希望微信的好友越多越好，而不管这些好友有没有价值，一味地认为只要加了就好。可是，这些没有价值的好友，根本不是朋友圈营销所需要的。

2. 没弄懂微信是干什么的

微信是什么呢？微信是一款新兴的即时通讯工具，通俗来讲，它就是一款聊天沟通的社交软件。虽然淘宝上的顾客很多，但他们没有微信独有的朋友圈效应，带来的结果就是转化率不高，往往一百多万的粉丝转发一个商品产生的转化率连0.1%都不到。那么，你知道淘宝上的僵尸粉占据了你多少份额吗？而微信则不同，它里面的粉丝基本上都是一些值得维护的精准粉。如果你把淘宝顾客变成你的微信好友，天天让他们看你刷的产品信息，他们当然不愿意。

3. 懂微信的玩法

由于微信好友最多只能有5000个，假设你要把淘宝里的5万个顾客都导入你的微信，差不多需要10个微信号，而且10个都是私人微信号，先不要说你要用几个手机了，就是你每天都要在每个微信里的朋友圈发几条信息宣传你的产品，都要浪费不少时间，更不要说一个手机上有十几个顾客同时和你进行交流了，到时候你除了手忙脚乱以外，根本做不好微商。

了解了淘宝商家对微信的误区以后，现在我们就要看看，下面的淘宝商家是如何正确转战朋友圈做生意的。

张良成开始做微信营销也是偶然在网上看了一篇帖子，说一个老乡利用微信卖大米一个月赚几万，于是，他开始关注微信。他了解到，现在其实已经有很多人通过微信赚钱了，比如卖板鸭的柴公子，卖黑枸杞的马丁等等。利用微信赚钱的人实在太多了，张良成想，别人可以用微信挣钱，我也一定可以，况且自己还有一个淘宝店，这个现成的支柱和现成的顾客群体，总比人家起步高了点吧。当时，他心想："别人利润高，月入能达到几万，我也不要求多，一个月能给我多增加5000的收入就行。"现在，他每个月利用微信的纯收入能达到一两万，有时还能达到三四万。

张良成对自己的成功经验，总结了四步（图3-4），他就是利用这四步做微信营销的。

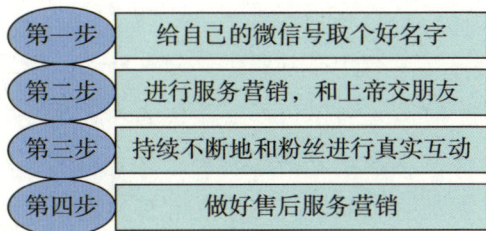

第一步	给自己的微信号取个好名字
第二步	进行服务营销，和上帝交朋友
第三步	持续不断地和粉丝进行真实互动
第四步	做好售后服务营销

图3-5　微信营销四部曲

第一步：给自己的微信号取个好名字

张良成的淘宝店是做母婴用品的，他刚结婚不久，淘宝店铺里面的海报都是他和他媳妇自己代言的，他淘宝店铺的文化基调——情感共鸣！于是，他把自己微信名取为"萌萌哒@小两口"，"萌萌哒"是最近流行的词，好记而且能引起共鸣，而且买母婴用品的基本上都是小两口！所以，他觉得他的微信名起得很亲切！

第二步：进行服务营销，和上帝交朋友

做微信营销最重要的就是加好友，张良成觉得加好友的方法太多了，下面重点介绍一些淘宝卖家能做的而别人做不了的方法，对此，他总结了一句话：和上帝交朋友！

张良成认为网上介绍的那些传统的方法都是先全面撒网广交朋友，然后再慢慢地和朋友套近乎，把朋友变成买你东西的上帝，太累，又不精准。作为淘宝卖家，他们的优势就是所有的顾客的资料都是一手掌握的，比如顾客的电话、邮箱等。有了顾客的一手信息，剩下就是加这些顾客的微信，并和他们交朋友了。俗话说："一回生二回熟。"这些顾客在他的淘宝店铺里面买过东西，你加他微信好友，总比随便摇摇加陌生人通过的几率高吧。而且他在加好友时验证信息一定会这样写：亲，萌萌哒@小两口母婴答谢老顾客，加微信送育儿大礼包。试问，用这样的方法还有几个人会拒绝呢？

张良成除了主动加顾客以外，还有让顾客主动加他的方法。他的方法其实很简单，就是给福利和特权。中国人对特权特别看重，大家都希望自己是最特殊的那个。不信，你看看下面的例子，你在客服的过程中肯定经常会碰到这样的顾客，"亲，早点给我发货好吗，我着急"，"亲，可以给我挑个好点的吗？"……试问谁买东西不着急用，谁不想买个好的，这些都是大家想享受特权的心理表现。

张良成就是抓住了顾客的这些心理，他的做法是：顾客想要啥他就给啥。他在自己的淘宝店铺中打上"加微信可以享受优先发货""包装用纸箱"等服务。另外，他还推出点赞或微信分享能免费获取育儿大礼包，这些大礼包一般都是电子版的无限复制的育儿知识，几乎没有任何成本，就是费点时间发邮件而已，但是顾客就是喜欢这种免费的东西。有时他还结合自己的产品类目发些电子书之类的，总之他送这些大礼包的原则一定是成本低且对顾客有价值的东西！

第三步：持续不断地和粉丝进行真实互动

张良成通过上面两步，仅用几个月就积累了一个不错的粉丝群，而且这里面的粉丝还是超级铁杆粉丝，他们都是和他有过成交的精准顾客。比起其他方式找到的顾客要精准百倍！有了这些精准粉丝以后，你要是不让他们动起来，他们最后还会变成没有用处的僵尸粉。这时你可以时不时搞个微信点赞、转发有礼活动，或者发发你发货现场的图片、视频，以及收款单等真实成交的图片等。不过要切记，在微信朋友圈不可千篇一律地发广告或者发得太密集，因为你的顾客一般都不去研究微信，他们的朋友圈除了自己的亲朋好友以外，基本上没有其他人，如果你发的广告太密集，会有刷屏之嫌，这样，他们很可能取消对你的关注，那么，你前面的那些工作就白做了。

第四步：做好售后服务营销

张良成还提醒大家一点：微信其实最终成了我们很好的售后平台，很多问题在淘宝等电商平台上解决不了，但到微信上就能很容易解决了。比如，在淘宝上是卖家和买家的关系，而到了微信这里，他们就成了朋友关系。如果说淘宝做的是价格和流量，那么，微信做的则是价值而不是价格。所以，在微信上一定要做好售后服务工作，你的服务不仅要做给已经购买的老顾客看，还要做给没有购买的潜在顾客看。

可以说，你在做服务的时候，其实获得最大冲击力的就是那些没有购买的顾客。比如，你在微信朋友圈里面不仅发表一些产品知识的信息，还发表了一些"温馨提醒，收到我的面膜的小伙伴们，请你们不要每天都使用，这样会很浪费的，一般3天敷一次最合适喔！"，当老顾客或者潜在顾客看到这些信息后，肯定会认为你的微商服务做得很细，很用心。

最后，张良成还说，做服务营销的内容，一般都是发你的产品说明、使用方法以及注意事项等，这样你在介绍产品的使用方法和技巧的时候，就能间接地把你的产品价值塑造起来了，从而也能激发粉丝的购买欲望，还不会出现掉粉现象。

第4章

教你写出吸引客户的软文

　　一篇优秀的软文可以消除客户对广告的抵触情绪。软文的反方向就是硬性广告，所谓的硬性广告就是你只是把产品价格信息、公司信息、产品好处、产品优势一一列出来，然后发出来。谁料客户已经对这些硬性广告有"免疫力"了，你说得再怎么天花乱坠，客户也不会买你的账。而软文的精妙之处就在于一个"软"字；通过文章内容把需要做的广告带入其中，用户在阅读文章时能够看到这个广告，又觉得不是刻意为之。

4.1 诱人的标题党

许多营销公司都喜欢发软文，因为它是一把没有刀刃的剑，其威力远大于硬性广告。软文本质上是产品的推广，但它藏得深，会让粉丝慢慢掉入美丽的"陷阱"，进而完成由传播到交易的过程。

Angelababy是公认的美女。那为什么说她是美女呢？一她的脸美，二她的眼睛美，这是第一眼看到的。同理，一篇好的软文第一眼能给顾客带去怎样的感受呢？第一是标题，标题有字数限制，一般20字以下，所以，每一个字都显得很重要。

不过如果你看到，"××产品风靡网络，月销一亿，欢迎来咨询"这样的一个标题，你是怎样一个感受呢？这样的标题太直接了，也太空了。对顾客来说也没什么感觉，产品就是卖100亿给顾客也没有关系。所以，这类标题是失败的标题。

所以，想让别人点击查看你的软文的关键因素就是软文的标题。如何才能让你的标题起得有创意呢？这就需要你把握设置软文标题的几种模式（图4-1）：

1. 以"故事"诱人

大家都喜欢听故事，如果你的软文标题既吸引人又有故事性，这将会赢得很多人的眼球。火王97新款燃器炉"赛车一族"曾以"意想不到，一部赛车开进了厨房"为标题，制作出一个富有创意的广告，想必大家看到这个题目都想看看究竟赛车是如何开进厨房里的。比如"95后小姑娘邂逅微商，月入20万"、"奥格威为舒伟思饮料做的广告"等类似的标题，我们看到这样的标题，首先涌入脑海中的就是这个故事是如何发生的呢？可见，以讲故事的口吻写出的标题，可对顾客起到"随风潜入夜，润物细无声"的作用。

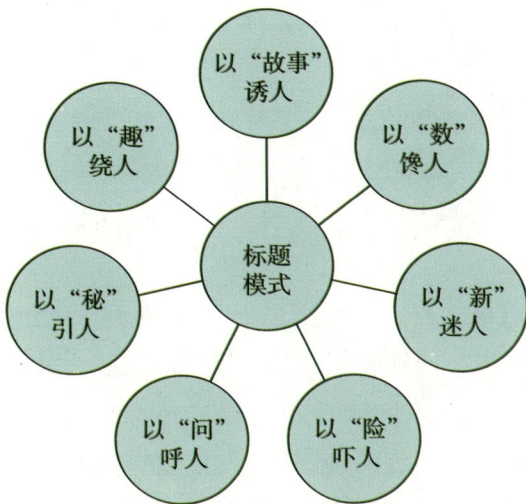

图4-1　诱人的标题模式

2. 以"数字化"馋人

好的标题必须有冲击力，最好的冲击力手段莫如数字了，比如，你今年要推一款××品牌的护肤品，但这时你不妨给现有的××护肤品列个排行榜，比如你以"你不能不知道的十大××护肤品品牌"之类的文字为标题，如果你的推出的是一款知名度很高的护肤品，那你可以把该产品排在第一位；如果你推出的是一款新品牌，你最好把该产品列入第二位或者第三位。为什么不把该产品排在第一位呢？毕竟新品牌知名度肯定比不上老品牌，排第一的话会引起大家的怀疑，所以为了不失公平，还是给一个比较客观靠谱的排名比较好，但你可以对该产品进行隆重推荐。

而且物以稀为贵，任何东西的价值有多高，就看限不限量，比如，你在节假日期间推出"五一大回馈，100张××面膜等你免费领取""前十名的××彩妆顾客，可享受五折优惠"等类似的标题。

3. 以"新奇"迷人

人人都有猎奇心理，对于新鲜的事物，谁都想一看究竟。所以，对于新奇性的标题，需要一些关键字，如惊天秘闻、首度公开、史无前例、封杀等等，又比如"胖子变帅哥，3个月瘦50斤，秘密首次公开""独家披露被子里的新闻""苹果AIR创、新、薄(世上最薄的笔记本电脑)"等,这类写得像新闻的标题会很受人瞩目,还会引发巨大的轰动,特别是在网络传播的时候,可以获得更多的转载。

另外,为了使软文贴合最近热点,你还可以与当时的新闻热点相联系,从而制造出极大的关注度,比如结合某个女明星60岁的年龄,18岁的容颜,来引出你的护肤品的功能性等。

4. 以"险"吓人

纵观保健品的宣传,我们不难看出我们的身体是多么地需要治疗。尽管我们不建议用这类手法进行产品宣传,但不得不说这是一个可以借鉴的方法。

比如,用"糖尿病,坐轮椅的前兆!""30岁的人50岁的心脏""200万人的健康和这个观点有关"等带有恐吓性的标题的写作手法,来吸引读者对软文的关注,特别是有某种疾病的患者,看到相关软文后更能引发共鸣。

相对而言,作为微商,同样可以这样来操作,同时,只需要适当地在安全上加大些宣传就可以。当然这种手法要适可而止,否则顾客最终会识破这种方法。

5. 以"问"呼人

有些软文为很多人所接受,就是因为这类软件有个共同的特点,即让人感觉很亲近。以对话、发问的形式,更容易让人接受。

当然,写这类软文要分清几个要点:一是写什么内容;二是写给什么人看;三是这些人的内心需求是什么。这类定向的软文,我们经常会看到。例如,"XX,老板他们都来了,你呢?""1998年出生的人来聊聊人生"等。

6. 以"秘"引人

许多秘密其实就是一层窗户纸。写软文时,就要把这层窗户纸变得神秘化,让人有了解秘密的冲动,这样机会就来了。你就可以根据人的这种揭秘心理为自己要宣传的产品写上标题,例如"揭秘广西巴马长寿之乡的保养秘诀""掀开英国女星保持童颜的面纱"等等,如果看到这篇软文的人平时喜欢保养,那他肯定会想一探究竟的。

7. 以"趣"绕人

除上述手法外,还有一种:有趣。任何人都喜欢趣味性强的事物,所以,这也是一个机会。常见的就是幽默、诙谐的关键字。我们经常看到美容院做的广告，如 "赶快下'斑'，不许'痘'留" "不要脸的时代已经过去" 等。

其实，还有很多设置标题的方法，比如对比型、情感型、新闻报道型，励志型等等。只要你的标题有创意，立题新颖，你的软文自然也就能够勾起目标顾客的欲望，还怕没有点击量吗?

4.2　图文并茂：全面调动用户的感官

不知从什么时候开始，网络营销成为了企业对产品宣传和推广的重要环节，而别具特色的软文营销更是备受企业推崇。如今，微商软文推广也是一个非常有效果的推广方式。对于微商来说，很多人都觉得微商刷屏全是广告，而利用软文推广的方式又会是另一种情况了。

然而面对朋友圈、微博等这些铺天盖地的软文信息，不会写商品文案的人，文案是写给自己看的；会写商品文案的人，文案是写给目标对象看的。你要想让自己的软文吸引到读者，就要让自己的软文脱颖而出。

大家看见一则消息，要不要点进去看完全只在一瞬间。那么，什么样的软文能在最短的时间内以最快的速度吸引读者的目光?答案只有一个———图片软文。研究表明，人类处理图像的进程比语言快6万倍，回忆起图片类的信息要比文字类信息容易6倍。所以，将你想表达的东西用图片的形式展示给大家看，才能让大家都记住你想要表达的信息。

当然商品文案的质量也是不可小觑的。所以，图文并茂会让软文更具营销力。你的软文不仅需要文字上的吸引力，还需要图片视觉上的冲击力。下面介绍几种图文并茂的软文写作方法（图4-2）：

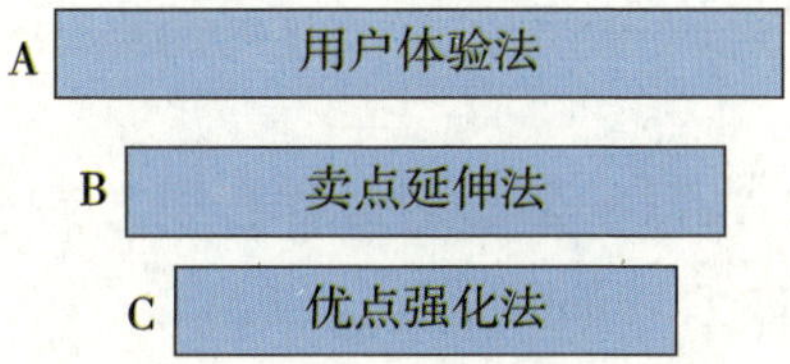

A　用户体验法

B　卖点延伸法

C　优点强化法

图4-2　图文并茂的软文写作方法

1. 用户体验法

用户体验法就是以顾客的真实体验为主线写软文，并以真实的照片为证据，这种写软文的方法是最简单，也是最容易让人信任的软文类型。它以一般用户或者第三方的切身真实体验，对该产品进行评论，从而传播品牌或者产品的优点、正面形象、企业实力、服务质量等。下面通过例子说明：

女人都是"妆"出来的。不舍得花200元钱做保养，却舍得花5000元买个iPhone6自拍，再用美图秀秀修得美美的小伙伴们，你该醒醒了。人生最大的悲哀就是自欺欺人，女人要懂得爱自己。只一盒色涩美妆，就会让你秒变女神。

最近，我的朋友圈好友在我这里买了一个色涩美妆。她的皮肤偏黄，且有因为之前长青春痘留下的一些淡淡的痘印。她前些日子因为看到我上传的自己两张化妆前和化妆后的对比照，觉得太不可思议了，便向我咨询了关于化妆方面的知识。她二话不说就买了我代理的色涩产品，在我的亲自教授下，仅20天的时间，她就学会了化妆。

相信很多看到上面的文字以及两张个人的真实的对比照片的爱美的女生，心中都有一种想买一盒化妆品的冲动。当然，这也是软文策划者发这条信息的最终目的。

你除了用顾客的真实体验为例，还可以把自己使用后的真实体验分享出来，特别是像护肤品、化妆品这类的产品，大家看到你自己都在使用这样的产品，心里就会想，你代理产品的质量肯定不会差，要不然你就不会拿自己当作试验品了。另外，你还可以分享一下，你这款产品包装怎么样，气味颜色如何，以及你使用时是什么感觉，使用后是什么效果等，以你个人的口吻写出来，并附上你使用前后的照片，这样不仅更能增强说服力，还能悄无声息地对消费者和潜在顾客产生良好关联或影响。

2. 卖点延伸法

卖点延伸法就是把产品一一介绍并延伸。纯文字的介绍和延伸，100%吸引不了顾客，但是如果你把该商品说明上的特点照抄下来，并在每个要点后加以延伸，再通过图片加以说明，其效果不用想就知道是什么。这个方法很多做化妆品的朋友都非常钟爱，下面通过例子说明：

韩国自然乐园芦荟胶蕴含92%天然芦荟精华，给您的肌肤安全健康的呵护。下图将为您详细讲解，韩国自然乐园芦荟胶如何为您解决多种肌肤问题：

图4-3 韩国自然乐园芦荟胶的多种功能

3. 优点强化法

推销就是做包装、强化优点的过程。虽然每一种产品都有很多优点，但是，如果你一味地把所有的优点都强调出来，反而让大家没有了记忆点。比如，你的面膜有20个功能，如果你把这20个功能娓娓道来，估计看后没一个能被记住。相反，如果你每次的软文中只强化其中一个很强大的功能——深层保湿，那大家下次想要找保湿的面膜的时候，可能还会想起你。所以，记忆点的使用要恰当。在海报和推广图上，最多不要超过3个强化记忆点。如果是在详情页上那就不一样了，你可以尽可能地展示出产品的重点优势。下面通过例子说明如下：

你还在为自己的眼袋和黑眼圈发愁吗？看看下面那位美眉，你就知道眼袋和黑眼圈的福音来啦！

最近新招了一个代理婷婷，之前她一直对自己的眼袋和黑眼圈很苦恼，但是自从用了我的美辑面膜，她的眼袋小了好多，而且黑眼圈也没有以前严重了。效果的确棒棒哒。不信请看婷婷用××面膜的前后照。

美辑面膜——眼袋美女的福音！下面是用之前和用之后的对比照片。

图4-4　美辑面膜使用前后照对比

上面两张照片对比之后，很明显，第二张照片的眼袋和黑眼圈都有了很大的改善，使用者漂亮多了。有眼袋或黑眼圈的顾客，看到××面膜的效果如此明显，肯定也会想买一些试试。

大家的视觉中心一直在不断变化，取舍信息也都是在瞬间完成，因此，要想你的软文能够瞬间吸引到顾客的眼球并让他们产生阅读的欲望似乎变得日益艰难了。不过，再动人的文案都不如一张有说服力的照片，长篇大论不如图文并茂。商品文案不是写作，有时一张图就够了。如果好的商品文案再搭配上出色的图片，还是很容易就能吸引顾客的。

除了上述四种写软文的方法，我们还要注重图片的效果，要想用图片吸引到顾客，也是需要下一番功夫的。随着各种画图工具、图片修复软件等的高速发展，越来越多的精致图片和唯美照片被大家欣赏到，当然大家的眼球也变得越来越挑剔。那么，什么样的图片才更容易吸引人呢？一般来说，一篇精品软文图片至少应体现以下五个特性（图4-5）：

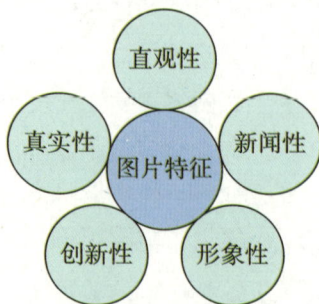

图4-5　软文图片特征

1. 直观性

直观性从字面上也可以理解成顾客看到图片后，就能看出图片所表达的意思。当然，许多精美图片在给人直观印象后，其表达的思想、蕴涵的意义仍然给人以深深的思考和回味。这也就是看破没点破的真谛。

【韩束播报站】有些好产品不用一直夸，因为有照片替我告诉你。刚刚看到在看《我看你有戏》晋级的音乐精灵——陈曼青的包包里都是韩束的护肤宝贝。在化妆时间都会使用晒美丽！快到夏天的季节，大家防晒一定要抓起来哦！

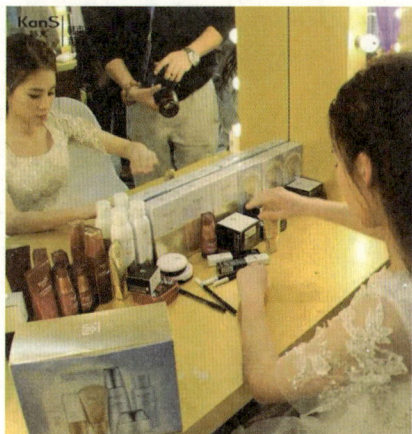

图4-6　陈曼青《我看你有戏》化妆照

2. 新闻性

微商写软文利用新闻造势时，一定要抓住热点新闻的时效性，而且这也是最重要的一点，你发出的信息越快，软文的传播价值才越高，才越能吸引读者的注意。倘若你利用的新闻是大家都传遍的，除非你的内容有深意，否则不可能达到想要的效果。

3. 形象性

图片的形象性主要体现在视觉冲击力大和充满真情实感两方面。

第一，视觉冲击力大。

如今已经进入了读图时代，除非你的图片富有新意，对读者的眼球有很大的冲击力，并引起读者的心理震撼，否则是很难激起他们的阅读意愿的。所以，微商发表图片的关键是要看图片是否具有足够大的视觉冲击力，如果没有这种冲击力，那最好不要发出去，免得占用空间。

第二，图片的表达要充满真情实感。

感人的图片最容易激起读者的阅读欲望，微商们可以利用大家的这种特性，发表有情感变化、心理活动的软文图片。在日常生活中，微商们要注意捕捉你所表达的事件中的人物内心流露的情感心态，这样图片中的人物形象才能饱满起来，画面才能生动起来，才能和读者产生共鸣，从而吸引读者买你的产品。

4. 创新性

在各式各样、不计其数的图片中，什么样的图片才能一下子抓住人的眼球呢？当然是那些让人有新鲜感的图片更容易吸引人。而且只有那些富有创新精神的图片才能让人过目难忘，延长记忆。所以，我们要有创新意识。微商中的软文图片要想收到良好的产品宣传效果，当然应该围绕"人"做文章，让图片活起来，让图片具备了感人、耐看的视觉形象，从而赋予画面强烈视觉冲击力。另外，你还必须善于借助各种工具，增加新闻图片的表现力和感染力。

有位叫Amelia的用户，她是Instagram上的活跃用户，Instagram是一款最初运行在iOS平台上的移动应用，可以以一种快速、美妙和有趣的方式将你随时抓拍下的图片分享彼此。

Amelia经常把日常生活中的各种点滴加上自己的一点点创意，通过图片表现出来。她的图片中的元素都是我们常见的元素，比如水果、鲜花、面包、盘子、食物等，她用一部iPhone 4s，一张白纸，一支笔通过不同的视角使得这些平常的元素给照片增添了一创意。她的这种做法获得了很多粉丝的赞叹，目前她在Instagram上已经有12万多粉丝关注。

通过上述事例，微商们可以把Amelia的做法借鉴到朋友圈中使用。我们在一些推广的产品中也加一些有创意的东西，这样你的产品图片看起来才有吸引力，才能吸引更多的粉丝。所以，开动你的思维，把平常的东西变得不平常，你会收获意想不到的效果。

5. 真实性

软文图片必须坚持事实真实、形象真实、说明真实的统一，即图片事实不能编造，图像不能摆布，照片说明要简洁明了。

微商们除了要注意图片的质量，还要控制好图片的数量，图片一定要3张、6张或者9张。个人建议发9张，但是不是每次都有那么多图片，所以，可以发3张或者6张。1~2张显得太少，不想点开看。4、5、7、8张发出来其实没什么，只是由于图片在屏幕上显示的时候不对称，会出现一些空白，看着实在不好看。

写好高质量的软文，再加上你精心选好的优质图片，肯定能全面调动用户的器官，并吸引到他们的注意。

4.3 流行元素越多，粉丝越冲动

如果说"标题党"的目的是为了让用户点击阅读，那么，内容则是让用户从头到尾读下去的砝码。一个没有任何含金量的软文内容，即使读者点击进去也不可能被吸引。想让你的软文更具吸引力，就必须对相关行业以及当下业内一些流行的元素有一定的了解。对行业越熟悉，写出来的东西越容易打动人，而对当下一些流行元素的丰富积累会给你的软文带来丰富的视角和独特的见解。

下面介绍几种结合当下流行元素写软文的常用技巧，如下（图4-7）所示。

1. 借"流行"型

如今，网络语言已成为大家在网上交流的一级"通行证"，每隔一段时间就会有一些风靡一时的网络流行语出现，比如最近流行的"萌萌哒"，成龙的口头语"DUANG~~DUANG~~"，以及前两年的"Hold住""你懂得""伤不起""100块钱都不给"等等。如果你在软文中使用这些频率高的流行词汇，比如"DUANG，房价真的降了……""iPhone6 plus 抽奖进行时，你怎能Hold住……"等，那么，你的软文肯定会在一定程度上吸引读者的关注。

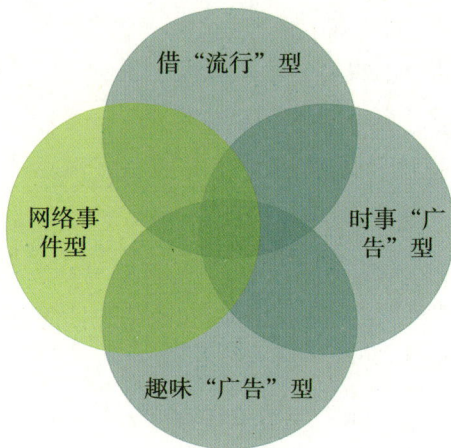

图4-7　用流行元素写软文的常用技巧

　　除了这些流行词，要想让自己的软文富有"流行"的元素，你还可以对热门事件进行犀利地评论，或者将产品作为道具巧妙地植入到一些热门事件的场景，这样同样能带来推送消息的大规模打开量与转发量。例如中华牙膏在"钓鱼岛事件"期间做了一个个性化的堆头，这种富有创意又结合当时"钓鱼岛"热的软文，很快引起了众多网民的疯狂转发。

2. 时事"广告"型

　　在广告泛滥的年代，软广告才是王道。什么是"软广告"呢？即在你的软文中加入一些产品广告。在一些论坛或者贴吧里面，你根本不能明目张胆地打广告，否则会被删帖。但是如果你抓住最好的时机或事件，在恰如其分的时间点，很合时宜而又很巧妙地插入"广告"，不仅不会被删帖，还能引起粉丝的共鸣。

　　什么时候是好的时机呢？比如，《我是歌手》在节目公布选歌单或是投票结果时，往往会加广告，而且这时候的广告效果会更好。所以，插入广告最好的时机就是在一些激动人心、翘首以盼的时刻。你在写软文的时候可以对此加以充分利用，将推送内容与这些信息充分结合，则能吸引大批量的关注与转发。

3. 趣味"广告"型

　　广告是营销最重要的手段之一。如今，在朋友圈、QQ空间、微博、论坛、商场上、街道旁、地铁站、火车站等人群密集之地，我们都能看到各式各类的广告。在这些铺天盖地的广告中，很多人对那些没有任何新意，只为介绍产品而做的广告非常反感。如何才能让你的广告脱颖而出呢？

让你的广告增加一些趣味性。如果你把产品换一种用途或通过一个特技载体表现时，其富有新意的"广告"内容将会变得更有趣味性，这样人们就不会把它们当作硬邦邦的广告来看，会由被动的排斥变成主动的欣赏，甚至互动。比如《中国好声音》的主持人华少，总是在关键时刻，用他那三寸不烂之舌快速念广告，他的技艺不仅没引来观众的反感，反而还获得"正宗好舌头"的美名。还有就是之前北京下暴雨，有人用"杜蕾斯"展现了其另一个用途——鞋套，这个趣味性的视频在网上火了一把。所以，在你的软文中做一些趣味性的尝试，这些软"广告"就会广受粉丝青睐。

4. 网络事件型

网络上经常曝光一些娱乐、社会等热门新闻，有些人对这些新闻只是一笑而过，但一些细心的人，就会从那些网络热点新闻中找到与自身业务的关联之处，并将它们拿为己用，取得较好的效果。

其实结合热点是制造事件营销的最好方法，比如有段时间泰剧在国内受到众多人喜爱，从事泰国护肤品的微商人员就通过泰剧中的美女这一热点来营销，如"泰国的美女如何保养""人妖为什么比女人还漂亮"，他们会在提出问题后，自问自答，借机推销自己的产品。

除了上述利用流行元素写软文的技巧，有人还用网络热帖写软文。在进行软文创作时，他们对一些网络热帖进行巧妙地加工，然后进行二次传播，也取得了粉丝们的广泛关注。总之，不管你借助什么样的流行元素写软文，都要切记，你的"加工"要巧妙，不要露任何蛛丝马迹，更不可过分牵强。

4.4 用微信公众平台，展示内容"魅力"

随着微信公众平台被众多商家利用，大家对该平台各执其词，褒贬不一，对其今后的发展也是众说纷纭。尽管如此，微信公众平台的营销仍然以一种不可阻挡之势崛起，持续生热。如今，商家大规模进驻微信公众开放平台，推送营销消息，最终遭到微信团队的"严打"。目前，微信公众账号每天限发一条推送内容。所以，在有限的微信公众平台上进行内容推送的时候，要进行规划，有计划、有组织地去操作。这样你的推送内容才会在有限的领域内吸引更多的粉丝。

有人说运营微信公众号是一门艺术，你必须为它找一个"总编辑"，每天精心为它编辑好的内容，这样才能俘获众多粉丝的心。的确，内容是向粉丝展示"魅力"的好舞台，自然在微信公众平台上内容也是公众号运营的关键。那么，如何让你在微信公众平台上的推送内容"魅力十足"呢，这自然需要一些推送技巧（图4-8）。

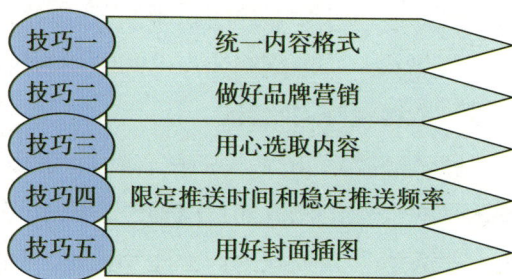

技巧一	统一内容格式
技巧二	做好品牌营销
技巧三	用心选取内容
技巧四	限定推送时间和稳定推送频率
技巧五	用好封面插图

图4-8　微信公众平台内容推送技巧

1. 统一内容格式

在微信公众平台上推送的内容应该注重格式的统一性，包括字体、格式、标注等选择要一致。原因是与PC端相比，移动客户端屏幕要小很多，所以，在内容展示上，其格式也会有一些细微差别。为了让读者看起来更美观，更有协调性，推送的内容最好有严格要求，比如段首不空格，字体大小应适宜，段与段之间需空行，图片大小需一致，标记重要总结性话语等。

2. 做好品牌营销

著名品牌营销专家翁向东说："品牌营销的关键点在于为品牌找到一个具有差异化个性、能够深刻感染消费者内心的品牌核心价值，它让消费者明确、清晰地识别并记住品牌的利益点与个性，是驱动消费者认同、喜欢乃至爱上一个品牌的主要力量。"在做品牌营销的时候，就要挖掘品牌的焦点、卖点以及售点（图4-9）。

图4-9 挖掘品牌力量

所以，在微信公众平台上推送的内容要注重品牌营销，做好品牌营销，从品牌的焦点、卖点以及售点出发，才能打造你的品牌影响力。

3. 用心选取内容

用户选择微信公众平台不仅因为它是一个推广平台，更因为它是一个学习的平台。只有让用户感觉到你的内容对他有价值，他才会持续关注你。但要达到这一点，推送者就要煞费苦心了。

首先，分析粉丝群属性。

探究粉丝是通过什么方式关注你的，找出他们感兴趣的点，然后从他们感兴趣的点出发，推送相关内容，那样，你的粉丝才不会轻易掉，而且你的公众号才会如有向心引力般吸引众多粉丝过来。

其次，分析统计图文。

根据图文统计来分析粉丝的偏好。图文统计包括文章的阅读率及转化率，你可以根据已推送的文章阅读情况来分析粉丝的阅读喜好，阅读率及转化率高的文章即可作为推送类别的重点。

4. 限定推送时间和稳定推送频率

微商在推送消息的时候，不仅要把内容做好，选对推送时间也是非常重要的一环。为什么这么说呢？因为选好推送时间，你推送的消息才能让更多的人看到。选取推送时间的时候要注意以下两点（图4-10）：

| 一 | 避免影响到用户正常的工作和生活 |
| 二 | 要在用户使用时间高的时间段内推送 |

图4-10　推送时间的注意事项

微商在选取推送时间的时候，注意到以上两点，推送消息的阅读率和转化率才会更佳。那么，什么才是最佳的推送时间段呢？据强大微团队经验分析，最佳的推送时间大约在晚上5：20～6：30。很多用户选择在下班后阅读公众账号推送的内容，有的是在用完晚餐后阅读，还有的是在睡觉之前阅读。无论用户是什么时候阅读，一般都有他们的习惯。所以，你的推送时间和频率，要有一定的规律性，这样你才能在培养用户习惯的同时，又让用户感受到你的良苦用心。

5. 用好封面插图

封面插图是在公众平台上推送内容的点睛之笔。俗话说人靠衣装，推送内容也一样，封面插图犹如推送内容的一件衣服，你的封面图用得好，读者看到后才会忍不住点进去一探究竟。再者就是，如今已经进入读图时代，用户对图片的美观度有着较强的判断力，如果你的插图选得不好，那么，你的内容再好他们也不会点进去看。所以，推送内容的封面插图是关键。有的推送者为了吸引读者的眼球，会上传一些贴近文章主题且具有创意的图片，或自己加工处理，加上公司LOGO，以加强专业性和视觉美感。

4.5　傍名人树权威

名人是社会公众比较熟悉和喜欢关注的群体，人们总会通过各种媒体想方设法地获取一些名人的相关信息。也正是因为名人本身的巨大影响力，所以，他们的出现往往能够让事态扩大，增强影响效果，这就是名人效应。

美国一名心理学家曾专门针对"名人效应"做过一个有趣的实验：心理学家告诉学生，学校将聘请一位举世闻名的"化学家"来给他们授课。在授课中，这位"化学家"告诉在座的学生，他最近发现了一种新的化学物质，这种化学物质具有强烈气味，但这种气味对人体并无害。他还告诉学生，他想用这种化学物质测试一下大家的嗅觉。随后他把装有该化学物质的瓶盖打开。过了一会儿，他要求闻到气味的学生举手，当时不少同学都举了手。其实，这位"化学家"只是这位心理学家从校外请来的德语老师，而这只瓶子里的"化学物质"只不过是蒸馏水罢了。

可见，很多人都很崇拜名人，对他们说的话、做的事深信不疑。而名人效应的应用是很普遍的，在广告方面，几乎大部分广告都在利用名人效应，他们抓住了顾客对名人的喜欢、信任甚至模仿的心理，从而让顾客对名人的这种喜欢、信任和模仿转嫁到产品上面。

北京一家餐厅曾因傍"名人"，让濒临倒闭的生意火起来了。"11·11"光棍节那天，李宇春一行人恰巧在该餐厅就餐，餐厅人员把这一幕拍了下来。第二天，李宇春离店的照片就被他发到新浪微博上，很快这条微博就被转发了近千次。一个星期后，该餐厅每天都会有大约10桌左右的人因为看到这条微博来此就餐，他们还会去李宇春去过的包间，品尝她点过的菜品。

目前，有很多微商都借助"名人效应"，吸引公众的眼球，增强文章的阅读率。这种方法是软文营销的常用手段。在日常生活中，名人的任何事情都是大众所关注的，无论是他们的工作，他们的生活，还是他们的兴趣等等，如果你所宣传的事物或者产品能和名人靠靠边，借着名人的噱头，定会吸引不少读者的眼球。

比如真人秀《花样姐姐》中的"姐姐"们，都是大家所熟悉的女明星，通过几个月的拍摄，大家对他们的日常生活有了更多的了解。细心的微商们在观看节目的同时，就发现了一些"商机"。

《花样姐姐》热播！冯小刚老婆徐帆用的也是韩束墨菊补水，韩束防晒！这就是国民品牌！韩束高大上！全民疯抢的节奏！

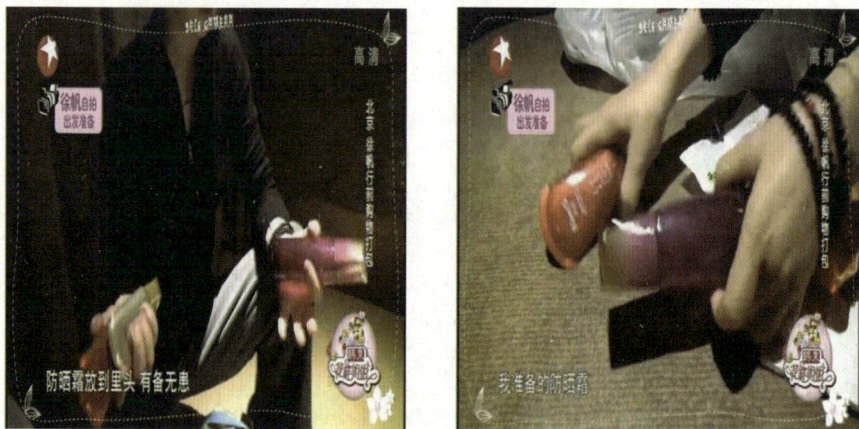

图4-11　徐帆录制《花样姐姐》自拍出发准备

看到这样的软文信息，很多喜欢徐帆的粉丝们，肯定会对韩束墨菊补水、韩束防晒等产品更加信任，甚至会转而使用这样的产品，这就是明星效应。

通过傍名人来树立产品的权威性，的确是个不错的方法，但使用这种方法的时候有一点必须注意，你可以直接借名人事件做一些评论，引出要植入的话题，但绝对不能对名人和你产品或者服务之间的关系进行杜撰，比如你的微商做的是减肥产品，在你的软文中你可以写用你的减肥产品可以实现像刘晓庆、杨幂那样的身材，但是你绝对不能胡编乱造写刘晓庆、杨幂她们之所以能保持理想身材，是因为用你的减肥产品。即使傍上了名人，一旦事实暴露，你不但会引起公愤，甚至还可能吃官司。

不久前，何炅代言Spa机这件新闻闹得沸沸扬扬。每次打开新浪微博的搜索页面，你只要在上面搜索关键词"何炅、Spa"，就会看到超过50页的关于如新Spa产品的推广微博。在这些微博中，它们不约而同地提到"何炅、张信哲、甄子丹、小S、妮可·基德曼、布拉德·皮特"等国内外名人都在使用如新Spa机。其中一条关于何炅参加某慈善活动时说的"作为如新的一员"的微博更是引来多人转发。

随后，演员关日铋的一则博文更是将此事升温，她通过新浪微博上传了自己的"毁容"照，指名道姓说是使用如新产品Spa机后造成的，斥责如新产品是"最毁容产品"，并在发微博同时@了何炅、张信哲等许多名人。

紧接着，何炅也开始出声辟谣。他通过新浪微博称自己"被代言"了，发文称："某spa机品牌，不要再说我使用你们产品，不要再说我是你们经销商，不要再说我是你们员工，不要再用假微博欺骗消费者了，如果你们的产品真的好，为什么要用这种欺骗的手段宣传呢？已经好多朋友来问了，统一回复：我从未用过任何皮肤spa机！#说谁谁知道#"。

对于如新spa这种借他人旗号做宣传的做法，相关律师称，"如新经销商是在当事人未授权、不知情的情况下，擅自以他人名义进行宣传的，这种行为已触犯了相关名人的肖像权、名誉权、姓名权等权益，夸大产品效果、误导消费者属虚假宣传，按照相关法律可追究个人和企业的责任。"像类似如新经销商这样"傍名人"的做法，并且对自己的品牌推广没有丝毫帮助，等到真相大白后，还会对本来好不容易建立的信誉造成极大伤害。所以，在傍名人的操作中，你要傍得巧妙，傍得要让名人都感觉有面子，才是好事。如果不慎损坏了他人的名誉，要么惹来官司，要么引起读者反感，这样的软文就得不偿失了。

4.6 造新闻有噱头

每个人都有猎奇心理，都对一些新鲜的人，或者一些新鲜的事很感兴趣。微商们不妨把握住人的这种特征，制造出具有新闻价值的软文，这样往往能引发巨大的轰动，特别是在网络传播的时候，也一定能获得广大网民的疯狂转载。然而每天都有很多新闻发生，什么样的新闻是有价值的呢？我的回答是，通过新闻写软文，必须有一定的噱头。"噱头"是个好词啊！在眼球经济的今天，无论何种营销都会把"噱头"放在第一位。

"双11"已然成为国民消费日，很多人都瞄准这天，准备来一次大扫荡。

既然"双11"这天如此火爆，很多商家当然也毫无疑问想要抓住这次商机了。

一年一度的光棍节，不仅电商们抓住了该节日带来的机遇，推出"双11"特卖活动，平安产险也瞄准光棍节，针对单身人士推出一款限量的"脱光险"。本款保险产品是为鼓励单身青年寻找爱情，购买了这款产品的消费者若是一年后结婚即可获得最高4999元的蜜月礼金。它是一份营销式保险，主打双11市场，是一种"意外险+结婚基金"的模式营销。购买当天填写获赠的"单身意外保障"需要填写的简单信息、并成功支付完成，即算成功购买了"脱光险"。

成功购买"脱光险"的投保人，只要在次年的11月1日至11日之间领取结婚证，脱离光棍队伍，还可以得到保险公司赠送的婚嫁基金和配套服务，比如哈根达斯券、双人酒店抵扣券、蜜月旅游券等。

例如，在2013年的"双11"中，平安产险限量推出的1110份"脱光险"有三款套餐：

第一款是限量10份的"大土豪"款，售价1111元，包括4999元携程网旅游券的蜜月礼金、价值349元的百合网一年期水晶会员。

第二款是60万元的意外伤害身故/残疾保险金和6万元的意外伤害医疗保障。

第三款是限量100份的"小奢华"款，111.1元；第三款是限量1000份的"小清新"款，只需11.11元。

本次"脱光险"的判定标准为：2014年11月1至11日注册结婚，投保了该产品的消费者只需致电平安客服人员，提供保单号、身份证及本人结婚证照片即可领取奖品。

平安产险主打"双11"市场，推出的"脱光险"的实质仍然是保险，不过作为一种营销手段，对赠品大肆宣传，卖的无非是噱头。鉴于此，微商们也可以推出类似的活动，比如情人节，这一天的活动'噱头'少不了男人更少不了女人。特别是商场，在情人节的前几个星期就开始摆出甜蜜情人节的宣传标语，整个商场都弥漫着情人节的甜蜜气息。像屈臣氏、丝芙兰等体量轻巧的化妆品专店在商场里超前推出了情人节主题活动，不仅打出了"浪漫季、粉迷情"等以甜蜜、爱情为主题的宣传海报，而且在活动上也明显以情人节为主

题，大打"甜蜜派"，推出足部手部护理套装、特定商品"购买免费赠"等
多项针对女生及情侣的优惠促销活动，让女性们Hold不住。还有些商家推出
"天龙八部普罗旺斯双飞8日游"，《征途》众美齐聚粉色情人节等噱头。我
们不得不承认，这些厂家都赢了。

除了利用一些节假日活动，一些商家还借助影视电影、娱乐节目等噱头。
国华人寿与阿里巴巴借助投资电影的噱头合推"娱乐宝"（图4-12），引爆
保险市场，吸引了大量买家。

图4-12　娱乐宝

详情如下：2014年3月26日，阿里巴巴联手国华人寿，推出一款可投资
《小时代4》《狼图腾》电影的互联网保险产品，消费者可以通过手机淘宝
"娱乐宝"平台进行购买。根据项目介绍，"娱乐宝"的首期是以《小时代
3》《小时代4》《狼图腾》《非法操作》四部电影，和一款游戏《魔范学院》
为投资项目，总投资额为7300万。其中，影视剧项目投资额为100元/份，游戏
项目的投资额为50元/份，每个项目每人限购两份。这意味着，将有数十万人
通过娱乐宝参与到该产品的投资中。

推出"娱乐宝"的消息一发出，就吸引了很多买家。早在发售前，"娱乐
宝"预约人数就已突破52万，3月31日发售第一天，就卖出约10万份。

俗话说："师出有名"。阿里巴巴和国华人寿合力推出"娱乐宝"，其最
大的噱头就是：让每个人都能成为高大上的"电影投资者"。很多喜欢这些电
影，或者看好这些电影的人当然就被这种投资吸引了。

上述两个案例，足以体现造噱头的力量，微商们也可以学习这些大佬们这

种营销手段，"噱头"能帮你打开畅销之门。

近日，在山东德州，一女子与丈夫逛街时看中一个包，丈夫不给买，两人就打了起来。女子一气之下跳入明月湖，蹲在水中，任大家怎么劝说都不上岸。不料该女子老公下水后不但不救人，反而继续殴打她。眼看女子接连呛水，民警迅速跳入水中将其救起。

看到这样的新闻以后，有些微商们就发出一条软文：

能不能给女人争口气！男人主动给你买，收着，心里甜蜜着；男人不给你买，你自己挣钱给自己买！这个女的，买个包居然还靠老公，自己有手有脚的，不能自己挣啊！女人，自己努力比什么都强，想要啥自己就买啥！高兴的时候给老公也买一个，老公表现不好，自己挣钱自己花，整天漂亮、上进，还有钱，看他还有没有勇气家暴。

图4-13 德州女子买包遭拒新闻图片

看看人家露露，婚后一直在家做全职太太，老公不让上班，一切花销靠老公！但是她自己总觉得"经济基础决定家庭地位"，后来跟着我做微商，如今不到两个月，就靠自己买了两个iPhone6，自己一个，送老公一个！用她自己的话说："花自己的钱最痛快！"女人一定要有自己独立的经济收入！女人赚钱赚的是尊严，赚的是自我价值的体现！

图4-14　聊天图片

　　这位做微商的人利用当下的热议新闻为噱头，发表自己的观点，并通过对比的方式，让大家清楚女人要靠自己才能活得精彩。通过该新闻她也写了间接招收代理的软文，让一些蠢蠢欲动的人加入她的微商团队，带领她们赚钱。

4.7　借他人的东风

　　诸葛亮巧借东风，让周瑜创下了中国军事史上以弱胜强的神话；蒙牛乳业借"神五"载人飞船的东风打造出航天品牌，李宁借2008北京奥运会的东风，达到了事业的一个巅峰……可见，借好"东风"就能让你取得辉煌的成绩。

　　××电器产品上市之际，正值"非典"，在旁人看来，这个时间段上市并不是最好的时机。但是，该电器产品经过巧妙转化，把"非典"的不利影响变成了利于自己的"东风"。

　　当时，该品牌发表了一盘名为"一个被99%的人忽视的卫生习惯"的软文，发表时机为各媒体大篇幅教育人们要"勤洗手""科学洗手"之际。该品牌正是借用了各媒体的"东风"，其软文发表后，被很多网络媒体大量转载，在当时也收到了比较好的效果。最后，他们用一篇千余字软文就完成了原计划用10篇约8000字才能实现的市场教育和观念引导宣传。

　　突如其来的"非典"，弄得全国上下都人心惶惶。后期，我国又掀起了声讨卫生陋习的浪潮。对此，《华商报》也推出了"审视生活陋习，倡导文明生活"的专题新闻，并发表了"如厕陋习得改改""家庭生活陋习应该改改"等文章。

　　这时，该品牌又抓住了这股"东风"，随即推出了"重要提示：便后清洁方式得改改"的软文。正是这两次巧借东风，让该品牌无论是产品销售方面，还是品牌传播方面，都实现了大丰收。

　　借东风写软文，就要一个"巧"字。无论是好时机，还是坏时机，只要你用对地方，把这些时机当作有利于你的"东风"，什么样的时机都是好时机。然而"东风"不是总有的，这就要做微商的你时刻警惕着，不断发现"东风"，并善于抓住此次机会，莫失良机。

　　在微商软文营销的实践中，你抓住了东风，那如何巧借这次东风，创作出有创意、吸引人的软文呢？下面介绍4种在软文中巧借"东风"的方法（图4-15）。

方法一	借名人软文的东风
方法二	借对手的东风
方法三	借朋友的东风
方法四	借优秀软文的东风

图4-15　软文中巧借"东风"的方法

1. 借名人软文的东风

几乎所有的名人都会通过微博、论坛、贴吧等平台发表一些文章，特别是微博，名人们会通过它分享一些事情，比如分享生活中的点点滴滴、发表自己对某件事情的看法等。这时，我们就要擦亮自己的眼睛，从他们分享的信息中找出一些可以帮你推销的"东风"。

孙俪前段时间在微博上发表一篇博文：

前两天认识一位皮肤科医生，我问她女生应该如何保养皮肤。她说就两点：保湿、防晒！防晒尤其重要，因为很多人会忽视这个环节。想想也是，曾经的我，没有任何防晒习惯，后来我懂得了防晒，皮肤问题迎刃而解了。所以防晒已经不单纯是美丽的问题，而是皮肤健康！

一位做韩束化妆品的微商朋友很有心，看到孙俪的这篇微博立马转载了，并附上：

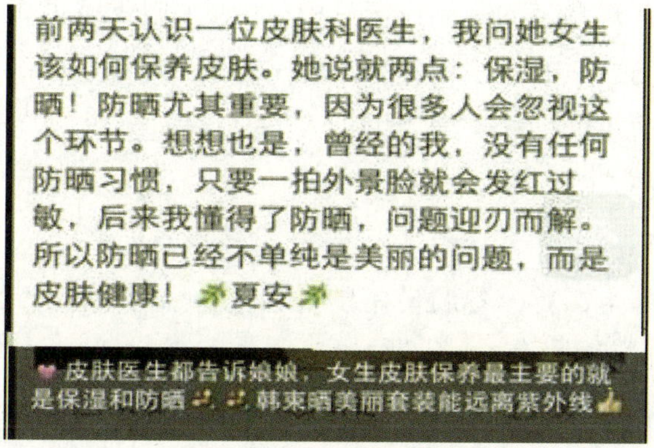

前两天认识一位皮肤科医生，我问她女生该如何保养皮肤。她说就两点：保湿，防晒！防晒尤其重要，因为很多人会忽视这个环节。想想也是，曾经的我，没有任何防晒习惯，只要一拍外景脸就会发红过敏，后来我懂得了防晒，问题迎刃而解。所以防晒已经不单纯是美丽的问题，而是皮肤健康！ ❀夏安❀

♥皮肤医生都告诉娘娘，女生皮肤保养最主要的就是保湿和防晒👐 韩束晒美丽套装能远离紫外线👍

图4-16　孙俪的微博

皮肤医生都告诉娘娘，女生皮肤保养最主要的就是防晒。韩束晒美丽套装能让你远离紫外线，帮你保持美丽肌肤。

2. 借对手的东风

如今，各行各业都有很多的竞争对手，如果你觉得对手已经影响了你的销售，那你必须有所行动，但是用语言攻击有失风度，用价格攻击又没有他们有优势，这时你所做的就是用文案攻击。好的文案可以起到四两拨千斤的作用，不仅可以有效地攻击对手的产品，还可以防御竞争对手的攻击，比如，某知名竞争对手说她的某款化妆品比你的卖价便宜很多，那你可以强调你的商品纯天然植物提取、质量优异、服务口碑良好，并在文案中写出一些有间接攻击性的话语。

你能看懂商机了吗？哪个产品能请到范爷做广告？中华神皂火得没边了，大家想一想这么牛的品牌，还至于降价给消费者吗？目前，网络上有店家推出价格低于行情价却来路可疑的同款商品，已有消费者吃亏上当了，提醒买家千万要注意啊，别为了几块钱，就把你的美丽搭进去。买神皂的时候，一定要擦亮你的眼睛，别还买了假货说神皂不好使！

通过这样的文案，你是不是既宣传了自己的产品，轻松化解你的价高窘境，又可以反将对手一军。除此之外，你还可以在文案中采用对比的方式，对大品牌的、已经有知名度的产品进行分析，由此引出我们要推的产品优势在什么地方。但是利用这样的方式，你一定要与竞争对手的产品巧妙结合，张弛有度，不要偷鸡不成还蚀把米，结果把别人的产品宣传了，自己的产品却没被人注意，这可是最悲哀的。

3. 借朋友的东风

张富美是某知名品牌芦荟胶的高级代理。在她刚刚入行的第一月，她的月纯收入就已经4k+。她是怎么做到的呢？

她把芦荟胶作为赠品送给身边的熟人和朋友试用，她们试用完，有的会帮忙撰写使用体验，有图有真相，用于充实文案内容，增加文案的真实性；有的会入行，从她这里拿货去卖。如今，她已经有了一个将近100人的大团队了。

张富美用的方法就是之前提到的"用户体验法"，她通过赠送朋友芦荟胶的方式让她们帮自己写软文，这些人会把自己的真实体验写出来，语言诚恳。其他人看到也会减少顾虑，看到这么多人用的效果都很好，她们当然也想试试。

下面是张富美在2015年7月23日发布的一条朋友圈动态：

我的大学同学王雅妮皮肤不怎么好，只要熬夜或者吃一些有刺激性的东西，第二天脸上就会冒出几个痘痘。控制饮食她能做到，但不熬夜目前根本不是她能决定的，因为她从事的是IT行业，公司动不动就要加班，爱美的她对此很苦恼。前几天她从其他同学那里听说我代理一款中华神皂，同学告诉她这款芦荟胶补水祛痘效果很好，她便跟同学要了我的微信号。下面是我和王雅妮7月23日的聊天记录图片，为了给大家最真实的反馈，我也征求了王雅妮的意见，不打马赛克啦，谢谢王雅妮对我的信任和支持！

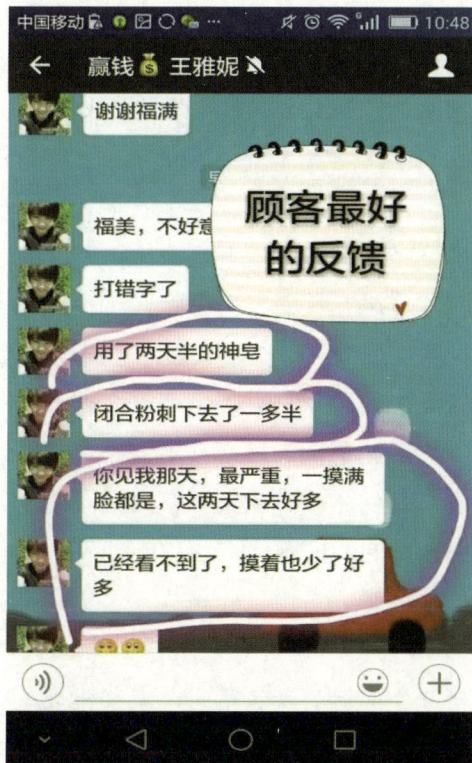

图4-17　顾客真实反馈图

4. 借优秀软文的东风

有些人文采和创造力没有那么强，特别是微商新手，更不可能一开始就能写出让人眼前一亮的软文。我只能说，你文笔不好，但是你可以模仿啊，网上找别人的素材改写啊。

郭子墨是做洗发水的，她的文笔不怎么好，但她很勤奋，有空的时候就在网上找关于头发保养、美容、护肤、减肥的帖子，然后再把一些热门帖的内容整合在一起，适当改写，把自己产品的卖点穿插进去，变成自己的文章分享给大家。

没想到，她这样的做法吸引了不少顾客过来，而且这些顾客都是她的精准粉丝。因为她寻找的帖子都是一些热门帖，通过改写里面的内容还是很吸引人。她的软文有了吸引力，其他人自然也不会反感她在朋友圈刷的广告。再说她分享的内容大部分都是针对女性顾客的，关于头发保养、美容、护肤、减肥的内容分享，是个爱美的女生都会感兴趣。不仅如此，很多人还把她分享的内容转载到自己的朋友圈里面。这样她的软文曝光率更高，从而有源源不断的粉丝来加她。

有人会问，软文的帖子要去哪里找呢？在这个互联网的时代，动动你的手指头就能收集到一大把的好内容，例如天涯等各种论坛。再不济，百度关键字搜索如何减肥、如何护肤、如何护理头发，然后自己再拼凑整理帖子。

做微商靠的就是软文，通过软文来吸引顾客。如果你说你不会写软文，那你就如同卖菜的说我不会喊，销售人员说我不会推销。所以，如果你不会写东西，那就去学吧。多看其他做微商的软文，多模仿同行优秀软文的写作手法，让他们成为你创作优秀软文的助推器。

胡亚凡是一位全职宝妈，半年前她做起了微商，代理中华神皂和美辑面膜。她的代理团队中有一个90后的女汉子，大家都叫她小胖妹，她是一个写软文的奇女子，每天在朋友圈发的信息都很有新意。最近她发了一条【小胖妹的护肤心得】：

第一步，拿出我们家的除螨的神皂，卸妆清洁一天的大油光；

第二步，拿出我的护肤大白——一个人见人爱的美辑胶囊面膜，果冻一样的包装，真想吃一口，哈哈。打开之后，可爱的小萌物出现在我眼前，真舍不得把它搅拌开呀！没办法，谁让我就是爱美呢，只能用搅拌棒把它搅拌均匀了。不要以为只有这一点完全不够用，你错了，事实上，你根本用不完，你可以和你的老公一起分享（偷偷告诉你，我是不舍得把这种好东西给我的男朋友的，哈哈，我要自己涂脖子）。

第三步，涂在脸上很清凉，也很好吸收哟，这不是我自夸，真不愧是有国家专利的美辑。晒晒我最近的成效，皮肤嫩嫩的，真的很好吸收，我要给我的皮肤喝得饱饱的，不要太羡慕我，你用你也行哦！

胡亚凡看到后，立即用图片的形式把小胖妹的这篇软文剪切到自己的文案里面。发表内容如下：

看看我家宝贝小胖妹，使用美辑胶囊面膜后的效果反馈。

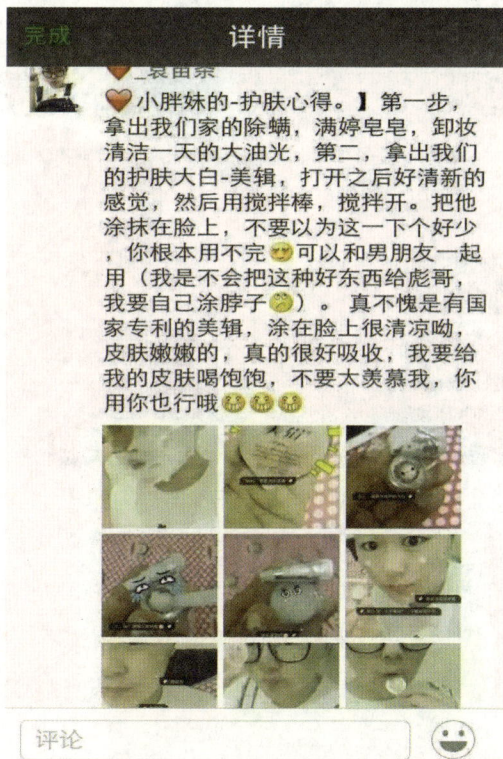

图4-18　"小胖妹"护肤心得

美辑胶囊面膜变换成各种萌物，来博您欢心！源于大自然的产品，绿色纯天然，0铅汞、0激素！让你买得舒心，用得放心！有专利才有发言权，中国好面膜，我为自己代言！

图4-19　美辑胶囊面膜使用小贴士

可见，通过借他人软文的东风，也能收到同样的效果。所以说，优秀的软文并不一定是自己的原创，也不是说你所有内容都必须是原创，但至少要有一部分是原创的。这样别人才会来继续关注你的微信，不然无法吸引用户的。然而想让自己的微商事业长期发展，还是要靠自己定时定量写出优秀的软文才行！

第5章

朋友圈里的掘金术到底懂多少

　　有人说："创业机会从不在远方，它就躲在朋友的需求里。"如果你认为朋友圈就是晒娃、秀思爱的地方，那只能说你不适合创业，只能一辈子站在别人的光环下面。如今，在微商盛行之际，很多人都学会了在朋友圈做生意，他们每天刷朋友圈的目的就是把微信好友吸引住，每天脑子里想的就是如何通过朋友圈与好友互动。与其再羡慕别人开豪车、住豪宅，不如停下来看看别人，再看看自己，找找差距在哪儿。原来别人用朋友圈赚钱，而你却用朋友圈浪费时间。

5.1 晒娃、秀恩爱——你真的会玩朋友圈吗

目前，几乎每个玩手机的人都有一个朋友圈。关于朋友圈的现状，有个段子广为流传："上午：基本没动静；中午：各种晒，晒幸福，晒方向盘，晒衣服包包；傍晚：各种饭局，酒吧，夜店，求陪同，求偶遇，求带走；午夜：各种饿，各种再也不吃夜宵了；凌晨：各种哭，各种闹，各种歌词、感悟，各种胡言乱语。总结：微信就是一个综合型的精神病院！"

上面的段子总结得很精辟，朋友圈的确有很多人都在各种晒，晒自拍，晒各种吃喝玩乐的照片，而且每个人都希望自己的晒能得到很多赞。然而想随随便便拍个自拍，秀个美食就能得到一大堆赞，那简直是痴心妄想，因为每个人都在关注自己，秀各种和你类似的照片。所以，那些经常通过发鸡汤、代购、晒娃、秀恩爱等发朋友圈的方式，其实是大错特错的，大家对这些信息早就已经审美疲劳了。所以，在朋友圈晒娃、秀恩爱的你，不要再说会玩朋友圈了。

在朋友圈如此盛行之际，你真的会玩朋友圈吗？你除了发美食、发自拍还能发些什么呢？一些用心的朋友会把日常生活中的各种点滴加上自己的一点点创意，通过各种有新意的图片、文字等表现出来；还有一些有经济头脑的人，利用朋友圈做微商赚钱，他们一般不发一些吃喝玩乐的照片，而是花更多的时间在自己的产品上面，他们对自己的微商事业投入很大的热情，每天都努力用心经营自己的朋友圈。当然，你对朋友圈投入的热情越大，你的产出内容价值就越大，自然而然就更能获得价值，获得成长。

那些总是羡慕别人开豪车、住别墅的小伙伴们，你自己也该反省反省了。看看自己的朋友圈，再看看别人的朋友圈，你就知道自己和他们的差距在哪里了。别人用朋友圈赚钱，你用朋友圈浪费时间。

有些玩微信的朋友看到别人在朋友圈卖东西赚了不少的钱，自己也想拼一把，但是由于他们不懂得经营自己的朋友圈，总是靠刷屏、晒产品等没有任何新意的方式刷朋友圈，虽然每天也很努力，但效果甚微。其实，他们的这些做法和那些每天晒娃、秀恩爱的小伙伴们一样，在浪费时间。

我们不要说玩朋友圈有什么技巧，而是先想一下，平时有陌生人加你的时候，你是不是要先看他的朋友圈？看完之后，才决定是否要加他为好友。同理，你加别人为好友的时候，他们同样也会先看看你的朋友圈，然后再决定是否加你为好友。想到这儿，你就知道微信在没有任何担保系统的情况下，一个陌生的微信好友，为什么敢从微商的微信上买东西？为什么只从他的微信上买？单靠刷屏刷广告就能做到吗？我们换位思考想想，就知道不可能了。

另外，好的朋友圈还可以吸引代理。大多数人看上家到底是不是有实力都是先从她的朋友圈了解，如果她朋友圈全部都是介绍这个产品多好、多牛的广告，不用说，这样的人一般都是复制自己上家，自己不动脑子。如果她的朋友圈每天更新的文案不多，但是她的朋友圈不仅有产品信息、顾客反馈、代理反馈，还有自己的生活趣事等。先不说她的这些信息是不是伪造，从她的朋友圈看，至少能说明这个人是一个很有思路、很有思想的老大，一个会刷朋友圈的高手！就算人家伪造，那也是很牛的手段！当然这只是很少一部分！

所以，会刷朋友圈，对做微商的你是非常重要的。那么，怎么玩朋友圈才算会玩呢？如图5-1所示。

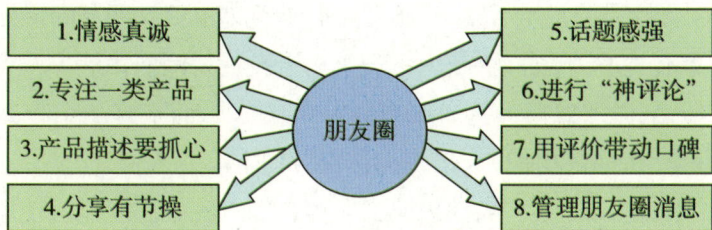

图5-1　玩朋友圈技巧

1. 情感真诚

简单来说，如果你的朋友圈都是一些冷冰冰的广告宣传，那么，你赚的钱也会像你的成交数据一样是冰冷的。微商99%做关系，1%做销售。微商其实就是在做情感营销，就是交心、交朋友，而这一切的基础就是信任。信任是从哪来的呢？信任是从朋友圈来的，别人可以通过朋友圈瞬间了解到你是一个什么样的人，比如，你看完朋友的朋友圈，立马就会了解他是一个逗比、幽默、自信、坚持原则、偶尔有点小矫情的人。信任就是生活的点点滴滴积累起来的，所以，你的每一条动态都要保证展示了最真实的自己。信任的前提就是真诚，你只有以一颗最真诚的心，才能赢得更多的粉丝。

2. 专注一类产品

微商应专注于一类产品，要注意，这里所说的是一类产品，并不是一款产品，你可以做一类中的多款产品。如果是两款的话，你可以在一个微信号上面做推广。但如果你很有实力，也可以做多款产品，但你最好不要在一个微信号上面做宣传，最好还是开通几个微信号。为什么要这么做呢？

举个例子，假如你在一个微信号上面代理5款产品，为了让大家知道你的每个产品，你肯定会对每一款产品都要做宣传、推广。你不可能在一条推广信息中把5款的广告都打到上面吧？如果你真的这么做的话，你的产品一样都不会卖出去，因为大家根本不可能去看这些长篇大论的内容。那么，你只能在一条信息中发一款产品，最多发两款。这样你算算，你每天要发多少条信息，你的信息是不是在朋友的朋友圈中刷屏了？如果是这样的话，你将会面临被好友屏蔽的危机。

想要自己的朋友圈不被好友屏蔽，你朋友圈的信息每天应控制在5～8条之间，每次内容不超过140字，每张图片不能多次重复。朋友圈最好的信息组合是两条产品信息，一条打款截图，一条物流发货，两条生活（一定要有自己的生活写实，这样才显得你是一个有血有肉的人，而不是一个冷冰冰的推销员）。这是转化率最高也最有效的刷朋友圈的方法。

但是如果你的每一款产品都想得到宣传，朋友圈不出现刷屏现象那简直是不可能的。如果你每天宣传一款产品，那么，5天一轮，这很有可能会导致产品信息宣传不到位，还会让人感觉你很不专业。这时有人还会想到在一条信息中，写上全部的产品信息，这样你的产品信息就已经占据了80%的内容，全部都是产品广告，几乎一点儿人情味和有用的价值都没有，那就不要怪别人把你屏蔽拉黑了。所以，在一个朋友圈里面什么都做还不如什么都不做。

3. 产品描述要抓心

很多微商每次发朋友圈信息，都是在说自己代理的产品质量有多好、效果有多好，你说的这些东西其实很少会有人看，更加不会有顾客来找你。什么样的产品描述才能吸引顾客呢，简单来说就两个字"抓心"。发每条朋友圈信息之前，都要想想你的这条文案和图片有何吸引点，如果没有任何吸引力，那你还是别浪费时间和朋友圈的空间发这条信息了。每条信息都要有目标受众的痛点，不要总是给顾客带来产品使用后的结果，而要描述一些使用产品的过程。

例如，一个女人买护肤品，其实她买的不是护肤品本身的功效，比如美白、保湿、祛斑等，她真正想要买的其实就是这款护肤品的功效能够给她带来的结果——皮肤变好，变漂亮，吸引更多的异性，得到闺蜜的赞许和羡慕，甚至是嫉妒。了解女人的这种心理后，我们就可以利用女人爱美的本性。

4. 分享有节操

朋友圈营销最重要的就是曝光率，曝光率高，才能打造你产品的知名度，有了知名度才会有人关注你卖的东西，你才能从这些关注你的人中实现销售目的。如何让你的朋友圈在众人当中脱颖而出，做一个受欢迎、不被拉黑的微商，最关键的一点就是不要刷屏，千万不要为了提高自己产品的曝光率，无节制地推送产品信息。

朋友圈信息分享要有节操，选择正确的时间段发布一些信息。我不建议大家在晚上9点以后还推送产品信息。因为这个时间段刷朋友圈的已经很少了，在这个时间段发产品信息，除了占用我们的朋友圈资源，根本得不到我们想要的曝光效果。所以，我们必须根据用户刷朋友圈的习惯，选择推送时间段。

一般来说，根据用户行为习惯，早上推送时间可以选择在8：00～9：00，中午选择在11：00～12：00，下午选择4：00～5：00，在这些时间段内，一般人没事也会在这个时间段刷刷朋友圈。当然，这也不是标准时间段，你可以根据自身顾客的生活习惯做适当调整。但是事不过三，一般在这些时间段内推送三次就好，推送多了会惹人厌的。

5. 话题感强

微商采用直接刷屏的方式推销，是和微信的社交属性相违背的，所以，最好的办法是先设计一个话题，设计亮点，引起兴趣。

例如，夏天到了，做护肤品的微商们可以在这个时候发一条朋友圈，设计一个话题：夏天补水为什么会过敏？有了这个话题之后，你还要设计3～5条讨论内容。此外，你当然还要吸引尽可能多的粉丝参与其中，这时你可以搞一个有奖互动活动。这样很多人就会因为奖品或者想取胜的心理参与该话题的讨论。

其实，"夏天补水为什么会过敏"这个话题，要针对的根本不是过敏用户，毕竟过敏的人群数量有限，况且这样的顾客也不是我们的潜在顾客。设计这个话题的主要目的就是吸引那些希望补水又害怕过敏的群体，这些才是我们的精准顾客，所以，你设计的内容要引导大家向防止过敏的方向讨论，而不是过敏后怎么办。

6. 进行"神评论"

与粉丝最好的互动方式就是在对方的朋友圈里面进行"神评论"，而且这个评论一定是要另辟蹊径，让人眼前一亮，让他看到你的评论的时候一定会情不自禁地点开你的朋友圈去了解、逛逛。

例如，有一次，一个微信朋友感冒拍了一张照片，问这是什么药？其中，有一个朋友是这样评论的：不是避孕药吗？本来那个微信朋友生病了很郁闷，但是看了你这样的"神评论"会不会会心一笑？这就是幽默，而且你这样的"神评论"还能引起其他人的关注，说不定，他们就是你的准顾客呢。

7. 用评价带动口碑

经常逛淘宝的人都知道，淘宝通过用户评价的方式带动很大一部分的销售量。当然，微商也可以利用顾客好的评价来吸引更多的人来购买。而且微信朋友圈还有一个优势，就是基于熟人社交范围，可信度更高！你可以在朋友或者顾客购买并使用你的产品后，通过微信向他们询问一下使用后的感受，让他们帮你在朋友圈分享一下感受，或者让他们在你推送产品信息后给个评价。然后你把大家的评价或者朋友圈分享的内容整理出来，再把它们分享到你的朋友圈里面。这样有图有真相的信息，比自己费了半天劲写出来的内容要有效得多。当然，通过用户评价营销的前提是你的产品质量要过硬。

8. 管理朋友圈消息

朋友圈除了可以发布一些信息，还可以删除。因为你每天都会发布一定量的内容，时间长了，当然朋友圈的信息会积累很多，当有陌生人想要加你的时候，看到密密麻麻的全是一些广告，他们肯定会反感。这时你就要对你的朋友圈信息进行定期的整理。将那些和你的主营业务无关、互动效果不好、不能为你加分的朋友圈消息删除，而把最有价值的精华信息留下来。这样无论何时，陌生人进入你的朋友圈看到的都是你最棒的一面，当然就希望加你为好友了。

5.2 放下手机，告诉你朋友圈还能够做到什么

目前80%做微商的还是以微信为主要平台，他们主要是通过微信发朋友圈来销售产品或者是招代理。下面我们就来说说，为什么很多做微商的都非常青睐于朋友圈呢？这当然与朋友圈的功能有关，朋友圈除了几个我们常见的发图片、写说说的功能，还有一些不可忽视的小功能。

1. 朋友圈分组

有时候我们想在朋友圈里发表一些内容，但是又不想让一部分人看到，还不好意思将这些人加入"黑名单"。最后权衡一下，只能放弃发表。如今，朋友圈的分组功能将帮你解决这个问题。微信开发分组功能的初衷是对微信用户隐私的保护，让微信用户可以有自己的一个隐私空间，而不是发完朋友圈所有好友都看到了。对于微商来说，可以充分利用这个功能来实现顾客的分组管理。

例如，如果你发的一些销售产品的信息不想让一些人看见，就可以用这个分组功能，把这些人分到一个组里面，他们能看到的信息，永远只是一个分组里的内容，这样就避免了对某些人进行屏蔽的尴尬。

另外，你还可以按照代理商等级和顾客等级把微信好友分成若干组，比如，你在发布新品上市的信息时，可以选择只让代理商和VIP顾客看到你

的信息，这样可以避免竞争对手的模仿。一周后，你再向其他顾客公开全部信息。

朋友圈分组的功能如此强大。那么，如何对朋友圈进行分组功能的设置呢？

（1）进入朋友圈，点击"拍照"或者"从手机相册选择"按钮，在写配图文字的时候，点击"谁可以看"，其具体操作如图5-2所示。

图5-2　设置朋友圈可见范围界面

如果你未曾分组，那么，点击"新建标签"按钮，可以编辑标签，将要加入分组的好友一一选择，或者从群里导入，然后将你所选择的这组好友重命名，即可完成微信好友的分组操作，其具体操作如图5-3所示。

（2）当你发布朋友圈信息的时候，你可以选择"部分可见"，从你的联系人当中选择能看你朋友圈的好友，或者选择某一个朋友圈的分组，这样不在你选择范围内的好友就看不到你朋友圈发布的最新动态了。通过微信提供的这个方法，是不是要比把那些不想让他们看到你朋友圈内容的人，直接加入到"朋友圈黑名单"更加温和呢？

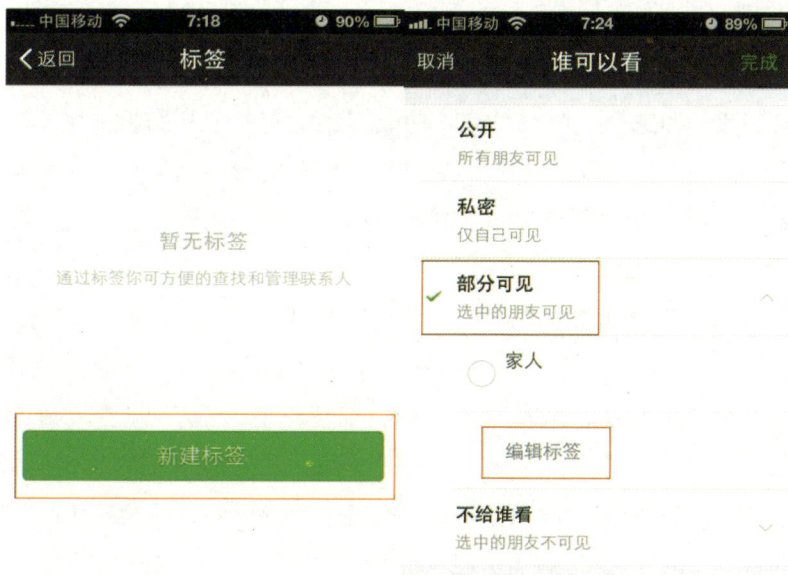

图5-3　朋友圈分组

2. 同步QQ空间

QQ空间一直被大家广泛关注，它庞大的用户数和高活跃度的价值不容忽视。下面提供一组数据更能让你觉得QQ空间实在太"酷"了。全球社交工具的排名显示，截至2013年10月30日，QQ空间以7.12亿的月度活跃用户人数位列全球的三甲。更有详细数据显示：2014年元旦伊始，QQ空间说说发表量在第一个小时内就超过了2800万次；元旦当天24小时内，QQ空间内容发表量超过10亿次，其中发表说说2亿次，评论回复3亿次，点赞5亿次，平均每秒就有1.15万条消息被发送。由此可见，QQ空间对微商来说，有很大的用户空间价值。

对此，微信朋友圈推出了把朋友圈的信息同步到QQ空间的功能。由于QQ空间相连的是QQ好友，你只要把QQ空间的访问权限设置成"所有人可见"，你每次发布的内容就可以让所有人都能看见，除非你的好友把你给屏蔽了，否则你发布的内容都能让好友看到。同样，只要把微信的朋友圈设置成与QQ空间同步，你在朋友圈发布的内容在QQ空间中就能看到。此操作简单，只需要在发朋友圈时点亮五角星即可。而且由于QQ空间是开放式的，只要你发布的内容足够精彩，就能被好友转载，这样就相当于是基于计算机端数据的一个巨大鱼塘。虽然你的QQ数据和微信数据有重叠性，但也有很大的差异性，这无疑是对于微信朋友圈的一个很好补充。

此外，使用朋友圈同步QQ空间功能，还能有信息和数据的备份价值。如果你的微信被封号，所有信息在QQ空间里都有备份。所以，各位微商，千万不要忽略了"朋友圈中同步到QQ空间"这个小小功能背后的巨大价值。

3. "@"提醒谁看功能

朋友圈有一个提醒谁看的"@"功能。在朋友圈每发一条内容可以最多提醒10个好友查看。这个功能的价值核心体现在精准送达上。因为大家微信中的个人好友数越来越多，朋友圈内容却越来越泛滥。你发朋友圈的时候，你的潜在对象可能并没有在看朋友圈，但是等他看他的朋友圈的时候，可能你发布的朋友圈内容早已经被淹没在信息的海洋里。然而有了提醒谁看的"@"功能后，你可以挑选出自己的精准粉丝，在发布的内容里面"@"他们，待你的内容发布后，它会弹出对话框提醒好友及时查看你发的信息，此功能对微商成交非常有帮助。

例如，你今天要发布一款新产品，这些产品比较适合某些老顾客或者潜在顾客，这时，你就可以在发朋友圈的时候用"@"提醒他。这种提醒是一种软性的销售，不会像直接推送或者单独聊天推送一条图文信息那样生硬，不会给人一种推销的感觉，而且被提醒者可以有选择，没有压迫感，更符合社交的本质。

利用"@"功能提醒朋友圈好友查看推出的消息和产品，对微商成交是非常有帮助的，用得好可以让你的新顾客转化率提升2倍以上，让你的老顾客复购率提升3倍以上。所以，微商也不要忽视这个功能。

4. "所在位置"定位功能

朋友圈"所在位置"的定位功能主要是为了增加微信用户的体验。特别是对做O2O（online to offline 或者 offline to online，即线上线下，简单来说就是利用互联网和传统、实体的商业模式相结合的营销模式）的微商来说，如果利用好这个功能，他们将成为这个功能的最大的受益者。

对于有线下体验店的微商，他们可以用"所在位置"功能将体验店的位置显示在你朋友圈发布的每条信息下面。这不仅为新顾客提供地图导航，还可能在你刚分享完一些信息后，发生一些有趣的事情：正在同一家店的好友看到这条信息时,可能会和你打招呼,还会在评论中"调侃"一番。还有一些离你的店铺很近的好友会评论:"哇,你家的店就在离我不到100米的地方呀,我正好可以去体验一下!"等等。这个功能不仅会增加你分享信息的互动率,还会让你和顾客的生活变得更有趣,真正让微商成为大家的一种生活方式。

5.3 别再重复刷屏了,真的看不下去了

在微商刚兴起之时,只需要简单地刷朋友圈就可以了。但是如今随着微商的盛行,很多人都开始做微商了,简单地重复刷屏已经不管用了。不要再刷屏了,刷屏时代已经过去了。如今,天天发广告就是在强迫别人的眼睛,况且大家也根本就不想看到千篇一律的东西,所以,他们就选择果断拉黑或者屏蔽。这样我们当然就失去了潜在的顾客了,知道吗?

怎样经营朋友圈?当我们拥有许多微信好友后,很多做微商的朋友,特别是新手,经常在朋友圈重复刷产品信息,其实这是一种方法,但它是最低级的方法。因为产品信息刷多了就很容易引起朋友们的反感,当他们实在看不下去的时候,就会将你屏蔽,其结果会使你的客源流失。

凡是做微商比较成功的人,他们是不允许自己的朋友圈被屏蔽的,他们会让自己的朋友圈每天都热闹非凡。他们像经营生活一样去经营他们的朋友圈,不会天天在里面发广告,而是在里面分享故事,分享一些让别人提起兴趣的东西,而不是分享别人看见就选择拉黑的东西。微商朋友圈的最高境界是:你发的信息,朋友圈的好友每天都会看,会担心错过了!

那么,新手在朋友圈,要怎么做才能不被微信好友屏蔽呢?首先你要会烘托气氛。你刚开始做,一定不能表现得像新手一样,天天发图片,写产品介绍。估计你心里可能认为:我刚开始做,朋友圈里的好友当然不了解我的产品,我只有一直发,他们才能看到,自然也才会有人来找我了。说到这里,就拿我的一位微商朋友举例。起初她就是这样,刚接触微商,不断地发产品图片。结果,没几天,她跟朋友聊天的时候,就发现,其好友基本都把她屏蔽

了，这让她很苦恼。

要知道，通过朋友圈买产品的，不仅仅是你的客人，更是你的朋友。朋友们最讨厌功利性很强的人。所以，在你每天发布的5～8条信息中，产品信息控制在一半以内，而且产品信息应当包括新品信息、优惠信息、针对顾客的知识普及、针对经销商的新品促销之类的；另一半应当是你的生活相关信息，比如拜访顾客、邀请顾客讨论什么的，以增加其他观众对你的信心。注意使用@提醒谁看功能，以提醒目标顾客。这也算强推的一种，不过不会让人讨厌，因为大家都喜欢看看谁又圈我了，这和微博的特点一样。人都是有感情的动物，如果你每天总是发一些没有人情味的刷广告信息，朋友们自然不想看它们。在朋友圈做生意，人情味很重要。

另外，你仔细想想，如果每天都发10条甚至几十条类似的广告信息，它们存在于别人朋友圈里有什么价值呢？建议你把发产品广告的时间段岔开，让他们在看朋友圈的时候，都偶尔会看到，然后吸引他们点进来查看你的全部消息。

再好的产品都需要营销，虽然用户对广告很反感，但是如果你写一些经典内容，他们就不会反感，即便你在这些内容里面植入广告，他们也容易接受，而且很容易被引导。所以，在内容上，微商们一定要花大量的精力去做，要分析顾客喜欢什么样的内容，还要不断地发掘原创的、有价值的内容。提供别人不一定可以提供的价值是根本，有了这个作为前提，即便你不做任何推广，你的粉丝也会帮你拉人的。而且你发布的内容还要有创新思维，比如别人发文字，你就发图片，别人发图片，你就玩视频。不走寻常路，才能让你的朋友在打开朋友圈的时候眼前一亮。否则即便先给你100万的粉丝，他们也会跑的。

目前，微信朋友圈的展示形式主要以图片加文字为主，并且微信圈可以保持一定频率的刷屏。在眼花缭乱、品类繁多的产品展示过程中，如何才能让你的产品在好友的朋友圈中脱颖而出呢？如何让你发布的这些图文信息变现呢？如何提升图文信息的转化率呢？如图5-4所示：

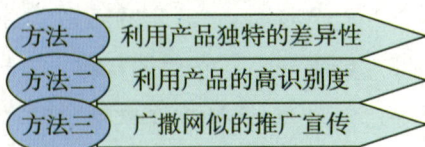

方法一　利用产品独特的差异性
方法二　利用产品的高识别度
方法三　广撒网似的推广宣传

图5-4　提高朋友圈效率的方法

1. 利用产品独特的差异性

马云说："兔子要吃窝边草，生意要从熟人做起！"这句话很适用于在朋友圈做生意。前期，你的顾客就是你的朋友，因此，你必须保证你的产品符合你朋友圈的群体的需求。而且你的产品还要有独特的一面，有差异化，并且有价值体现。所以，你在选择微商产品时要依照有创意、有卖点这两个标准进行选择，这样你在朋友圈做生意才不愁。产品选好后，你接下来要做的就是利用互联网的思维包装产品，比如简单的饥饿营销、口碑传播、从众消费、病毒营销、海报设计、广告语宣传、特惠活动等。

2. 利用产品的高识别度

如今，朋友圈里的产品主要包括面膜、化妆品以及各种高仿奢侈品等，尽管琳琅满目、种类繁多，但对于消费者来说却是一个很标准化的产品，他们的产品风格、产品特征也比较明显，卖家只需三言两语，配合几张照片，就能轻松地完成某件产品的描述。而朋友圈的顾客只关注产品的质量和价格，因此，微商只需在朋友圈对产品做简单的描述，顾客就能得到自己想要的产品信息，有意向的就会直接找你进行一对一的聊天沟通了。

3. 广撒网似的推广宣传

如今，在百度贴吧和很多论坛里面的评论都是卖奢侈品的微商们留的微信号。还有在许多有意思的新闻和文章里面也可以发现这些微信党的足迹。另外在微信"附近的人"和"摇一摇"，甚至"漂流瓶"里面，同样也充斥着各种各样的微商小广告。这样广撒网似的推广宣传方式也是一个不错的营销方法，他们可以吸引很多粉丝，扩大自己产品的宣传面。

5.4 刷好了朋友圈，还要"踢"好临门一脚

朋友圈刷好了，并不是你的任务就完成了，任何形式的营销最终的目的只有一个，那就是成交，朋友圈营销当然也不例外。所以，在成交前，我们还是要"踢"好这临门一脚，否则前面的功夫就白费了。

如何才能"踢"好这临门一脚呢？首先我们要搞清楚什么样的人才是微商顾客？他们的特点是什么？为什么他们会在微信上面买东西？见图5-5。

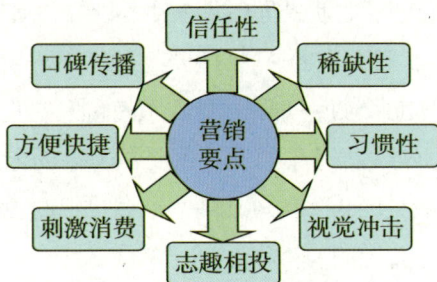

图5-5　朋友圈营销要点

1. 信任性

在朋友圈做生意，99%靠关系，1%靠营销。你平常要是人品好，那么，做微商就比较顺手；如果你人品差，那么，你做起来就会很费劲。原因是前期顾客基本上都是基于对朋友的信任，基于产品的口碑、产品的品质，或者看到很多人都买了，他们才决定买的。所以，在朋友圈做生意最重要的就是建立信任，有了这一强关系，你的顾客才会源源不断。

2. 稀缺性

稀缺产品，即其他渠道很难买到的产品，比如国外一些还没有进入国内市场的针对特殊群体的小众商品或者品牌、部分特产等。从全球来看，很多很多的产品并没有机会得到充分的曝光，而微信正好提供了展现这些产品的平台，将这些产品卖给一些特殊的人群，这也是微信代购的一种，比如香港有一款控油保湿效果很好的面膜，这款面膜三天贴一次，皮肤就能保持很好的水润性。这正好满足了一些皮肤干燥、容易出油的顾客，但这种产品在大陆又买不到，想要这种产品的人只能去代购那里买。

3. 习惯性

有些人是天生的购物狂，看到喜欢的东西就会忍不住想要买。这些有购物习惯的人，把购物当作一种乐趣，以前没有淘宝、天猫、京东等电商的时候，他们去商场等实体店购物，有了淘宝、天猫、京东这些电商以后，他们就开始了网购。如今，朋友圈购物盛行了，他们开始没事的时候就刷刷朋友圈，这样更方便。所以，这些人就会习惯性地刷朋友圈来购物。而且这样的人也不占少数。

4. 视觉冲击

大家没事的时候就喜欢翻看朋友圈，这已经成为了一种趋势。然而朋友圈就像一个24小时在线的导购，你每次看朋友圈的时候，里面都有一些吸引人的产品让你驻足停留，引导你去消费。

5. 志趣相投

朋友圈是圈子文化，它是一个交流平台，是一个志同道合者的小圈子。你分享的产品是你根据你的朋友圈好友精心挑选的，当然这些产品都是他们喜欢的。在信息爆炸的时代，想要找到自己称心如意的产品也要花费很大的精力。如果你在刷朋友圈的时候，刚好看到一件喜欢的东西，当然会顺手买了。而且微商提供的是1对1的服务，他们可以帮助你挑选出自己最适合的产品。

6. 刺激消费

翻看朋友圈，你都会忍不住买一些产品。虽然很多时候，你并不需要这些产品，但是这些信息经常刺激你，让你心里痒痒的，你便不由自主地就有了购买行为。特别是火爆的面膜在微信购物里强势进攻，很多人看到大家都在贴面膜，这种从众心理就会泛滥了，你自然也忍不住去买一些试试。

7. 方便快捷

随着科技的不断发达，你是不是也发现，现在的人变得越来越懒了。之前一些爱逛街的美眉们也懒得逛街了，有些不擅长在微商找东西的人也懒得翻看一个又一个的网页去查找合适的产品了，他们中的一些人开始倾向于朋友圈购物了。原因是，他们不需要花费特定的时间，只要在坐公交、上厕所的时候，随便在朋友圈翻一翻，就能找到自己喜欢的产品，再1对1咨询后，就可以下单，一般第二天就能收到，很方便快捷。

8. 口碑传播

因为朋友圈卖东西的人，他们的产品都是经过自己精心挑选的，基本上前期都卖给熟人，肯定不会出现假冒伪劣产品。朋友圈的东西不像淘宝、京东等，还需要用户自己查找确认产品是否是假冒伪劣产品，价格是否合适。而朋友圈的产品，如果很多人都来捧场的话，说明这个产品很不错，感兴趣的人也会买。有些人买产品就是靠口碑，比如，有些人看到朋友买了一款化妆品，朋友说用着还不错，自己肯定也要买，买了之后自己也觉得用着不错，便再买一款送给朋友，这样往复循环，微商顾客自然变多了。

除了要了解微商顾客们为什么会在微信上买东西，我们还要了解为什么还有相当一部分人不选择在微信上面买东西。具体原因见图5-6所示。

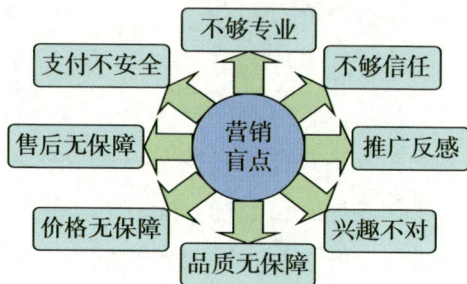

图5-6　避免朋友圈盲点

1. 不够专业

有些人是因为他们看到别人做微商赚钱，所以他们才做的。比如，有人看到朋友在卖化妆品很赚钱，她也开始做朋友的代理，但是她自己本身对化妆一窍不通，更别说自己有什么化妆技巧了。这时，了解她的朋友就会想，她自己都不懂化妆，还卖化妆品，能靠谱吗？所以，有些顾客会认为做微商的不够专业，这当然也会丧失一部分顾客。

2. 不够信任

有些做微商的总是以"利"为先，每次发信息或者交流都是围绕着产品来说，毕竟朋友圈里面的大多数人都是熟人，你总是向他们推销产品，他们当然不喜欢，反而认为你想从他这里赚钱，对你失去信任。

3. 推广反感

很多微商为了扩大自己产品的曝光率，会不停地在微信朋友圈刷屏，这给顾客的朋友圈增加了很多垃圾信息。所以，很多人都很反感微商的推销方式，即使他们喜欢微商们推销的产品，也不会去买，有的人甚至还把他们这些做微商的人微信号或者公众号屏蔽掉。

4. 兴趣不投

很多做微商的基本上都是代理单一品牌的产品，有些微商由于没有用心选择自己的目标顾客，或者对目标顾客定位不清楚，自己微信里面的很多人都对这些产品不感兴趣，当然大家也不会买这些产品。

5. 品质无保障

有些做微商的人，为了赚取更多的钱，他们不惜利用假冒伪劣的产品以次充好，图片和实物不符，实际功效和产品描述不符等，这些都会影响大家对微商的看法。

6. 价格无保障

做微商要想赚大钱就需要发展自己的代理，所以，现在很多微商产品下面发展很多个代理。试想，这样一级一级地代理下去，肯定产品的价格也会随之上升，这就导致有些微商产品价格虚高，甚至高得离谱，让顾客不能接受。长此以往，微商价格高的坏名声传开后，很多顾客就不愿意在微商那里买东西了。

7. 售后无保障

很大一部分做微商的都是一些投资小的投资者，他们的产品当然就不存在售后保障这一说法，不退、不换等现象也时有发生，这当然也影响了顾客的购买欲望。

8. 支付不安全

由于微商的支付方式没有第三方担保，很多都是直接交付，这便使一些微信上的骗子有了可乘之机。支付不安全，当然也是很多顾客所顾忌的。

5.5　朋友圈，摆摊的电商平台

随着微信的普及，在日常生活中，有人用微信和朋友语音聊天；有人在微信朋友圈中发很多"心灵鸡汤"；有人在朋友圈中秀娃；有人在朋友圈中晒幸福、秀恩爱；还有人用朋友圈汇报24小时作息内容……微信有很多用处，每个人都从里面发现一些方便之处。在这些人群中有一些有赚钱头脑的人，瞄准了微信"朋友圈"这一平台，他们在这上面做起了生意，把社交平台变身电商平台，用个人信誉开辟赚钱新渠道。随着微信的兴起，朋友圈的功能也日渐多样化。据悉，朋友圈代购是继微博代购后出现的新型代购营销方式，而"朋友圈"的生意也日渐火爆。

据了解，"朋友圈"的购物流程大致如下：

第一步：卖家在"朋友圈"里发布商品信息，微信"好友"看中某样产品，然后向卖家下单。

第二步：微信"好友"通过支付宝或银行汇款进行支付。因为是"熟人生意"，也有不少是直接当面交易的。

第三步：卖家收款后发货。

目前，微信"朋友圈"内的生意主要以化妆品、海内外奢侈品等供应渠道进行代购。

如今，朋友圈里面有不少人开始做起海外奢侈品代理。"80后"的圆圆就是其中之一。一年前她在香港上学的闺蜜邀请她去香港游玩，当时圆圆在香港当地买了一种补水效果超好的面膜，自己用了几次后感觉效果超好，便忍不住在微信朋友圈里晒了一下，没想到自己的很多好友都询问她，从哪里可以买到这样的面膜。圆圆当时心想，既然自己的一些朋友都喜欢这样的面膜，肯定其他人也有很多都喜欢，而且这款面膜的效果又这么好，我何不在朋友圈也卖这种面膜呢？

于是，她便和远在香港的朋友商量代购这种面膜。她常常在微信朋友圈更新该面膜的商品信息。一旦有朋友咨询后想要购买，圆圆便让朋友从香港发货过来，然后邮寄给购买者。前期她的顾客主要以自己的朋友为主，慢慢地，她的顾客扩大到朋友的朋友，以及朋友的朋友的朋友。

"我的微信朋友圈都是熟人，我们大家经常在一起互相交流各种心得信息。"圆圆很得意地说。如今，她的微商事业做得红红火火，每个月都有可观的收益。

朋友圈电商真正地把社交关系变成了摆摊的电商平台。很多人都选择在朋友圈做微商的原因是什么呢？当然，这要归结于朋友圈自身的独特优点。

1. 操作简单

在朋友圈做微商不需要运营、美工人员，一部智能手机就可以完成拍照、发布全系列事情。

2. 熟人情感经济

微信不是电商工具，不存在很多摆摊的店铺，没有比价可能，主要是熟人情感经济，完全不需要支付宝，直接打钱发货，也可以借淘宝平台交易。

3. 人店合一

朋友圈可以做到人店合一，从而积累更多的顾客。这是淘宝店铺无法做到的，淘宝的收藏店铺功能效果有限。

4. 信息原创

微信朋友圈没有转发（除转发链接）。这使朋友圈没有大量的冗余信息，全部是原创信息。

5. 分享人性化

朋友圈分享不会打扰用户，用户可以无意被动浏览，并主动了解。同时朋友圈记录了店主的生活，很容易产生人性化交流，更容易产生信任感。

6. 单向沟通

微信朋友圈可以通过设置，让好友看不到别人的留言，大家都是单向沟通。这和电商的引流转化模式有很大的不同，而且用户评价是完全区隔的，一个人的差评不会干扰其他人的选择。

7. 沟通方便

微信是专业的综合IM工具（即时通讯工具），比点击网页激活旺旺，和微博私信都方便很多。

8. 客户管理便利

无流量压力，顾客黏度高，把熟顾客、大顾客带到微信上，就可以利用微信进行很好的顾客挖掘管理沟通和销售。

9. 微商创业成本低

朋友圈是一个社会化营销的大方向，生命力依旧很顽强，而且入行门槛也很低。它没有大平台去管理，只需注册一个微信账号即可，所以，根本不存在管理成本，完全靠个人的关系和信誉维持，基本上每个人都可以入行。

如今，微信朋友圈逐渐发展成为一个几乎完美的移动电商模式，它不具备大范围推广传播以及引流的能力，产品适应性也不是特别广泛，完全是靠自己一点点苦心去经营的，你前期付出多一点，后期将会轻松一大步，因为好的产品和人品会使用户保质期更长，而且结合批发效果更好。

张美辰是做美睫和美甲产品的，自己在这个行业摸爬滚打了七八年，最近她开始创业。她有自己的产品和渠道，所以，做起来比其他人都要快速，很快她就发展了5个代理。她还利用自己的经验给这些代理进行培训销售一体化服务。

她在朋友圈经常分享新产品、使用技巧等信息，顾客和代理看到后，就会下单订购，或者邀请她培训。目前，她还注册了公司，自从公司执照下来后，大概三个月的时间，她投资大概不到10万，目前已经完全回本，而且已经有了差不多20万的利润。更让人震惊的是，她的这些顾客是不断积累的，且长期进货的。假如，她能发展到一百家下家，不用想就能算出她一个月的销售额能轻松过百万。而且她的朋友圈运营比淘宝店简单得多，不需要拍照美化，只要一个手机就能轻松搞定。

谁说创业一定要做大生意呢？一两个人，一个月赚个七八十万，不也挺舒服的么。类似张美辰这样的微信账号还有很多，比如珠宝、奢侈品等，这样的产品单价比较高，不需要太多的顾客，一对多维护百人左右的规模，就可以达到不错的销售额。而且朋友圈比起公众平台来，不会因为推送而打扰用户。用户只要在没事的时候刷刷朋友圈，就可以看到自己感兴趣的产品了。

然而朋友圈的顾客也是不断积累的，不要想着一口气能吃个胖子，它是靠关系维系的。朋友圈里面的顾客只有信任你，才会不断向你推荐顾客。在这个过程中，你还可以发展很多的人会去代理你的产品。这样大家运营一段时间，就会有很多粉丝的销售渠道。

5.6 3张设计图，10条朋友圈信息，933万元

在微商出现之前，朋友圈完全是一个用来拉近朋友关系、分享各自生活的

情感交流平台。如今，它却不知不觉地成全了不少营销高手。尽管腾讯曾公开表示"微信不是营销工具"，但随着智能手表、佛牌、米糊机、美白丸、童颜神器、面膜、化妆品……各种各样的东西披着"好友推荐"的外衣在微信朋友圈里以N次方的速度流转，这样的势头让朋友圈成为一项新的营销平台已然是大家心中公认的事实。

有人每天在朋友圈的销售额达到5千，有人每天的销售额达到1万，也有人每天的销售额已达30万，更有甚者11个小时竟通过10条朋友圈信息就挣得了933多万元的订单。

这10条朋友圈信息是蓝港在线董事长、土曼联合创始人王峰发表的，他在不经意之间，创下了微信朋友圈卖货的纪录，没有功能介绍，没有配置参数，只有4张设计图，10条微信，近100个微信群讨论，3000多人转发，14小时预订售出18 698只土曼T-Watch智能手表，订单金额达到933.030 2万元！

2013年9月5日，土曼T-Watch智能手表以499元超低价预售，当时王峰利用微信朋友圈进行推广，顿时引发微信朋友圈巨大的轰动。次日上午，应朋友们的"强烈控诉"，土曼又追加了5 000只订货量，预售时间为4小时。在个人采购爆棚的情况下，还有许多人疯狂下单作为企业礼品，礼品采购50 000只。最后对通过微信朋友圈卖出T-Watch智能手表进行统计，总数达73 698只，预售订单额36 775 302元！按10条微信计算，平均每条微信等于367万元的订单！

下面我们就来还原一下这场不期而遇的微信狂欢。

第一条，9:09，此时的王峰正带着公司"王者之剑"的研发团队在泰国休假，目的是庆祝大家研发出最畅销的中国格斗手游。当时，王峰刚起床，就看到了三星发布的智能手表Galaxy Gear，便忍不住在朋友圈吐槽三星，其具体内容如图5-7所示。

第二条：王峰的第一条朋友圈信息发布之后，顿时引发了朋友圈好友的共鸣，他们还催着王峰晒出土曼的T-Watch智能手表的图片。为了不辜负大家的眼球，王峰在11:24的时候在朋友圈晒出了含有T-Watch的图片的信息，并公开豪言，T-Watch是迄今为止最薄的智能手表，其具体内容如图5-8所示。

图5-7　第一条朋友圈信息

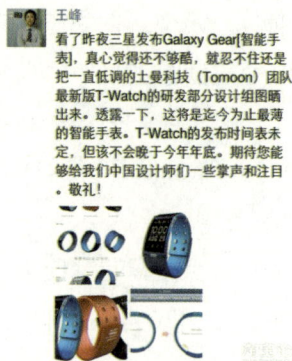

图5-8　第二条朋友圈信息

第三条：第二条朋友圈信息发出后，很多微信好友就开始询问王峰他们的T-Watch智能手表什么时候上市，并表示想要。看着好友们一个又一个询问，王峰灵光突现，经过协商，他在12：52的时候在微信发出预售消息（见图5-9），预订价499元，仅限微信朋友圈，仅限当日。下单者可得创始团队签名，发布会到场请柬，也可能还有更杀手的惊喜！此时土曼科技创始人汪伟也在自己的朋友圈转发了王峰的这条消息。

第四条，王峰、汪伟的朋友圈发出后，预售情况只能用"疯狂"两个字来形容。本来预计999只的数量被疯狂一破再破，2小时超过5 000只。在王峰按得指头酸痛的时候，他无意间发现朋友圈里的不少朋友在帮着转发。此时14：23，王峰又发出一条求助好友转发的信息，其具体内容如图5-10所示。

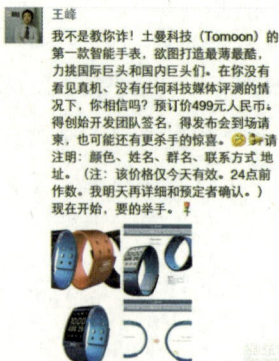

图5-9　第三条朋友圈信息

图5-10　第四条朋友圈信息

第五条，王峰动员朋友圈好友的力量帮助他转发信息，很多好友都先后出手，纷纷加入他的转发队伍。此时王峰才发现因为太匆忙，没有加上网站预售地址，导致需要人工一个个登记，增加了工作量。14：41的时候王峰又优化了朋友圈内容，加上了网站地址，把微信的手机流量导入PC网站后台，其具体内容如图5-11所示。

第六条，许多科技、投资、媒体微信群开始传播预售抢购消息，朋友圈不断被刷屏。许多人对土曼不熟悉，有的甚至是第一次听说。此刻的王峰立马抓住机会，16：24的时候再发微信，一面加持预售，一面借热潮招募优秀人才，其具体内容如图5-12所示。

图5-11 第五条朋友圈信息

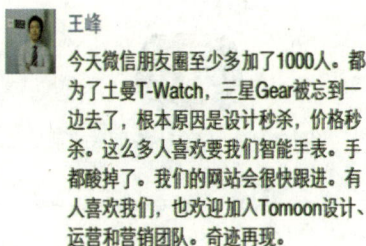

图5-12 第六条朋友圈信息

第七条，在大家都纷纷抢购之际，王峰发现，许多人一口气都订三种不同颜色，分别送给家人。一只499元，炫酷新产品，秒杀价，许多人掏得起。他在21：34时，再次发出一条刺激需求的朋友圈内容，进一步撬动热情，提醒预售只剩3小时结束，冲量，其具体内容如图5-13所示。

第八条，微信群里开始讨论T-Watch的屏幕、电池用料，讨论土曼的成本价、市场零售价。王峰在22：54再次发出一条售价说明的朋友圈内容，他一面侧面回应，一面开始诠释土曼的品牌愿景，其具体内容如图5-14所示。

第九条，到了凌晨1:04的时候，王峰在朋友圈又发出了一套"喜报"的内容，在这条消息中他公布了土曼T-Watch智能手表在14小时内预售18 698只！这个数字，不但超出了土曼团队预计的18倍，还让业界人士的眼镜跌碎了一地，其具体内容如图5-15所示。

第十条，第二天一早，很多没能抢到的好友开始"强烈控诉"。最后，王峰在10:05的时候公布了土曼的决定，即土曼的T-Watch智能手表再次推出预售4小时的活动，其具体内容如图5-16所示。

图5-13　第七条朋友圈信息

图5-14　第八条朋友圈信息

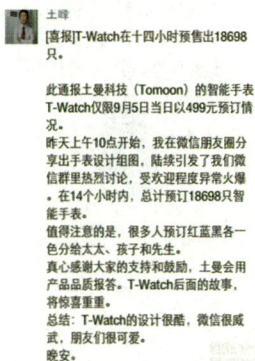
图5-15　第九条朋友圈信息

图5-16　第十条朋友圈信息

　　土曼在追加的预售4小时内又获得5000只的订单。虽然这次的朋友圈预售，取得了很大的成功，但这还没完！王峰认为必须乘胜追击，必须抓住粉丝经济，把种子顾客做起来！他立即在朋友圈又发表了一条土曼粉丝名称投票的内容。当时，226人再次点击参与，目前"土人"的昵称遥遥领先于"曼迷"。

　　王峰利用朋友圈，不仅使新兴的硬件极客公司土曼科技借势三星发布智能手表的热点上位，更成功完成接近两万名种子顾客的积累和品牌势能！这就是中国首例"热门产品+封测价格+微信朋友圈传播"的极客营销；这就是社会化媒体的威力。

从这一次微平台中，我们对其成功进行如下分析（见图5-17）：

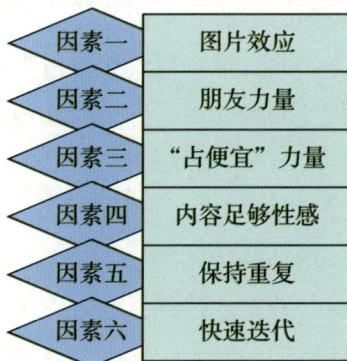

因素一	图片效应
因素二	朋友力量
因素三	"占便宜"力量
因素四	内容足够性感
因素五	保持重复
因素六	快速迭代

图5-17 成功利用朋友圈的因素

1. 图片效应

每一条微信，都不忘带上精心设计的产品图片，这些图片给人一种"高端大气上档次"的感觉，很容易吸引大家的眼球。

2. 朋友力量

这个案例展示了社交平台的力量，王峰利用朋友的支持和信任，让好友帮助他转发，对产品进行评论。你的社交关系链，其实也是你的传播链，更是你的生意链。

3. "占便宜"力量

有些人难免有些爱占小便宜的心理，当这些人看到一款炙手可热的智能手表，价格仅售499元时，他们开始心动，强大的"占便宜"心理促使他们在仅有的14小时内抢到此智能手表。

4. 内容足够性感

微信和QQ、微博还不一样，它没有直接转发的功能，只能复制内容后粘贴，还得每次把设计图拷贝到手机再贴上，如果内容不好，朋友圈的好友才懒得帮你转发！

5. 保持重复

重复是朋友圈营销的核心。重复不仅要在时间上面保持一定的频率，而且在内容上面也要保持一定的重复比例。然而保持内容重复并不是让你平铺直叙地说你的产品如何如何好，而是要循序渐进地重复你的产品信息，比如，上述案例中王峰先吐槽三星、晒设计图、发布预售信息、求好友转发、加入网站链接、趁机招人、刺激需求、售价说明、喜报战果、追加预售，一切看起来都是那么顺其自然，都是凭借自己的直觉、灵感和执行力瞬间迸发的。这样才能抓住顾客的眼球，让他们跟着你的步调走下去。要知道，完美从来不是设计出来的，而是水到渠成的。

6. 快速迭代

上述933万的订单，作者发的朋友圈内容完全是一次即兴之作，当他发现朋友圈好友帮忙复制转发时，效果比较好，他就发出一条号召朋友复制转发他的朋友圈内容的信息；当他发现他发的信息中没有添加网站链接时，他随即就有加上一条带网站链接的信息……总之，他发的每条信息都有一定的原因，而且他的每条信息也都有一定的连接。在上述实例中，他把互联网小步快跑、快速迭代的精神发挥得淋漓尽致。可以说，这次朋友圈营销取得了巨大成功，并不是天降神迹，而是抓住瞬间。

第6章

如何去招更多的"微代理"使收入翻倍

微商要想做强做大，就要有自己的代理团队。目前有些微商不直接销售，而专注发展代理商。也有一种微商选择一边销售产品，一边招代理。无论以何种模式经营微商，都离不开招"微代理"的环节，有了代理才能让你的收入翻倍。

6.1 是批发，还是零售

马云花费了几年的时间，统计出一个概率：在有一定的好友量基础上，你每天发的图片，至少1/5好友会看到，看到的人100个中至少有3～4个会买。根据这个概率计算，如果我们有1000个好友，那么，我们发布的产品图片至少有200个好友会看到，那这些看到的人中至少会有6～8个人会购买。再说我们的微信好友一般是通过熟人转介绍，或者通过其他渠道加入的精准粉，这个成交几率将会大大增加。

我们知道，微商的收入主要来源靠的是招代理和零售。假设这些购买者都是零售顾客，你一个产品的利润是100元，一天你大概会有600～800元的收入，当然你的好友越多，收入也就越高。我们再假设这些购买者都是你的代理，比如一个城市有4个区，每个区招一个代理加附近的人，这样全市玩微信的人都会看到你的广告，这个效果是很恐怖的。给代理每个东西赚50元，如果你招100个小代理，每人每天卖一个东西，就100个东西了，每个东西赚50元，那么，你一天就可以赚5000元。

上面的账我们都会算，微商只有招代理，才能赚大钱。但是批发招代理投入资金大，利润点低，量大，适合大批发商，这也是目前大部分做微商追求操作的重点。而零售利润空间大，出货量快，投入少，适合刚开始创业的新手微商切入，等到自己做成功了，马上把经验复制给你的代理，这才是做微商的出路。

微商是一个可持续发展的生意，有一种代理就是不直接销售，专注发展代理商。还有一种代理是选择一边销售产品，一边招代理，通过新人的不断加入来赚钱，这也是现在大多数做微商的共同模式。

既然微商在任何时候都离不开招募代理，那么，我们在了解它的一些技巧和方法之前，还要先弄清楚什么样的人适合做微商，目前做微商的主流人群有哪些（图6-1）？

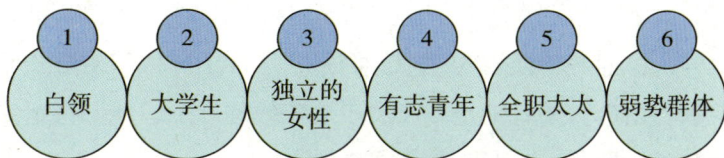

图6-1　微商适合人群

对做微商，不同的人有不同的理解，也有他们自己的需求。有的人做微商是为了实现梦想，有的人做微商是为了证明自己，有的人做微商是为了赚钱，也有一些人做微商是为了帮助他人实现梦想……我们要拉他、劝他做微商，首先要弄清楚他们的需求在哪里。

对一些渴望靠自己的努力买一部iPhone6的人，你可以告诉他："微商为你提供了成功的机会，赚钱的机会，只要你够努力，一周之内你就能赚到买iPhone6的钱！"这些人听了你的话，是不是要拼了命的跟你干？对于全职太太，一般她们家里根本不缺钱，她们会因为没事可做，整天感觉很无聊，如果想让她们做你的代理，你不用告诉她你做微商赚多少钱，因为她们根本不稀罕，你唯一要做的就是告诉她们，"做微商，你不用整天无聊到盯着手机没事发呆，你可以通过微商来充实自己，找到属于你自己的圈子。"这样的说法比告诉她你天天能赚多少钱要有吸引力得多。

总之，想发展自己的代理，要记住关键的4个字：满足需求。接下来我们就来详细介绍一下招募代理的几个常见方法（图6-2）：

图6-2　招募代理的常见方法

1. 广撒网

招代理不能总是吊在一根绳子上，特别是在前期，微商们要广撒网，在论坛发帖、qq群（创业、辣妈、淘宝店主群等）等一些社交平台上，将潜在消费者引到微信上，然后通过朋友圈信息转发、口碑、互动积累消费人群，再通过售后跟踪和买家建立强关系，最后再对一些有意愿的消费者加以引导，让他们成为你的代理。另外就是直接找身边有消费能力，或者圈子里有潜力的潜在创业者，将他们拉到一个微信圈里面进行培训，培训的内容主要是做微商的好处、用真实的数字为他们设想美好的未来、分享已经成功的微商创业者，并对他们进行引导，将他们转换为代理商。但是，这种招募代理的方式要以服务为导向，以关系为纽带。还有就是你发展了这些代理之后，他们将不会再向你转介绍其他顾客了，所以，这点你要考虑清楚。

2. 价值转化

对已经完成创业起步，甚至是发展优秀的微商，你可以通过提供优厚的代理政策或者价值，吸引这些微商加入到你的团队中。一般来说，这样的代理不需要你花费精力培养，但你要有真才实干，让他们能够信服你。你强大了，大量的微商会自动找上门。但是，这种被你吸引来的微商，他们不可控，如果遇到更优惠的政策，或者更强的上家，他们就会弃你而去。

3. 利益诱惑

用利益驱使他人帮你转介绍代理。虽然朋友圈没有转发功能，但是依旧可以通过复制分享相同的内容。很多人会因为懒得复制，而不愿帮你转发招募代理或者产品信息，但是如果你给予他们优惠或者好处，他们就会乐意帮你分享信息，这是很好的传播方法。传播效果和微博类似，可以起到病毒传播的效果。同时还可以发动粉丝通过分享介绍顾客，并给予一定的提成比例，微店可以设置佣金比例等利益进行诱惑。

6.2 别忘了经常晒晒你的"米"

很多微商都喜欢在朋友圈晒对账单、晒转账截图、晒支付宝收款截图、晒与顾客的对话截图，从而营造出自己生意非常火爆的现象。

微商们为什么要花时间做这些事情呢？难道只是为了炫耀自己的成就，让别人给自己点个赞吗？答案当然是否定的。归根结底，他们的目的就是挣钱，因为晒成交、晒对话、晒记录这些有图有真相的东西不仅能帮助他们拉粉，还能帮他们增加自己的"微代理"人数，这种两全其美的办法微商们为什么不做呢？

赚大"米"的微商们从来都不是用言语来表达，每天都是用斤来衡量收入，晒到朋友圈好友羡慕死，闺蜜嫉妒死。

有一个"90"后美女，半年前踏入微商这个行业，做的是面膜生意，那是相当地火爆。如今，她做微商生意更是风生水起，特别是近两个月，交易量逐步抬升，真实羡煞旁人。那么，她成功的秘诀是什么呢？我们先来看看她最近都在朋友圈发的什么吧，也许我们能从中看出一些端倪。

亲，如今我做微商到现在已经有6个月了，今天晒晒我7月份和8月份的支付宝账单，让亲们也看看我这些天的成果。嘻嘻，看到了吧，这都是我的宝贝面膜的功劳，是它们带给我财富，带给我幸运。

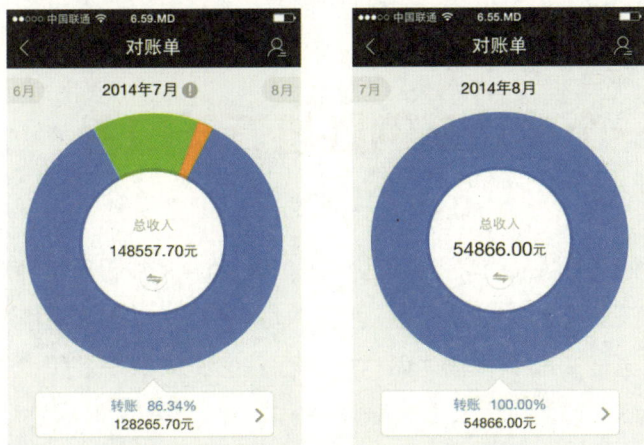

图6-3　对账单

每每看到朋友圈刷这样的月收入对账单，你是否也心动不已？其他人看到也同样有怦然心动的感觉，特别是对那些每个月工资只有两三千的人，这样的收入对他们无疑是一个很大的诱惑，同时也夹杂一些不服气，凭什么他们能在业余时间赚得比自己上班挣得钱还要多十几倍，甚至是几十倍。而且人都有嫉妒心理，凭什么他能月入几万、几十万甚至几百万，我也可以。所以，在这种挣钱的欲望和嫉妒心理的推动下，他们也想要试一试做微商，反正投入少，门槛低。

当然，这些有蠢蠢欲动想法的人自然就会主动加你，心甘情愿地做的"微代理"，让你传授经验。再者说，这些有做微商想法的人看到你的收入那么可观，那么，代理的产品肯定没有问题，要不然也不会受到大家如此的欢迎。因此，选择代理你的产品肯定亏不了。

做微商挣的钱会给人以很大的欲望，如果把收入的一部分或者近期的账单晒出来的话，相信一定会有很多点赞的哦！所以，做微商的没事就经常晒晒自己的"米"，这种用事实说话的方法，不用多费什么口舌，大家就会无条件地相信，不仅做你的精准粉，还能成为你最忠实的"微代理"，这不是一举两得的事吗？

那么，晒"米"的频率是否越多越好呢？当然不是，如果天天晒"米"，大家不仅会对这些图片产生视觉疲劳，还会产生怀疑。最好的方法就是，对账单一个月晒一次"米"，转账截图、收款截图隔三差五地晒晒，与顾客的对话截图可以多晒一些，但是也不要太频繁，以免起了画蛇添足的作用。

6.3 一个成功案例胜过万千口舌

有些人可能在朋友圈里看到那些在微信营销的大咖们不是晒对账单，就是晒转账单或者汇款单时有种蠢蠢欲动的感觉，但是又害怕自己能力不够，做不好，还害怕自己没有时间和精力做这些事。总之，借口一箩筐，慢慢地他们心头燃烧的行动烈火就被这样那样的借口一点一点地浇灭了。这时，如果没有人推他们一把，他们这种大干一场的念头肯定会随之烟消云散。相反，如果这时有人帮他们加把火，他们自然就会行动起来了。

那么，赚大米的牛人大咖们是如何助推这些蠢蠢欲动的粉丝们在自己的团队里大展一番宏图呢？

赚大米的牛人大咖们，他们一般很会抓住人们的心理，会让他人一步一步落入自己预设的"圈套"。中国人一般都有跟风的心理，看别人用的化妆品好了，自己也想买；看别人穿的衣服很时尚，自己也想穿；看别人做微商成功了，自己也想做……

这些牛人大咖们就是抓住了人们的这种跟风心理，再利用一些营销"手段"——用做微商成功的案例激励他们加入自己的团队做"微代理"。

下面分享一下一位微商"大佬"是如何让犹豫不决的"微代理"加入自己

的团队的。

首先，他们会发一些做微商成功的案例。

【好消息】她，身为专职妈妈也活出了范儿

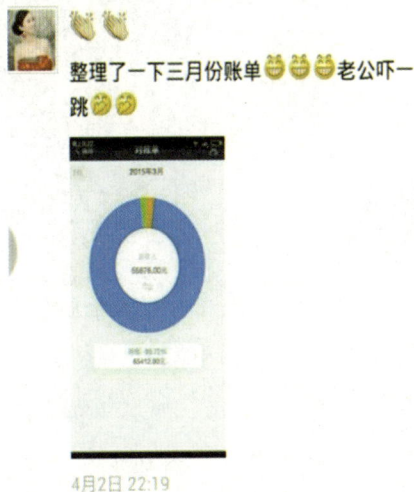

整理了一下三月份账单😁😁😁老公吓一跳🙀🙀

4月2日 22:19

图6-4　宝妈朋友圈截图

这位宝妈叫赵晓玲，今年1月份刚荣升为"准妈妈"，为了能够好好地照顾自己的宝宝，她做起了专职妈妈。刚开始怕老公反对，更怕她的朋友知道她在做微商，但又有一颗向往经济独立、自信、骄傲的心，在我的鼓舞下，她终于鼓足了勇气，决心投入微商共产主义事业当中。刚开始的时候她先把货囤到我这儿，经过两个月的努力，打开了销量，直接拿了一箱×x，还办了特约授权。在我的建议下，她把货囤到了她家，也公开了她的身份，结果朋友们纷纷来捧场，销量可想而知，现在她老公也由反对变成了支持。

其次，他们会加一些帮助人奋进的"佐料"，

微商宝妈，月入百万，信吗？反正我信了。下面一份是一位微商宝妈一个月的总收入对账单，另一份是很多上班族都熟悉的工资对账单。数目南辕北辙！聪明的你，被这些数据刺痛了吗？

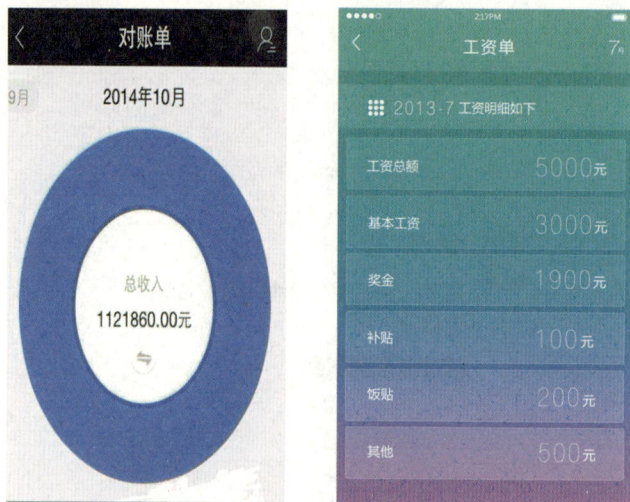

图6-5　对账单和工资单对比图

　　看到这样一个有图有真相的微商宝妈的成功案例，再看看自己手上有的那份很多上班族都熟悉的工资对账单，收入数目的确南辕北辙！这样的结果"刺痛"你了吗？是不是心潮澎湃，也想干跟这位宝妈一样的大事业？

　　这样的"好消息"特别是对那些宝爸宝妈们来说，更是一次史无前例的冲动，想到自己在家既能很好地照顾孩子，又能有如此可观的收入，谁不会怦然心动呢。如今，微商时代对宝妈宝爸来说确实是一次机遇，一次非常好的选择，他们都在蠢蠢欲动，就看做微商的是否也能抓住属于你自己的机遇，让宝爸宝妈们加入你的团队，成为你的"微代理"了。

　　同时，这样的"好消息"对于那些有野心的人，也是一次不小的冲击。有些人在入行以前表现得很怯弱，如果这时，这样的单子放在他们面前，他们肯定会被吸引。还有的人会想，这些天天带孩子的人都能有空挣这么多钱，我一样也能。

　　微商牛人大咖们就是这样燃烧粉丝们创业的激情的，当他们做微商的心火快要熄灭的时候，这样一则"好消息"会像一个火把一样，帮他们重燃希望的火光，他们会鼓足勇气拼一回，一股脑钻进牛人大咖们预设的"圈套"里面。

　　刚加入微商行业的，不要再做那个很傻很天真的梦了，也不要以为有了货源就能挣钱，更不要天天在空间、微博、微信上刷产品图片，然后就是疯狂地加好友、逛贴吧、玩"摇一摇"、加"附近的人"，忙得不亦乐乎，最后悲哀地发现，除了几个要好的朋友同学，根本没人问津自己的产品，或者加到的好友不是同行就是在疯狂地刷屏下把自己拉黑了。

要想在微商中赚大米，就要学习微商牛人大咖们的方法，模仿他们在空间、微博、朋友圈内发一批成功的案例，月入多少多少那种，让看的好友们热血沸腾，以此来吸引精准粉的眼球。这样才能成功诱惑他们当自己的下家，让他们为自己赚钱。

然而自己的下家人数并不是越多越好。每一个微商大伽都应该清楚一个好的代理对于你意味着什么，做微商想要壮大团队，人才比金钱重要，让你的代理产生成就感，他才会将微商当成事业，发挥自己最大的潜力、把微商事业当做达成人生目标的理想之地，从而让其有发自内心的成就感，并真心实意地为团队奉献自己的力量。

但是，并不是所有的人都适合做你的产品，也不是所有的人都适合做微商。有的人仅仅抱着"我就不想付出，只想刷刷屏就能赚钱"的心态，也有的人悟性不高，同样的做事方法自己一学就会，对方却需要你去强调三四遍才懂。对于我们的下级代理，我们不可能做到事必躬亲，只能引导。如果我们引导了，他们还是不会，这时我们就要果断地告诉他"你不适合做这款产品的代理"。而选对了伙伴，稍微一指点，对方便能举一反三，这样的下级代理，才能让自己强大，也才能让自己的团队更强大。

6.4 让大家看到微商依旧火爆

打开朋友圈，很多人都在做微商，看到这种势头，有人说微商行业是朝阳产业，也有人说这是夕阳产业，还有人认为，做微商的已经饱和了，再加入也没有甜头可言了。这种想法的人越来越多。所以，微商想要招代理，就要让潜在代理看到微商依旧是个火爆的行业。

如何才能让大家看到微商还是很火爆的呢？不是你用嘴天天说微商如何如何的好，而是让大家看到现实中的真实例子，比如，晒晒你当天的"米"，晒晒你每天大包小包发快递的壮观场面，晒晒你代理补货的场景等等。这些都是最能说服别人相信微商还是很火爆的证据。

刘美英和老公开了一个排版公司，家里还有两个孩子。平时除了照顾孩子，她上班就是给员工分配工作，跟出版社编辑沟通，或者在稿子排版好之后看着打印。

上班时，刘美英觉得时间有些充裕，况且她一直想给孩子最好的生活，所以，她准备主业、副业一起抓，她的宣言就是"副业要么不做，要做就做强做大。"一年前，她开始做微商，如今她已经发展为一级代理，平常她不做零售，只发展代理，现在她的代理团队也上升到了36人的规模。

如果自己手下的二级特约代理，找到了新的代理，她就会发布一条朋友圈动态：

你家代理是不是不出货？是不是一个月都招不到一个代理？是不是怎么坚持都没有成效？那是因为你没有方法！你不会方法，你没有技巧教代理赚钱！看我家，一上午的时间就提交了4个代理授权，为她的代理的代理申请授权。以图为证，我家代理玉兰，两天招了两个代理，我这急得授权都办不过来了。想知道她是怎么做到的吗？你可以咨询我，我将免费替您解答他们招代理的秘诀。

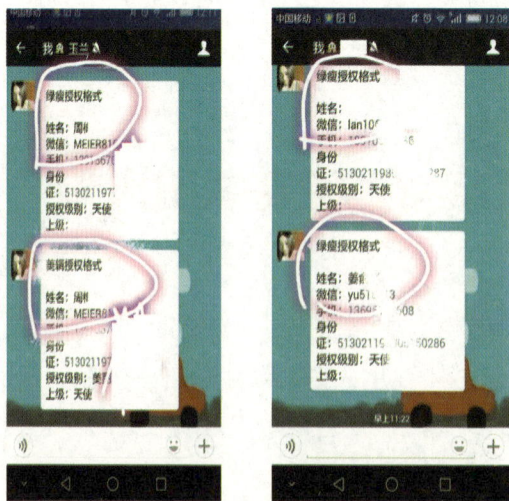

图6-6　微商授权晒图

如果刘美英的代理要提货，她就把会晒晒自己收的"米"，并把代理在朋友圈发布的送货的火爆情况收集过来，以便让大家看到别人做微商，都在不停地走货，吸引想做微商又怕微商已经过时的人加入到她的团队。

下面是刘美英在代理提货后，发表的一个朋友圈动态：

我的销售冠军××，昨天一大早来补货，今天收到货就把钱给我转了过来，而且刚从我这提完货，自己又匆匆跑去给她下面的代理送货去了，她的生意是该有多好呀！

图6-7 收"米"、发货晒图

用真实的图片让大家看到代理们都在风风火火地走货，比你用很多文字分析微商很火要有效得多。刘美英做强微商的秘诀也是通过晒收"米"单和代理们的出货单，给人一种无形的冲动，让大家加入到她的团队。她帮大家赚钱，自然很多人都愿意加入到她的团队。

6.5 定期给代理们"上课"

一个企业和公司的兴旺发达，最显著的标志就是它对人才的吸引力和凝聚力。这样的说法同样适用于微商。在这个微商事业蒸蒸日上的时代，你发展得好不好，关键是看你的团队里面有没有人才，留不留得住人才。做微商，别人选择你的产品，肯定是因为你的产品对他有用。同理，别人选择做你的代理，想让你当他的上家，也是因为你有价值，你能帮助他们赚钱，这样他们才能心甘情愿地跟着你做代理。

懂得如何管理和培训自己的代理，就等于为自己未来的微商之路铺好前进的路。所以，你在招到代理后，一定要定期给他们"上课"，把你赚钱的方法和技巧统统教给他们，帮助他们赚到钱，那么我相信，你的代理绝对会死心塌地地跟着你！而且只有自己的代理赚到了钱，你才能把你的团队做得更大，才能赚更多的钱。

"培训强则微商强"从这句话就能看出培训对微商的重要性。但微商团队不像集中办公的专职人员那样，你能很快把需要培训的人员集中起来，他们有自己独特的特点（图6-8）。

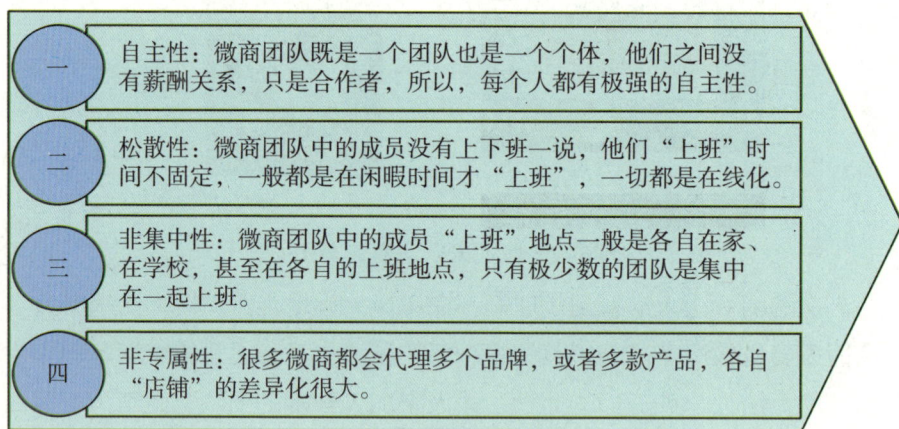

一	自主性：微商团队既是一个团队也是一个个体，他们之间没有薪酬关系，只是合作者，所以，每个人都有极强的自主性。
二	松散性：微商团队中的成员没有上下班一说，他们"上班"时间不固定，一般都是在闲暇时间才"上班"，一切都是在线化。
三	非集中性：微商团队中的成员"上班"地点一般是各自在家、在学校，甚至在各自的上班地点，只有极少数的团队是集中在一起上班。
四	非专属性：很多微商都会代理多个品牌，或者多款产品，各自"店铺"的差异化很大。

图6-8　微商的培训特点

1. 培训形式

根据微商的特点，作为上家的你在给代理培训时，要采用在线为主、线下为辅的"上课"形式。线上"上课"不需要场地、差旅费等成本，而且组织简单，很适合微商团队的内部培训。在线"上课"一般是在微信里直接拉群，通过语音进行培训。

上家可以定期或不定期地主动发起培训，在每次培训的时候，你只需要把那些希望听课的对象拉近群里即可，操作非常方便。你不必等到所有代理都到齐后开课，即使只有一部分人到场，同样可以开始开课。因为你上课的所有记录都可以保留，代理们可以不必在你"上课"的时候听，他们利用零碎的时间进群，即可听到所有的培训内容。

2. 培训人群

由于加入你团队的人群不同，有的是你新招的没有任何经验的代理，有的是有一定经验的代理，还有的是已经有了自己小团队的代理。所以，你的培训课程的设置也应有所不同，这样才能达到最好的培训效果。

面对不同情况的代理，你最好的办法就是对他们进行标签化管理，其好处在于查找时方便，你在查找某种类型的代理时只需要按照标签的组别进行查找。一般来说，你的标签可以分为以下4种类型（图6-9）。

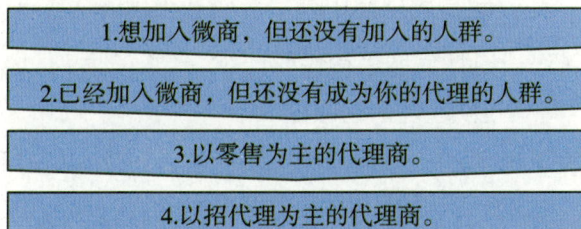

1.想加入微商，但还没有加入的人群。

2.已经加入微商，但还没有成为你的代理的人群。

3.以零售为主的代理商。

4.以招代理为主的代理商。

图6-9　培训人群的类型

根据每个人的情况，你把他们进行标签分组，然后再根据标签的人群特点和需求，为他们制定不同的培训课程。

3. 培训内容

根据上面4种需要培训的人群，你可以依次为他们制定出4种培训内容。

（1）以发展代理为主的课程

这类课程适合于那些想加入微商，但还没有加入的人群。在课程中，你主要围绕微商的行业发展、产品品牌以及团队的优势展开培训，还可以分享一下你团队中优秀微商的例子，刺激这些人加入到你的微商团队里面。

（2）以培养新代理为主的课程

新加入你团队的代理，往往没有任何经验，这时你就要从最基础给他们讲起，教给他们真正的干货：

①如何更新朋友圈，让朋友圈更有吸引力？

②如何找到自己的精准顾客，陌生市场怎么做？

③朋友圈如何不被屏蔽，怎么让别人喜欢上你的朋友圈？

④怎么建立与顾客的信任感，激发潜在顾客的购买欲望？

⑤做微商销售技巧的培训；

⑥产品知识的培训；

⑦售后服务的培训；

此外，你还要进行一些强化培训，比如，有些代理之前因为没有做过销售工作，所以，他们很多时候说话直来直去，不像是在做销售。正是由于他们有时销售话术不过关，会让很多意向代理和买家流失。这时你就要针对代理的薄弱环节去整理课件培训，还要针对各个代理出现的解决不了的问题，对他们进行一对一培训。

培训完之后，你还要督促代理执行，假如有不进取的代理，那么，你可以有相应的奖罚，或者可以让代理带动代理。

（3）以培养有经验代理为主的课程

对有了一定经验的代理，你再和他们讲一些耳熟能详的技巧和方法，他们当然不会感兴趣，这时，你就要以新的点子、方法去吸引他们眼球。这就需要你平常多积累一些好方法，你可以通过关注其他人的朋友圈，把他们中的一些新奇的创意复制过来，然后整理出来教给你的代理们。他们一旦通过运用你教的这些新东西赚了钱，就会更加崇拜你。所以，一旦你有新点子，立马教下面代理去执行，要抓住时机，时刻保持警惕性！

另外，你除了自己给代理们"上课"以外，还可以定期让团队里面优秀的代理分享他们的成功经验，或者找一些专业的讲师给代理们上课。这样的话，代理们才会觉得他们所在的团队比较专业，才不会轻易离开这个团队。

6.6 做代理的"专职客服"

想要做一个成功的微商，你就要招募很多代理。代理选择你的前提是，你必须是一个优秀的上家。你想成为一个优秀的上家，就必须在实践中不断学习，学习产品的专业知识，学习优秀微商的成功经验，学习成功管理者的管理技巧等。这样你的代理在向你请教问题的时候，你才能站在比旁人高的高度回答他们，做他们的"专职客服"，他们问什么，你都能给他们一个满意的答案，他们才会信服你，把你当作他们真正的上家。

那么，要想做代理的"专职客服"，你需要做到哪些方面呢？其内容如图6-10所示。

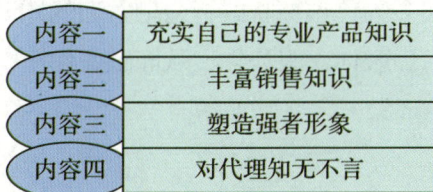

内容一	充实自己的专业产品知识
内容二	丰富销售知识
内容三	塑造强者形象
内容四	对代理知无不言

图6-10　做代理的"专职客服"的要求

1. 充实自己的专业产品知识

做一行要懂一行，只有做行业的专家，你才能在顾客遇到问题的时候，给出专业的答案。做微商想要成交率高，就必须对产品了如指掌，人家问什么你都能回答，能让对方觉得你非常专业。换位思考，在明确自己需要什么产品时，你是愿意跟哪种人成交？是那种一问等半天，还是那种既能马上回答你的问题，又能帮你去除疑虑的微商卖家？我们当然选择第二种做我们的微商卖家。

比如，你做的是护肤品，你不仅要很熟悉自己的产品，同时也要学习护肤知识（你可以抽时间上百度、美容论坛学习下护肤的基础知识），让自己慢慢地变得专业起来。这样当代理向你询问诸如"有位顾客是敏感性皮肤，她该选择我们的哪一款产品？"这样的问题时，如果你对你的产品和护肤知识很了解，那么，这时你就可以给出一个专业性的建议，代理听了你的回答，感受到你的专业性，自然就会对你信服。

2. 丰富销售知识

微商是需要谈判技巧的，谈判技巧和你的销售知识息息相关。假如你自己都对销售技巧一知半解，那当你的代理碰到一个很棘手的顾客，想了很多方法都搞不定的时候，会找你给她支招。如果你不能给你的代理一个很好的建议，那么，他们就会对你很失望，从而产生不信任感。但是，如果你懂一些营销技巧，帮你的代理想出一个搞定这个顾客的方法，他肯定会很高兴。要想领导他人，必须让自己变得强大。所以，为了不在代理面前丢面子，你就要学习一些销售方面的知识，这样你才能轻轻松松搞定你的代理。

3. 塑造强者形象

很多新加入的代理在刚开始做微商的时候都不懂得如何发朋友圈信息，这时如果你塑造的朋友圈总是很吸引人，他们就仿佛找到了一根救命稻草，时刻关注你的朋友圈动态，向你询问发朋友圈的技巧。所以，想让代理信任你，你必须丰富自己，了解很多的美容护肤或者金融方面的知识。在某一领域比较精通，你才能让下面的人佩服你、服务你，从而跟着你干。你要在人家心目中树立起你是老师、偶像的形象。

4. 对代理知无不言

微商上家和下属代理的关系，并不像企业单位的领导和下属的那种关系，他们原则上并没有隶属关系，只有合作关系，相互帮助扶持，互惠互利，共同成长。所以，很多微商都把自己的代理称为小伙伴，因为代理就是自己的合作伙伴，你们有共同的信念，做着共同的事业，都为达到双赢。

张丽荣代理的是韩束化妆品和面膜，她做微商已经有一年了，如今她的代理团队已经发展到了40余人。她现在的主要工作不是零售产品，而是招代理、给代理培训。她还专门为培训写了一份培训策划案，对各个不同阶段的代理做课程规划，定期为这些代理上课。她总对来加入她团队的代理们说："不会带团队，我可以为你的团队培训，在我这里，不管你是我的直属代理，还是我的间接代理，你们都是我的代理，咱们是一个和谐的大家庭，努力把你们带好是我义不容辞的责任。"

的确，她说到做到，每次代理或者代理的代理遇到难题时，她都会耐心给他们讲解决方法，代理们都挺佩服她，总是亲切地叫她一声"老大"。

所以，你要做代理的"专职客服"，不管是你的代理，还是代理的代理，只要他们有问题，你就要保持有问必答的风格，担起这份责任。这样代理才会信服你，并心甘情愿做你的代理。

6.7 用公司的实力说话

当你找工作的时候，你是喜欢去大公司呢，还是喜欢去小公司呢？毫无疑问，一个有实力的人，如果大公司和小公司都愿意收了他，这个人当然会选择前者，毕竟大公司的发展前景更胜一筹。做微商代理也是一样，他们当然愿意去一家实力比较强的公司做代理。所以，微商在招募代理的时候，需要在他们面前展现出我们的领导能力和团队的实力，以及产品说服力。

外界判断公司实力的标准，主要从它的资金实力、生产能力、技术水平、管理水平、销售能力等方面进行判别。

1. 资金实力

判断公司的资金实力，首先看该公司的注册资金，注册资金越高，其资金的实力就相对越强；其次，就是它的售后服务水平，实力强的公司必定会有一个较高的售后服务团队，而且给产品加盟商的支持相对也多一些；再次，顾客对该公司的产品认可度比较高，比如，在生活中，我们买任何东西一般都会考虑它的品牌知名度，对知名度高的产品我们会更加信任，一般也更倾向于买这类产品。同理，微商代理自然也喜欢选择这样的品牌。

2. 生产能力

公司产品来源一般有两类，一是公司自己生产，对这类公司要看一下它工厂的实力；二是公司在外面贴牌，对这类公司要看一下它的合作工厂的实力。因为只有有实力的工厂，它的产品加工才迅速，不会出现缺货、断货现象。对微商代理来说，选择这样的公司上货会比较快。

3. 技术水平

技术水平是公司发展的DNA。技术水平的高低主要取决于公司的科研能力，技术水平高的公司会有一个较强的研发团队，每年都会推出很多款式的产品。

4. 管理水平

管理水平是公司的第一发展力。企业的长期稳定发展，关键在于管理。管理水平的高低主要取决公司的管理方式，一般有5个层级，分别是自由化管理、强制性管理、制度化管理、整合性管理以及文化管理，不同层级的管理特征如下（图6–6）所示：

自由化管理	对企业和员工的管理方式是自由化的。
强制性管理	对企业和员工的管理方式是强制性的。
制度化管理	对企业和员工的管理方式是通过制度及流程来管理的。
整合性管理	对企业和员工的管理方式是通过人性化、制度化与各种资源的整合来管理。
文化管理	对企业和员工的管理方式是通过文化的影响力来管理的。

图6–11　微商层级管理的特征

5. 销售能力

销售能力强的公司一定会有一个高效能的营销团队，公司派专人对他们进行统一管理，统一分配任务等。

总之，判断一个公司的综合实力时，可以从以上5个方面进行综合考虑。化妆品中韩束品牌大举进军微商，很多微商都在代理韩束化妆品，下面我们以上海韩束化妆品有限公司为例，向大家展现一下该公司的实力。

你可以先介绍一下其公司实力：韩束化妆品公司占地75000平方米，在上海奉贤韩束产业园动工建设。公司的技术科研核心——韩束护肤研究所以及法国黎姿研究所，拥有国际级别的研发工程师16位，每年投入利润额的12%进行新产品的研发，专利性配方已达60余个。

为了扩大品牌号召力，韩束的"红BB"签约明星是"不老女神"林志玲，让韩束一举登上"中国养服BB霜品类第一品牌"。接着，韩束新推出的"墨菊"系列，签约台湾新生代明星——郭采洁代言墨菊补水系列，一举打开科技深度补水市场。为了对产品进行扩大宣传，韩束更是斥巨资投放江苏卫视、湖南卫视、东方卫视、安徽卫视等王牌栏目，如今，红BB霜、"墨菊"补水系列等产品已经全面打开了市场，韩束品牌的化妆品已经深入人心。

对于做韩束的微商，如果想招韩束产品的代理，以上这些讯息在你招代理的广告中都是应该体现的,你只有让大家看到韩束的品牌实力,想做化妆品微商代理的人,才会毫不犹豫地选择韩束作为自己的微商产品。

王思雅是美辑面膜的微商代理,美辑强势登陆湖南卫视!你准备好了吗?准备好了迎接王者美辑的到来吗?那就准时守候在电视机旁吧!7月1日起,8:00~9:00震撼来袭,我们不见不散!

图6-12 美辑面膜"7.1"登陆南卫视宣传照

王思雅用上面4张图片,向大家展示了美辑面膜品牌的实力。大家看到美辑面膜都上了湖南卫视做品牌推广,肯定一下子就被震撼了,自然会觉得美辑面膜公司的实力不可小觑。

当一个公司有实力的时候,它会重视如何把这个品牌做好,而且也有能力做好。在招代理的时候,你完全可以借助公司的号召力,吸引很多的人做你的代理。

第7章
做好微商要会用哪些"微工具"

　　未来的微商一定是品牌为王和技术为王的时代。谁掌握了技术，谁就能在未来的微商中站得住脚。如今，做微商无论是做宣传还是收"米"，基本上都是在线上进行操作。做微商主要不是靠耍嘴皮子，而是用内容吸引人。如果你发的软文、推送的消息没有任何特色，就会很容易在千千万万条信息中被淹没；如果你发送的图片、制作的视频比别人都要好，那你就会成为这些信息中的佼佼者，客户就会被你的内容吸引，你的产品何愁卖不出去。但这一切的前提是你要会用一些"微工具"，它们是你制作这些内容的必备。

7.1 做文字和图片优化大师

干巴巴的文字会显得很单调无趣，你要学会用文字和图片进行修饰，让你的文字和图片看起来更有活力和乐趣。

1. 文字优化工具

（1）搞笑表情

微信中有很多小图标，你可以在文字中插入一些搞笑的表情，这些表情可以是微信自带的免费表情小图片，也可以是自己购买的一些有意思的图片，还可以用自己平常收藏的一些小图片。使用这些搞笑的表情图片能让你在微信朋友圈发布的图文信息独树一帜，为文字赋予生动的表情，使其更加凸显、有意义，从而在一瞬间吸引读者的眼球。

利用特殊表情去修饰图文是一种很简单实用的方法，微商们要好好加以利用，千万别让一条干巴巴的信息使你的顾客离你而去。

（2）美图秀秀

为了不让图片看起来更单调，"美图秀秀"推出了"文字边框"功能，此项功能不仅微商们喜欢，身边很多朋友也都喜欢用它来做图片修饰。

"文字边框"的文字信息顺序为"签名+时间+EXIF拍摄信息"，这样就能让用户最在意的个性签名放在首位，让用户的文字签名更显著，整体看起来也更协调。另外，"文字边框"功能还能快速设置文字颜色，让用户自由DIY。这样用户就可以根据不同的图片，不同的心情，为图片添加不同颜色的文字。

2. 图片优化工具

如今，我们已经进入了从文字时代，到读图的时代了，而且图片比文字有着先天的阅读优势，特别是在微信朋友圈信息爆炸的时代，对于千篇一律的信息，大家早就已经"刷"而不是"读"信息了。谁的信息有特点，特别是有一些颇具特色的图片信息，谁就能在琐碎的时间里聚集顾客的注意力。所以，对外发表的内容里面必须有图片，才能更容易让大家有读下去的欲望。

优质的图片能给大家一个视觉冲击。为了让图片看起来更能冲击眼球，微商应做一个图片优化大师。那么，如何才能制作出优质的图片呢？

在微商时代，我们不需要专业的摄影师借助专业照相机拍摄，再通过美工的优化等，制作出一幅好的图片。你只需要用一款软件，就能让自己成为一名专业的摄影师和美工人员。通过软件制作优质的图片，从拍摄到优化只需要短短几分钟的时间，而且操作简单，一学就会。制图原件用户完全可以根据自己的个人习惯选择，比如"美图秀秀""美颜相机"等。这些软件，有专门的图片优化功能，我们只要把照片载入这些软件中，按各个功能键就能实现图片优化目的。

除了利用一些软件去优化图片，我们还可以依赖一些软件自己制作图片，比如，你想在微信朋友圈里面发一些图片，但朋友圈最多只能发9张图片，这时我们可以利用一些图片制作工具，做一些产品宣传海报，把你想要展现出的图片拼接到一幅图片上面，这样你就可以一口气再多发几张。制作图片，你可以借助的工具有"海报工厂""画中画""玩图"等工具，根本不需要找专业的设计师，就能做出你想要的图片效果。

7.2 自拍神器捕捉"微信息"

微商在发图文信息时，不仅要发产品信息，还要发一些生活中有趣有料的事情，这样才不至于让你发表的内容枯燥无味。

生活中有味有料的事情很多都发生在一瞬间，需要你细心观察，对很多美好的镜头进行捕捉。但是，很多微商都苦于拍照技术不好，不能把事情最好的一面拍出来。如今，科技技术如此发达，这些都不是你该担心的了，你只需自备一个自拍神器。虽然智能手机都自带很多自拍软件，效果也不错，但如果想让你的照片拍摄得更加完美，买一个自拍神器是最简单快捷的方法。

什么是自拍神器呢？它是一种具有自拍功能的卡片数码相机和手机，此功能的设计从软件上来说，有微笑捕捉，微笑抓拍等；从硬件上来说，它是对数码相机的手持特殊设计等。如今，最流行的自拍神器是卡西欧自拍神器TR系列TR350（图7-1）等，自上市以来，就一直掳获女性市场。

图7-1　卡西欧自拍神器TR系列TR350

拍照已经成为生活中必不可少的事情了，做微商更离不开拍照，因为你发布的每条信息中都必须含有图片，而图片的质量也是有要求的。随着智能手机拍照效果的不断提高，有厂商制造出带有特殊设计的自拍功能的手机，比如，全球首款前置800万像素的智能手机MeituKiss、全球首发500万背照式摄像头的HIKe手机和OPPO公司的U系列产品等。想要拍摄出优质的自拍照片，买一个带有自拍功能的自拍手机也是一个不错的选择。

如果你不想买专业的自拍相机或手机，还可以买一个自拍杆（图7-2），这是现在最流行的一种自拍方式。它让你的手臂解放了，你可以用它从更远的角度自拍，这样你就有了更宽广的取景选择。

除了上述介绍的自拍辅助产品，你还可以买一个更方便携带的小工具——手机自拍镜头（图7-3）。它是一种适合安装在任何智能手机上的外置自拍镜头。该镜头有专门设置的三效合一功能，即"专业的广角+微距镜头+偏振镜头"。

图7-2　自拍棍　　　　　图7-3　手机自拍镜头

做微商的你，只要选择上述自拍神器中的一种，都会帮助你捕捉生活中的"微信息"。你把这些好看又好玩的照片粘贴到你的文案信息中，肯定会吸引大家读下去。

7.3　秀"米"也要有范儿

微商们每天都在朋友圈秀产品、秀账单、秀生活。如今，只是简简单单地把想要"秀"的东西搬上去，已经没有任何竞争力了，现在大家都在寻找一种特有的方法，把自己想要"秀"的东西，秀出范儿，秀出价值。

我们都知道，你秀的东西有设计内容，更能打动你的受众人群。现在有人开发出一种令人尖叫的图文消息排版助手，比如XiuMi秀米、秀设计等。利用这些排版工具，你只需选择你所需的格式模板，就能为你的图文信息排版。

下面是秀米XiuMi功能的介绍：

秀米XiuMi是一种基于微信公众平台的图文信息排版工具，它能让你的图文信息瞬间"高大上"起来，它比微信自带的编辑器要多了很多美化的工具，而且上手也很容易。一般来说，秀米XiuMi分为"秀制作"和"图文排版"两种。

图7-4　秀米XiuM主界面

1. 秀制作

用户登录账号之后，点击"秀制作"，进入"添加新的秀"界面，然后点击进入页面编辑区域。

首先看到的是"系统模板"，模板包括"页面模板"和"特效模板"两种，用户可根据需要选择相应的模板。模板选好之后，就可以进行右面的编辑区域操作，在此填上制作内容的标题和分享时的海报描述。

其次，在"我的图库"模式中，你可以在里面存放许多有趣的图片，在制作海报时，可以自行选择所需要的图片。

最后，在"我的音乐"模式中，你可以上传一些自己喜欢的音乐，在你制作的内容中，还可以在里面添加自己喜欢的音乐。音乐大小最好在500K以内，先用酷狗等工具进行音乐剪辑，大致是一分钟的样子。

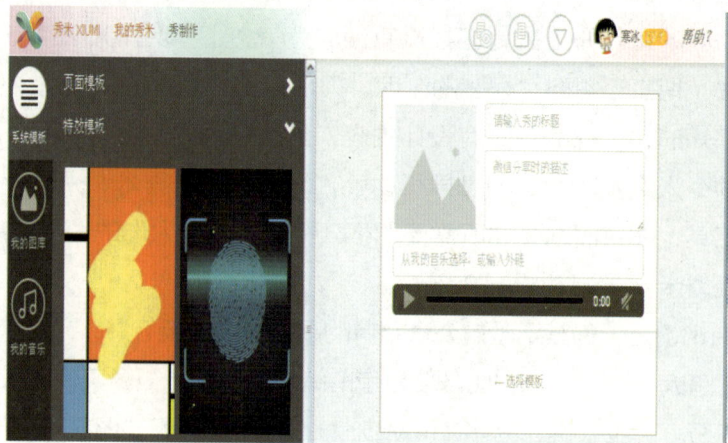

图7-5　秀制作界面

了解了操作过程以后,用户就可以选择不同样式的模板,还有图库栏目,你可以添加图片链接到自己的图库,以便制作模板的时候使用。选择好模板以后,可以添加标题、描述、音乐,当你制作完成后,会生成一个二维码和一个URL链接。

微商新手在制作过程中,可根据XiuMi秀米中的提示信息操作。使用XiuMi秀米排版工具,即使没有老师手把手教你,你也一定能制作出精美的海报图片。

2. 图文排版

首先来看看图文排版的界面:

如下图7-6所示,左边是模板区域,右边是编辑区域。在模板区域内,"系统模板"里面有标题模板、图片模板、卡片模板、标题卡片等模板。用户可以根据需要制作相应的图文内容。

使用XiuMi秀米可以制作出精美的图文信息,可以说,它就是排版界的美图秀秀,如果你想真正玩转网页排版,还需要掌握一些CSS知识。另外微信排版只是微信运营的一小部分,如果你想运营好微信公众账号,还需要多加学习这方面的知识。

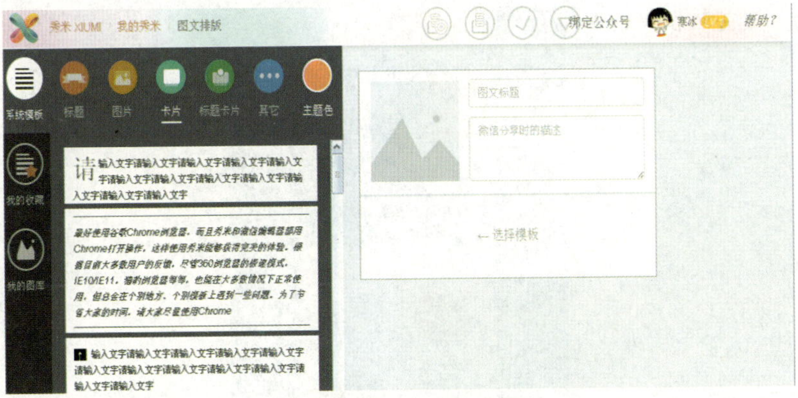

图7-6　图文排版界面

使用图文消息排版助手,最好使用谷歌Chrome浏览器,而且秀米和微信编辑器都用Chrome打开操作,这样使用秀米能够获得完美的体验。根据目前大多数用户的反馈,尽管360浏览器的极速模式,IE10/IE11,猎豹浏览器等等,也能在大多数情况下正常使用,但总会在个别地方、个别模板上遇到一些问题。为了节省大家的时间，请大家尽量使用Chrome浏览器。

7.4 做微视频，赢大单

"微时代"已经来临，现在大家都在玩微博，看微段子，读微小说，更高端的玩法无疑是日渐流行的微视频。微视频完全不同于好莱坞大片，它重在表达生活中的创意和情感，所以，大家都喜欢看这些小视频。微商不妨利用闲暇时间，也赶潮流制作一个宣传自己产品的微视频，分享到朋友圈，让大家看起来也新鲜，而且对人的视觉冲击力也要大许多。

微商们对微视、美拍、小视频等拍摄视频的工具比较熟悉，但是要找素材制作一些夺人眼球的创意视频，还需要熟悉几款制作微视频的工具，下面来学习一下微视频的制作吧！

1. 小影软件

小影软件有手机版，也有电脑版，下面我们着重介绍小影视频手机版软件的应用。其主界面如图7-7所示。

图7-7　小影软件主界面

　　小影软件的主要功能包括"独家视频美颜""全能视频剪辑""全新素材商店"，它能帮助用户快速制作好玩、有趣、有故事的微视频，还能添加创意、酷炫的视频特效，以及萌萌哒的动画贴纸和字幕。该视频软件在美国、法国、韩国、巴西等70个国家视频榜名列第一，成为1亿用户的选择！

　　那么，如何使用小影软件制作微视频呢？

　　第一步：在智能手机上下载"小影手机视频神器"。安装完成之后，打开小影软件，点击"制作视频"的按钮。如果只是想对视频进行简单的剪辑操作，则直接点击"快速剪辑"键进入操作界面。

　　第二步：在"快速剪辑"界面，你从手机上选择一段需要剪辑的视频，点击"开始剪辑"后，就可以进行视频剪辑的工作了。但是，这种软件最长只允许剪辑5分钟的微视频。

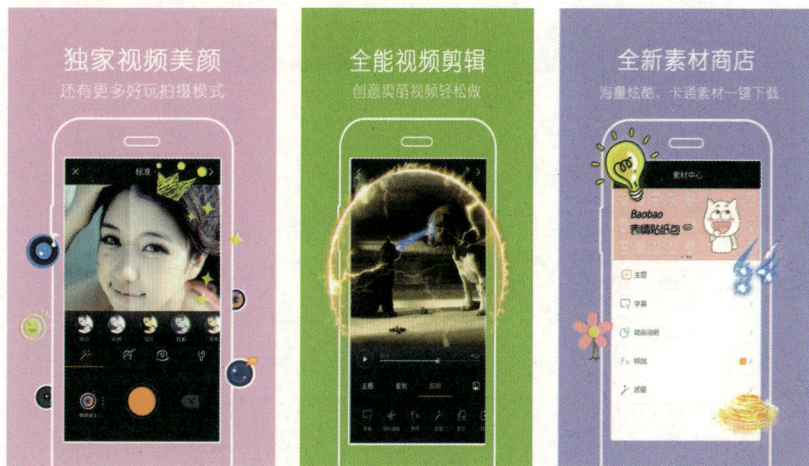

图7-8　小影软件三大功能界面

　　第三步：小影在"快速剪辑"功能中，除了可以将一大段视频剪辑成一小段微视频，还能对视频添加一些特效。你只需要点击编辑界面中的"主题"按钮，就能对你剪辑的微视频添加你想要的效果，而且你还可以点击"配乐"按钮，为你的微视频配上一段你喜欢的背景音乐。你把所有想要的效果全部都设置完后，点击"下一步"，即可生成一段有特效的微视频。

2. 数码大师

　　从2001年至今，梦幻科技公司一直专注于数码大师的研发，现在数码大师已然成为国内一款发展最久、功能最强大的优秀多媒体电子相册制作软件。数码大师将未来科技技术和现代设计艺术进行完美结合，能让你在制作过程中轻松体验各种专业数码动态效果的乐趣。下面（图7-9）是数码大师的主界面：

如何利用数码大师制作微视频呢？

第一步：添加制作微视频的素材

制作微视频的素材包括一些视频短片，还需要挑选一些图片作为视频制作的素材。短片和照片相结合能让你制作出独特而有韵味的效果。在数码大师的主界面上点击"添加照片"按钮，在弹出的文件选择框中一次性导入所有照片。

图7-9　数码大师主界面

在数码大师软件的主界面顶部点击"视频相册"，选择"相片间插入视频短片"按钮，就可以导入你事先准备好的视频短片素材，然后在右下角点击"插入片头/片尾"按钮，你就可以在弹出的对话框中为你制作的微视频配上一个吸引人的开场白和片尾了。

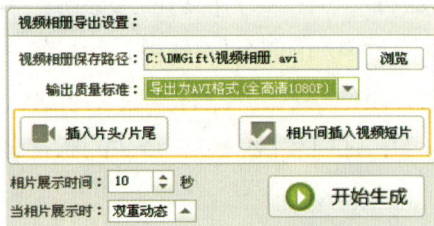

图7-10　导入视频相册界面

第二步：在图片间以及图片与视频间的转换中添加各种特效

点击"相片特效"按钮，选择"应用特效到指定相片"项，我们可以为我们的图片间以及图片和视频间选择卷画特效、波浪特效、虫洞特效、黑洞特效、青花瓷特效、水面特效、特殊翻转特效、震撼散射特效等五百多种转场特效，让我们为微视频赋予诸多动感与酷炫。

图7-11　制作相片特效界面

第三步，点击"动感场景"为微视频营造唯美意境

在微视频制作中，数码大师可以让你所选的场景出现唯美意境，其操作是选择数码大师"动感场景"中设置唯美效果，数码大师为我们提供的照片展示效果有画心、夏日萤火、落樱纷纷、烟雨蒙蒙动感场景、五彩缤纷、折射泡泡、星光闪耀、叶舞翩跹等动态艺术场景。

图7-12　唯美动态效果图

选择好动态艺术场景后，你还可以设置相片展示时间。在其界面的右下角有"相片展示时间"选项，你可以将你所选择的照片设置到5秒以上，这样动感场景的展示才足够优雅。此外，你要是在"当相片展示时"弹出的对话框中选择"双重动态"，数码大师还会在展示动感场景的同时，使照片进行镜头推进和拉远动作，这样会让你的微视频更富动感!

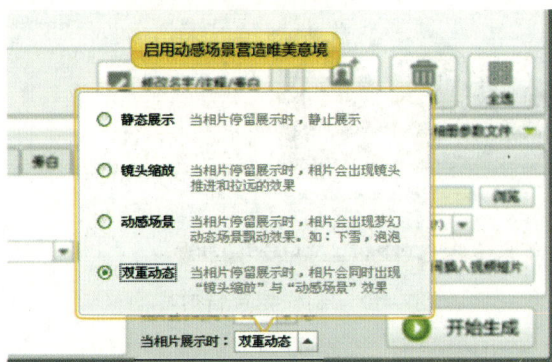

图7-13　启动动感场景营造唯美意境界面

第四步：为微视频配上好听的音乐，并附上歌词字幕

在数码大师的主界面中选择"背景音乐"选项卡中点击"添加媒体文件"按钮，你就可以为微视频配上自己喜欢的音乐，然后再点击"插入歌词"按钮，导入与音乐匹配的LRC歌词文件，最后点击"MTV字幕详细设置"按钮，选择一种字幕特效，或者由软件智能应用所有字幕特效随机展示。

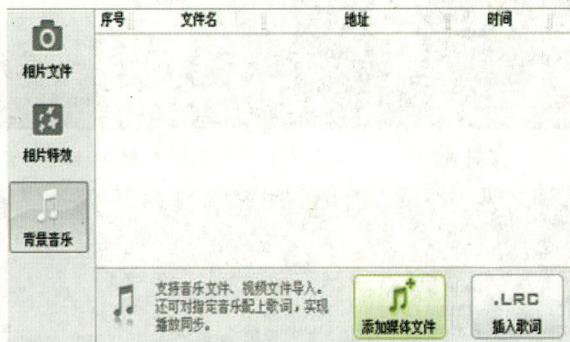

图7-14　添加音乐界面

第五步：添加旁白

如果你想为你的微视频添加旁白，可以点击"修改名字/注释/旁白"按

钮，在弹出的对话框中添加旁白，从而将你制作的微视频中蕴含的故事娓娓道来。

3. GIF快手

GIF快手是一款摄像软件，可以让你的静态图片转化为短片动画。GIF快手软件中为你提供了最搞笑的瞬间、最萌的宠物、最可爱的正太萝莉，还有大家最喜欢的帅哥美女。可以说，GIF快手是一款为非主流的青年开发的发泄工具、耍宝工具，更主要的是它所拍摄视频的时长不仅仅只有8秒，还可长达17秒。

图7-15　GIF快手主界面

GIF快手应该如何使用呢？

第一步：打开GIF快手摄像机，摆好pose后，按下拍照键。还可以从手机相册中选择所需照片。但是在相册中读多张图时，手机的相册功能是需要使用你的位置的，请在iPhone设置—"位置服务"中允许GIF快手使用您的位置。

第二步：摄像机抓取所选取的图片。

第三步：在预览页制作GIF动画，按下制作键，等个几秒钟后，会动的GIF图片就生成了。

微商使用GIF快手软件，可以帮助你拍摄一个优质的产品照片，再为照片配上一段自己录制的产品简介，从而让你的产品会"说话"，这样的独特信息能瞬间引爆你的朋友圈。

4. 会声会影

会声会影是一款功能强大的视频的动画制作工具，它可以实现手机拍照、DV拍摄、视频剪辑以及将图片和音频结合等私人定制功能，还可以转换MV、DV、V8、TV和实时记录抓取画面文件，并提供100多种的编制功能与效果，可导出多种常见的视频格式等。

会声会影非常适合家庭或个人的日常使用，微商可以用它制作产品动画说明书、微商活动以及活动参与流程等微视频，以此来吸引顾客的眼球。

7.5 用"微支付"收"米"

网上支付，除了使用"支付宝"支付，还可以利用"微支付"的付款方式支付。"微支付"主要针对在互联网上进行的一些小额资金支付业务。这种支付机制在满足特殊的系统要求和安全性的前提下，减少信息传输，降低管理和存储需求，以达到高速度和高效率的支付目的。

这里所说的"微支付"，主要就是微信支付。它是集成在微信顾客端的支付功能，以绑定银行卡的快捷支付为基础，向用户提供安全、快捷、高效的支付服务，用户只需要一部智能手机就可以快速完成支付流程。随着微商和微信红包的火爆，很多人都开通了微信支付。

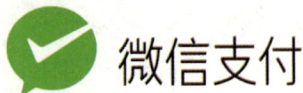

图7-16　微信支付

1. 商户接入微信支付流程

商户功能的微信支付，是微信公众平台向一些公众号（即有出售物品的商家）提供推广销售、支付收款、经营分析的整套解决方案。一方面，商户通过自定义菜单、关键字回复等方式向订阅用户推送商品消息，用户可在微信公众号中完成选购支付的流程。另一方面，商户也可以把商品网页生成二维码，制成海报张贴在公交站牌、火车站等人流量多的地方，进行线下销售，用户只需扫描二维码即可在微信中直接购买。

商户微信支付开通条件与微信支付开通流程如下：

第一步：服务号认证

（1）微信支付功能目前只针对完成微信认证的服务号开放，主要包括申请服务号的企业、媒体、政府及其他组织。另外，还有一些公众账号符合开放申请要求，这样的账号可以直接进入微信公众平台提交资料的阶段。

（2）如果用户开通的是微信订阅号，则必须将订阅号升级为服务号，升级方法：登录微信公众平台→设置→账号信息→升级为服务号。

（3）如果开通了服务号，但未完成认证工作，则必须先完成微信认证才可进入下一步。（注：商户申请微信认证的主体与申请开通微信支付功能的主体应保持一致。）

第二步：申请资料审核

微信认证资质审核通过后，即可申请微信支付功能。申请流程如下：

（1）登录微信公众平台，依次进入：服务→服务中心→商户功能。

（2）在"商户功能"界面填写"商户基本资料"。在填写过程中，必须准确选择经营范围，并如实填写出售的商品或者服务信息。因为用户在此处填写的信息将作为日后运营监管的依据。

（3）提交商户的基本资料以后，接着就要填写商户的"业务审核资料"。填写资料的主体需与微信认证主体保持一致，其目的是为了保证运营主体即认证主体。

（4）业务资料提交完毕后，还要填写"财务审核资料"。商户填写的财务资料的主体需与业务审核资料主体应保持一致，以保证结算主体即运营主体。而且商户提交的所有资料，必须加盖公章。

（5）商户的各项资料都提交完毕后，腾讯将在7个工作日内将审核结果以电子邮件的形式反馈给商户。此外，商户还可登录微信公众平台，点击页面右上角小信封图标，主动查看审核结果。

图7-17　申请资料审核界面

（6）"商户基本资料""业务审核资料""财务审核资料"三项资料均审核通过后，然后再按照指引下载承诺函模板，并签署盖章。

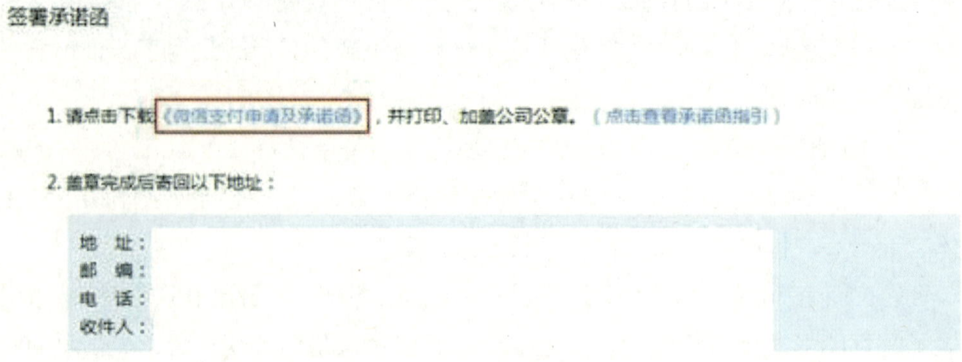

图7-18　审核通过界面

（7）最后还要确认商户信息，在线签署微信支付服务协议，此次签署的协议无需邮寄。

第三步：功能开发、合同签订

（1）商户通过资料审核后，即可进行功能开发工作：腾讯提供清晰的开发接口文档，帮助商户顺利完成功能开发工作。

（2）签订合同

资料审核通过后，为了不耽误第四步"开通商户功能"，商户最好将功能开发和合同签订同步进行。签订同的流程如下：

①商户对合同进行盖章，确认后请根据指引寄至腾讯。（注：商户盖章时请注意加盖骑缝章。）

②若申请开通公众号支付功能，商户需签订《微信公众平台商户功能服务协议》和《微信支付服务协议》；若申请开通APP支付功能，商户需签订《微信支付服务协议》，无需签订《微信公众平台商户功能服务协议》；若申请同时开通公众号支付和APP支付功能，需签订《微信公众平台商户功能服务协议》和《微信支付服务协议》。

③腾讯在收到商户寄回的合同后，会由专人负责审核，确认无误后，会尽快盖章并按照约定的份数寄还商户。

第四步：开通商户功能

（1）缴纳风险保证金

商户登录财付通账户缴纳风险保证金。该财付通账户的登录ID和密码可在资料审核通过时腾讯发送的通知邮件中查看。如果不想缴纳风险保证金，也不影响开通商户功能，则保证金足额缴纳是款项结算服务开通的前提。

（2）开通商户功能是指测试白名单之外的微信号也能在商户的公众账号内使用微信支付功能，开通商户功能之后才能在公众账号内售卖商品或服务。

2. 消费者使用微信支付流程

微信支付开通之后，微商就可以进行收款、付款了。下面介绍一下消费者微信买东西支付的方法：

第一步：登录微信，点击右上角按钮，选择"我的银行卡"。

第二步：如果你的微信没有绑定银行卡，需要按照要求绑定一张银行卡。绑定好银行卡后，进入页面选中"精选商品"。

第三步：在"精选商品"页面中找到自己想要购买的商品，点击"立即购买"即可进入购买页面。

第四步：在购买页面中输入收货地址，点击"确认"按钮。

第五步：跳转到支付页面，你可以选择"微信支付"或者"货到付款"两种付款方式，选择好后按照要求付款即可。

第六步：付款成功后，你的微信会自动关注一个"易讯"的服务号。如果没有关注，你也可以自己查找"易讯"，关注这个微信服务账号。此目的是为了查看到自己的订单信息，以及随时跟踪自己的订单配送信息。

7.6 活动工具大盘点

微商要想留住粉丝，最重要的就是经常与粉丝们互动。对微商来说是，要想与粉丝们进行最有效的互动，时不时地举办一次活动是必不可少的。活动可以是线上活动，也可以是线下活动，但是不管是线上还是线下，都需要一个收集粉丝报名信息的工具。目前，微商们经常使用的报名工具有互动吧、金数据、麦客以及微信公众号第三方报名系统等。

1. 互动吧

互动吧是国内最大的活动发布平台，免费为用户提供活动发布、管理、传播、报名、收费、签到等全部活动环节的服务。微商们可以轻轻松松在微信朋友圈、聊天群里组织各类活动。

如今，互动吧中仅微信内覆盖用户已经超过3亿，成为目前最受欢迎的活动发布平台。同时它还是企业和个人组织活动时频繁使用的应用。互动吧为用户提供了精彩丰富的场景化活动导航，有学习提升的职场活动，有激情澎湃的创业活动，有生活化的户外活动、亲子活动以及文化活动，有充满希望的公益活动，还有寻找机会的大型峰会等。下面用图示介绍互动吧的主要功能：

图7-19　互动吧界面

互动吧的使用功能很完善，微商们可以通过互动吧在微信朋友圈、聊天群里组织各类活动。

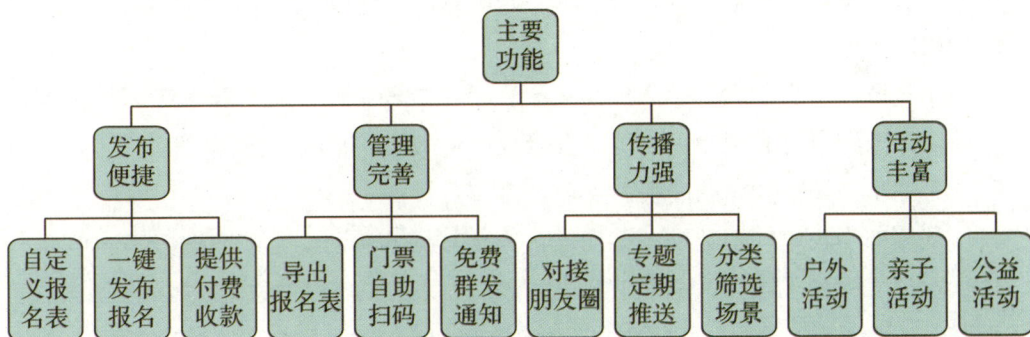

图7-20　互动吧主要功能

2. 金数据

金数据是一款免费的表单设计和数据收集工具，其后台表单形式丰富，数据分析功能强大，除了可用来设计表单和制作在线问卷调查，还可以进行公众号粉丝意见调查、微信订单、互动问答游戏、组织聚会、在线报名、询问意见、获得产品反馈、整理团队数据资料等。

图7-21　金数据主界面

金数据作为一款功能强大的活动工具，其使用流程如下：

第一步：在线设计表单

在金数据"我的表单"页面中，用户可以为活动在线创建表单，也可以导入Excel生成表单，而且金数据软件还专门为用户提供十余种专业的表单样式。同时，金数据在"模版中心"还提供了数百种专业模板供用户选择。

第二步：发布表单

用户设计好表单后，金数据能让该表单生成表单二维码和表单链接，让表单可以嵌入到自己的网站，也可以直接发布到微信、微博、QQ群等。

第三步：查看数据和报表

从表单中收集到的数据，会自动进入金数据的后台，生成数据报表，包括柱状图和饼状图。用户在数据页面可以查看数据详情，比如数据来源的终端、IP地址以及操作系统等信息，还有交叉筛选和数据导出Excel表等一系列功能。

3. 麦客

麦客是一款基于网页的报名系统，提供简洁易用的表单制作与联系人管理工具，比如，对企业或组织的用户信息进行收集管理和维护，以及拓展新用户的动态等。

用户可以通过麦客自己设计表单，收集结构化数据，从而对顾客的信息进行轻松管理。不仅如此，后台还为用户提供了下载报名表单数据的功能。麦客的具体内容介绍如下：

图7-22　麦客主界面

（1）在线设计表单

用户通过麦客可以在线创建表单，追踪某表单的反馈情况。用户在设计表单时，可以根据设计需要从几十种专业的表单样式中选择出合适的，而且设计页面的左边能直观地看到设计表单的界面反馈情况，用户可以直接用光标拖曳想要加入的项目来生成表单，还可以在此基础上加以修改，比如，某企业筹集资金，将各项收入来源进行大PK，用麦客制作出数据报表，你会很清楚看出各项收入的占比如何。

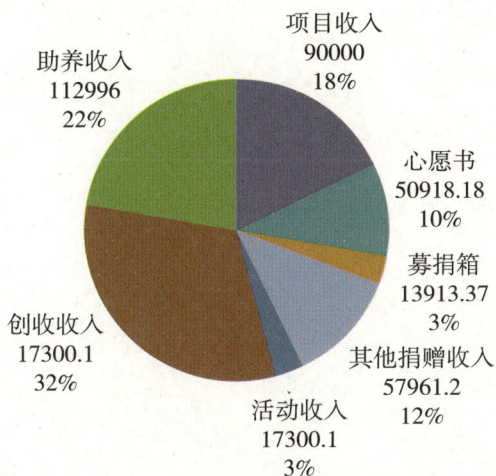

图7-23　筹集资金数据报表

（2）多种方式发布表单

用户可以通过麦客发布网页式表单、嵌入式表单和二维码。其中，网页式表单将生成的链接发布在社交工具上以便进行传播；嵌入式表单将生成的代码嵌入到自己的网页中以供查看；二维码最适合在微信等移动终端上传播。

（3）管理联系人

麦客能自动为填写表单的用户创建联系人档案，将所有与TA交流的人"一网打尽"，贴心配上智能重复联系人合并功能，还可以通过二维码名片轻松分享到手机。

（4）安全性保障

麦客承诺，对用户的所有数据，比如用户信息、联系人信息、表单内容等，无论是技术层面还是商业层面，麦客都会给予最大程度的安全性保障。

第8章
教你快速实现"微成交"

做微商的目的就是赚钱，赚钱离不开成交，而成交的过程就是销售。销售是一场心与心的较量，你要会洞悉客户的心理。而且研究客户的心理比每天刷朋友圈有用多了，不要觉得研究客户的心理是在浪费时间，其实你是研究他们的购买流程、动机和原因，这比你费尽口舌却不讨好的推销方式有效得多。

8.1 权威效应：顾客喜欢跟着"行家"走

中国科协等机构进行的《中国公众科学素养调查》，在有关"公众对迷信的相信程度"环节的问卷调查中，他们分别设置了"求签""星座预测""周公解梦""面相"等选项。最后的调查结果显示：1/2 人信求签、1/4 人信星座、1/5 人信周公解梦。而随后的一个综合追问分析显示，真正迷信者的比例仅13.3%，也就是说大部分人还是"信"而不是"迷"的。

从上述调查分析，中国人信权威，特别是学术界，表现得更明显。诺贝尔奖评委彼昂在谈及中国诺贝尔奖空白时，说："中国人太过迷信权威，做了很多模仿性的研究，原创性的工作做得太少，这导致了国内研究一直得不到国际的认可。"

此外，在生活中，我们遇到解决不了的事情，是不是总想找一些专家，而不是找一些无名小卒，特别是你认为还不如你的人。同样，我们在购买物品的时候，也喜欢跟一些"行家"走，听他们的建议或者选择更具权威的产品，比如，你到商场买衣服，当你对一件衣服犹豫不决的时候，如果店长站出来说这件衣服真适合你，你穿起来真漂亮，这时你肯定会高高兴兴地把这件衣服买了。

上面这位店主采用的是对顾客进行"权威暗示"的战术。这种战术在销售中经常遇到，而且屡试不爽。为什么人们都信权威呢？究其原因，在于人们都有一种"安全心理"，即人们总认为一个地位高、有威信、受人敬重的人的思想、行为和语言往往是正确的，服从这些权威人士会使他们内心感觉很踏实，这种安全感还会让他们增加不会出错的"保险系数"。同时，跟从权威人士还会让人有一种"赞许心理"，即人们总认为权威人物的要求往往和社会要求相一致，按照权威人物的要求去做，会得到各方面的赞许和奖励。因此，"安全心理"和"赞许心理"共同诞生了权威效应。

既然人人都信权威，那么，做微商的你完全可以在向顾客介绍产品的时候，迎合这种现实，借助权威来增强产品的说服力。

对顾客来说，他们对连自己没有把握的产品就不会轻易买，这时如果行家断言这款产品好，那他们肯定会对此深信不疑。所以，微商应尽可能地靠权威人士打造品牌效应，利用品牌获取直接或者间接利益。

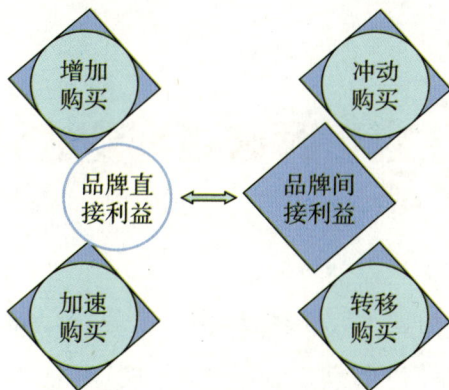

图8-1　品牌获取利益图

微商现在的主流营销模式就是每天发很多产品广告，这会让人反感，而成交却是要建立在有好感的基础上的。让顾客建立好感的方法之一就是为自己的产品树立权威，比如，把你产品的品牌认证证书、质量认证书等有权威的东西拿出来，或者向他们说明这种品牌得到某某权威专家的推荐等，让顾客先认可你的产品，再认可你这个人，这样能快速实现"微成交"。

例如，你做的是韩束化妆品微商代理，为了让大家信任韩束这个品牌，你可以发表一些韩束产品中的科技含量，比如，韩束的科研团队，分布在上海、苏州两大科研实验室中，其中数十名来自德国巴斯夫、英国禾大、美国陶氏、赛比克、德固赛等国际精细化工科研巨头的顶级专家，与上海中医药大学等国内知名高校的研发人员，组成跨国跨界的顶尖研发团队，奠定韩束全球化工研发领域的前沿科研优势，让韩束每一款产品，都成为全国科研智慧的结晶。如果你让顾客看到了韩束的科研后台，他们肯定会对你的产品更加信任。

微商的一切活动都是为了成交，要想促成成交，你就要多想想这个行业的权威是谁，细分领域的权威是谁。这个行业如果没有权威，只要自己的产品货真价实，有干货，你完全可以把你的产品打造成这个品牌的权威！但是你在树权威的时候，还要注意一点，如果你各方面的积累和准备都不充分，最好把树权威的时机往后移，否则大家会认为你在放空炮、喊大话，这样就得不偿失了。

8.2 熟人效应：顾客更喜欢去认识的人那里买产品

俗话说："熟人好办事"。这种观念已经在中国人的思想中根深蒂固了。在这种人情观念下，微商们就可以利用了人们的这种心理，在"熟人"中做生意。当然，顾客也更喜欢去认识的人那里买东西。所以，我们都要学会利用好"熟人效应"，这样不仅为我们提高营业额，而且能让更多的"陌生"人变成"熟人"，从而为我们的微商事业建立起广泛的人脉网络。

那么，如何利用好"熟人效应"呢。首先就是从我们身边的朋友下手，把他们"收买"了，他们就会为我们发展更多的"熟人"。而且这些"熟人"会成为我们以后的老顾客，他们极有可能会继续消费我们的产品。

微商也是做销售，而成功的销售员都注重维持与老顾客的关系，随时与老顾客交流经验和情感。然而有些没有经验的微商却喜欢不断地寻找新顾客，而不注意维护老顾客。这其实是一种最不高明的做法，不仅浪费成本，而且效果还不明显。留住的老顾客，自然就会成为我们的"熟人"，一旦他们认可了我们的产品，下次肯定会再次光顾我们的"店铺"。这自然就形成了一个"熟人"链，他们必定还会向我们介绍更多的"熟人"，这才是真正的一举两得。

全世界最伟大的推销员之一乔·吉拉德，曾创造出5项吉尼斯世界汽车零售纪录：

　　1. 平均每天销售6辆车。

　　2. 一天最多销售18辆车；

　　3. 一个月最多销售174辆车；

　　4. 一年最多销售1425辆车；

　　5. 在15年的销售生涯中总共销售了13001辆车。

　　乔·吉拉德一直主张"成交之后才是销售的开始"。其实他销售经验的核心就是要告诫大家：维持与老顾客的关系，随时与老顾客交流经验和情感，这样才能继续吸引他们来我们这儿消费。

　　乔·吉拉德在每次生意成交后，必做的第一件事就是制作顾客的"档案卡片"，在卡片上详细记录与买主有关的一切情况，以及他在买车过程中所看到的细节问题。同时，他还会在成交当天给顾客寄出一封特别的致谢信，在致谢信中表示自己十分高兴，将帮助顾客买到他想要买的车。另外，他在这封信中还会提醒顾客，如果顾客能够给他介绍任何一个来买车的潜在顾客，他即会付给这位顾客25美元的感谢费。

　　在新车售出后，乔·吉拉德会不定期地打电话询问顾客使用产品的感受如何，有没有什么意见和要求等等。

　　乔·吉拉德认为销售员不论推销什么样的产品，维修问题和顾客的其他抱怨是一切销售过程中的正常内容。如果一位顾客在乔·吉拉德这里买了一辆出现严重故障的新车，他会让维修部的人通知他。然后，乔·吉拉德会出来安慰这位顾客，并告诉顾客他将确保彻底维修，直到顾客对汽车的各个方面都十分满意为止。

　　倘若顾客从乔·吉拉德手中买了一辆次品车，乔·吉拉德就会站在顾客一方向经销商据理力争，采取一切必要的措施帮助顾客换成正品，甚至还会自己掏钱做一笔投资，比如，帮顾客提供免费的四轮定位服务等。

　　其实，乔·吉拉德所做的这些就是为了与老顾客交流使用产品的经验和情感，这些手段能加深顾客对产品的感情，也拉近了顾客与乔·吉拉德之间的距离。经过反复地交流和沟通，乔·吉拉德自然就成了顾客的"熟人"，顾客自然也就乐意从他这里再次购买产品，也很乐意介绍其他人从他这里买产品。这也是乔·吉拉德为什么能创造出5项吉尼斯世界汽车零售纪录的原因。

在做微商的过程中，"熟人效应"的作用是不容忽视的。熟人从你这里买东西，肯定是因为信任你这个人，如果你值得信任，熟人一定会毫不犹豫地从你这里买。但如果你与顾客是第一次打交道，顾客几乎不可能来和你见上一面，更何况是微商。所以，顾客对你肯定有所防备，在不知情的情况下，他们不可能轻易从你这里买东西。所以，你要学会快速与这些陌生顾客成为"熟人"，这样才有可能与他们达成交易。那么，从"陌生人"变成"熟人"有什么技巧呢？其内容如图8-2所示。

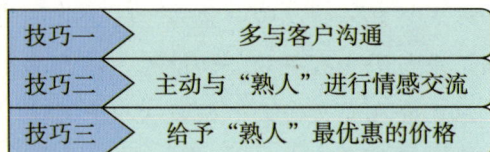

技巧一	多与客户沟通
技巧二	主动与"熟人"进行情感交流
技巧三	给予"熟人"最优惠的价格

图8-2 从"陌生人"变成"熟人"技巧

1. 多与顾客沟通

沟通是我们结识新朋友最有效的途径和方式。在沟通中，我们才能对对方的情况有所了解。在彼此都熟悉之后，可能会无意间发现顾客与我们有一些相似的地方（比如，你们是老乡，或者来自共同的母校等），或者有一些共同的爱好，通过这些共同熟悉的东西慢慢地让你们从陌生变为熟悉。这种方式对零售顾客非常管用，况且微商在前期积累顾客期间，就是靠零售。

但是，无论是自己与陌生顾客沟通，还是通过熟人介绍与顾客沟通，都需要注意一些细节问题，比如，与顾客沟通时，要注意方式和方法的运用，找准切入点，然后通过礼貌而恰当的话语赢得顾客的信任和肯定，进而让顾客产生兴趣，进行进一步的沟通和交流。否则你一旦给顾客留下了不好的印象，就很难弥补，他们会加重对你的防范和警戒心理，不愿意再和你继续交流下去，甚至会对你的做法产生反感，从而导致沟通失败，结果就是把你拉黑。

2. 主动与"熟人"进行情感交流

这里的"熟人"是拜托熟人帮自己介绍的，并向其承诺若达到一定数量还可以赠送小礼品给他们，以示感谢。一旦你们有了共同的熟人，沟通起来彼此就不会显得那么陌生。这种方式也是发展熟人经济最有效的方式。一般来说，现在的微商大部分都是靠熟人介绍扩大自己的成交量的。

微商都应学会如何主动与"熟人"进行沟通与交流，这样不仅可以向熟人表示问候，增进与熟人之间的感情，而且还可以顺便向熟人了解最近有没有什么购物意向和需求，如果有需求，你可以以最优惠的价格让他们购买你的产品。

3. 给予"熟人"最优惠的价格

做熟人的生意不要太贪心，要让他们感觉到你对他们有人情。而且"熟人"顾客一直坚持购买我们的产品，一是相信我们的质量，还有很大一部分原因是我们这里的价格比其他地方的都优惠。所以，当"熟人"顾客来你这里买东西的时候，要尽量为其提供最优惠的价格。倘若在产品价格方面你确实不能再优惠了，你也可以在可能的情况下赠送他们一些小礼品，有时可能一张微不足道的面膜，也能让顾客感觉到你对他们的特殊关照。这会让他们对你存有更多的好感，时间一长，他们自然就会成为你忠实的顾客了，而且还愿意把他们的一些熟人介绍到你这里。

做"熟人"生意，切不可有这种心理："熟人"不好意思还价，我就能卖多一些钱就多卖一些价钱，这会让你因为一些蝇头小利，失去大把钞票。更不可以有欺诈坑蒙"熟人"的心理，这样你就很有可能因为欺骗一个"熟人"而失去一批顾客，从而给你造成无法挽救的大损失。

总之，做微商的人，如果"熟人效应"用得好，就会很容易提高你的成交量。但是，如果用得不好，自然就会阻碍你的销售量。而且"熟人经济"也很好做，只要你用心把握，以诚换诚，"熟人效应"就会给你带来意想不到的收获。

8.3 情感效应：顾客重视附加在产品背后的情感价值

在销售心理学中，有一种心理涉及了产品背后的"情感"价值，这就是所谓的"情感效应"，即顾客在实施购买行为时，情感因素的作用有时表现很明显。所以，聪明的销售员在与顾客交往过程中，会尽可能用情打动对方，一旦顾客被他们的情感折服，成交自然就不成问题。

微商主要也是做销售，尽可能给予顾客附加在产品背后的情感价值，从而俘获顾客的心。"情感"是产品的一种无形价值，而且情感往往比利益更容易打动顾客。

韩丽雅是一位宝妈，她做微商已经有8个月了，她销售的产品是小孩的尿不湿。她的孩子用的尿不湿也是自己代理的，她有时会在朋友圈分享一下自己孩子使用尿不湿的有趣事。这不仅是在晒娃，更主要的原因是让顾客信任自己代理的产品，因为自己的孩子都用自己代理的这种尿不湿，质量肯定有保障。此外，韩丽雅在闲暇时刻，还会搜集一些预防孩子感冒、治疗孩子感冒、拉肚子的小偏方，还会在季节变更时提醒宝妈们应该注意的问题。

韩丽雅分享的内容对孩子很实用，宝妈们都喜欢看她的分享，觉得她很贴心，所以，只要在她这里买过尿不湿的顾客，基本上都会重复购买。

你对顾客用心，顾客也会对你用心。韩丽雅用心为宝妈们搜集照顾孩子的良方，用她的那颗真诚的心，感动了顾客，也为自己打开了产品的销路。

有时候，微商费尽口舌向顾客保证自己的产品和服务，不如利用销售心理学上的"情感效应"，用隐藏在产品背后的情感因素征服顾客。对顾客来说，同样的产品，在很多地方都能找到，如果这里不合适，他们可以换家去购买，你的服务不周到，他们还可以选择服务好的店铺去买。顾客错过了一件产品，还能在别处买到同样的产品，而微商如果错过了一个顾客，可能就会失去一大批潜在顾客。

很多顾客都喜欢去一些品牌店购买东西，很大一部分原因是他们那里的产品质量和服务往往都比较好。可以说，他们的情感因素俘获了很多顾客的心，从而使得他们的品牌得以推广。这也是很多大企业如此注重产品服务的原因。

微商在销售产品的过程中，也要注重感情的投入，这样才能留住顾客的心。如何利用感情进行推销呢？首先你要知道推销过程也属于人际交往的过程，所以，在整个交流中，你都要注入感情，才能够有效地拉近双方之间的距离，进而促成交易。

微商在销售的不同阶段中，如何做才能激发顾客的情感，以情动人，俘获顾客的心呢？

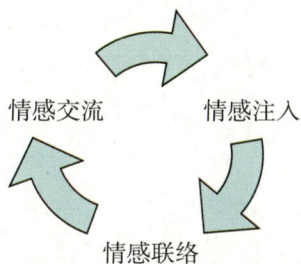

图8-3　情感销售阶段

1. 情感交流

做微商切忌：不要在与顾客熟悉之前大肆推销自己的产品。在推销产品前，一定要做好情感铺垫，否则只会引来顾客的反感。结果顾客对你不予理睬或直接拒之门外，你连说话的机会都没有，就更别提成交了。

微商在发现潜在顾客时，首先要做的就是主动争取顾客的信任，而信任的关键就是在沟通中注入情感，让顾客感受到你的真诚和热情，把你当作知心朋友。这样，你的推销工作才有好的开端。

2. 情感注入

好的开端，虽然能留住顾客，但要想成交还需要一段路程。首先就是向顾客推销产品，刚开始顾客肯定有满腹的疑虑，这时微商们就应该乘胜追击，细心观察顾客对产品持有什么样的态度，然后有针对性地说服顾客购买我们的产品。

要想成功说服顾客，微商们不要像钻进钱眼里似的，让顾客赶快从钱包里掏出钱给你，而是要为顾客注入一定的情感因子，从顾客的角度考虑问题，比如，耐心询问顾客的情况，帮他挑选出适合的产品。此外，在与顾客沟通时，还要以诚相待，把顾客想不到的问题也帮他想到，你的付出顾客总是会看到眼里的，慢慢地他就会信任你，心甘情愿地在你这里购买产品，即使有时候他不需要，但想到你的真诚付出，他也会赏光。只要你为顾客付出情感，顾客让你收获意想不到的成果。

3. 情感联络

成交后，销售并不意味着已经结束了。你还要为下次的成交做好铺垫，让他们成为你的老顾客。1个老顾客比开发100个新顾客都要重要。那么，如何与老顾客增进感情呢？实际上就是与他们保持联络，一方面，你在与顾客交流中可以得到顾客的反馈，这些信息是为了方便你今后产品和服务的改进工作；另一方面是交流感情，定期问候顾客，争取和他们进行长期合作或让他们为你拉来更多的顾客。

在销售各个阶段，微商的感情投资可以有许多种，但最关键的一点就是"投其所好"，把顾客的兴趣爱好弄清楚，然后在与顾客沟通中，多关注他们感兴趣的方面，这样你和他们交流起来才能更顺畅，同时顾客也会感觉到你的用心，进而拉近你与顾客之间的心理距离。

总而言之，顾客是你的衣食父母，他们与你的成交量和利润有着密切的联系。所以，无论是为了顾客，还是为了自身的成交量，微商都要充分利用"情感效应"。在销售过程中投入一定感情，你才可以促成交易、提升销售额。

8.4 免费效应："免费"的午餐不免费

天下没有免费的午餐，可多数人却偏偏向往免费的午餐，在心理层面上有贪图小便宜的心理弱点。有些商家用免费做"招牌"吸引了很多顾客，让他们在享受免费之后，再向他们推销产品，一般会很容易就能促进顾客的购买行为。于是乎，名目繁多的免费促销活动让人应接不暇。

走到街上，满大街都是免费：免费试吃、免费试用、免费美容、免费体检、免费抽奖……甚至一些人还玩起了"免费"擦皮鞋——先给你免费擦一只鞋。先别说你能不能忍受一只鞋灰暗无光，另一支鞋油光锃亮的尴尬，就凭别人给你擦皮鞋，你这时肯定也会买一支鞋油。

有些人也知道市面上很多的"免费"都是有名无实的，但是有些"免费"

就是避之不及。在超市里,你是不是经常遇到一个又一个面带微笑的售货员拿着一块块免费的饼干、一杯杯免费的酸奶等,让你免费品尝。面对热情的售货员递来的免费食品后,你因为盛情难却,只好尝一尝。尝完后,售货员会顺势问你味道如何,由于吃了人家的东西,即使味道不怎么好,也会回答"不错不错",然后售货员会展开"攻势","这是我们新推出的产品,既然味道不错,您不妨带回家让家人也尝尝……"这时,你是不是会因为吃了人家免费的东西,又感觉味道还行,只好买了一些。

在享受免费之后,由于顾客的心理压力产生了,经过一番心理斗争,很多人都会因为不好意思拒绝,或者产品还不错,就产生了购买行为。这样不就形成了"免费的午餐",不免费的销售策略?你享受了免费的产品和服务之后,还要付出应有的"代价"——掏出你的钱包,为你的"免费"买单。

做微商,也要学习用"免费"做生意,前期,一定要做得大大方方,经常通过"免费"来做广告,比如,你刚做微商,或者你最近批发了一些新产品,不妨让你朋友圈的好友免费试用一下。一方面,朋友们免费试用了你的产品,感觉你的产品很好,会再次向你购买。另一方面,也是最重要的一点,俗话说:"拿人家的手软,吃人家的嘴软!"他们免费用了你的产品,心里就会产生一些负债感,于是会想方设法地为你创造价值,比如,自己产生购买行为,或者向朋友推销你的产品。这些代理的价值,要远远超过你免费送给他们所带来的价值。所以,高明的微商在新产品上架前期,不会忙着赚钱,而是忙着免费送人。这些人才是笑到最后的人。

张丽颖是做美妆微商的,她顺便还代理一款芦荟胶,一套美妆卖价399元,一盒芦荟胶卖价是49元。她经常在朋友圈做活动吸引顾客,比如,她发的一条优惠活动:

"五一"特价,免费送一盒芦荟胶。

这则消息看起来是顾客免费拿到了一盒芦荟胶,其实是张丽颖用了销售心理学上的"奖励效应",用户本来可以不买美妆的,但是为了免费的一盒芦荟胶,她还是买了,而且芦荟胶是大家都喜欢的一款护肤产品,况且这款芦荟胶补水效果很好，很多人用过之后都重复在张丽颖这里购买。这些顾客为她推荐了不少的顾客。这也是一种隐形招揽顾客的方式，可谓是，一举多得。

在生活中，商家的促销方式主要有买赠、打折、降价、抽奖、换购、积分、送现金券……其中，买赠、抽奖、积分兑礼等属于一些常规的促销方式，消费者能获得免费赠品或奖品。这些方式虽然能在一定程度上吸引一些顾客，但效果不是特别明显。下面介绍一下典型促销活动的一些特点，这些典型的免费促销方式除了靠免费以外，还应具备其他一些条件，从而最大限度地达到真正吸引顾客的目的。

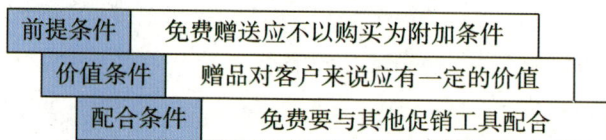

前提条件	免费赠送应不以购买为附加条件
价值条件	赠品对客户来说应有一定的价值
配合条件	免费要与其他促销工具配合

图8-4　典型免费促销模式应具备的条件

1. 免费赠送应不以购买为附加条件

一场有意义的典型免费促销活动，你可以采取限时、限量的方式领取，也可以要求顾客在填写个人资料的前提下领取，但唯独不能以必须购买作为领取免费品的附加条件。否则，你的促销方式就与常规的促销活动没有什么两样了。比如一些免费擦一只鞋、免费美容半张脸等陷阱式的促销，只是败坏了免费的名声。要想让促销活动具有更强的号召力，对竞争者具有更大的杀伤性，你的免费必须是在没有购买条件下的赠送，即顾客无须付出什么，却肯定能得到什么。

2. 赠品对顾客来说有一定的价值

赠品有价值，才能吸引顾客。有些人在街头派发一个手提袋、送个小气球等一些价廉质劣的东西，这会让顾客觉得反正都是一些不值钱的东西，要了也白要，索性就不要了。要想吸引顾客的注意，你的免费赠品应具有一定的含金量，只有噱头没有实质性东西的免费根本产生不了应有的爆炸效应。

3. 免费要与其他促销工具配合

在经济社会，人人都自觉或不自觉地受到了等价交换意识的心理暗示，商家不会做赔本的买卖，他们在为顾客提供"免费午餐"的同时，实际上会从顾客身上获得更多利益。比如，你送顾客免费的午餐，你要让顾客购买你不免费的晚餐；你送顾客烧饼，你要让顾客买你的牛肉等。很多时候，顾客收了商家免费的东西，未必就乐意掏出自个儿的钱包。所以，要想实现真正的互利互惠，典型的免费促销还要其他常规免费促销手段配合，比如，买赠、抽奖等。商家要打出一套"组合拳"，这样的免费促销活动的数据才会变得好看，产品的销量才有可能提高。

另外，微商千万不要拿"免费"促销活动当主粮。俗话说："劲酒虽好，不能贪杯。"同理，免费虽好，切莫贪多。在免费日渐盛行之际，你选择的免费模式必须在你所能承受的范围之内，否则你有可能变得"营养不良"。

免费活动也有一定的弊端，一方面，它容易让顾客产生你的产品不值钱的负面联想；另一方面还有可能宠坏消费者，形成他们的期待心理，总是想在免费的时候要这些产品，或者他们还会觉得上次买你的产品你都免费送东西，这次买又不送了，下次就不在你这儿买了。

所以，微商们在利用免费模式吸引顾客的时候，要选择合适的时机、以合适的频率玩个一两次就行了。

8.5 对比效应：让第三方为你说话

在营销策略中，有种"对比效应"，一种比较官方的解释：消费者的决策并不是客观地根据各个产品的价格和质量属性进行独立的判断，而是经常受到决策情境的影响，从而就产生了营销策略中的"对比效应"。大家都听过"不怕不识货，只怕货比货"，这是对"对比效应"的最好解释。

威廉姆斯-索诺玛是一家总部位于美国旧金山的厨房用品公司。该公司刚刚推出一款售价为279美元的家用面包机时，由于当时的美国人更习惯于在大街小巷的面包店里买新鲜面包，而不是自己制作面包，所以，该产品根本无人问津。几乎所有的美国人都不愿意花费279美元买一台平时根本不用的面包机。

按照这个现状，威廉姆斯-索诺玛生产的家用面包机将面临滞销的局面。

在一些人看来，该公司应该停止生产家用面包机了。但威廉姆斯-索诺玛公司的解决方法却令很多人大跌眼镜。该公司非但没有下架这款滞销的面包机，还推出了一款新的面包机，新款面包机的容量更大，价格更贵，当时的标价为429美元。

1倍 原先滞销的售价279美元的面包机的销量在短时间内竟翻了1倍。

$429

$279

图8-5

威廉姆斯-索诺玛公司推出的新款面包机上市之后，没想到原先面临滞销的售价279美元的面包机的销量竟在短时间内销量翻了一番。

为什么原本滞销的面包机会突然间变得受欢迎了呢？我先举一个例子，你最近新推出一款西装，标价为2000元，可能很多人都觉得有点贵。但是如果你在这件西装的旁边挂上另外一套质量较差的西装，标价却是2500元，想买西装的顾客看到这两件西装，肯定会对他们进行比较，而且最后更可能买走那套2000元的。因为相比之下，2000元的西装更显得质优价廉！

威廉姆斯-索诺玛公司也是使用同样的方法。在消费者看来，原来的279美元的家用面包机和新推出的更昂贵的面包机相比，显得经济实惠多了。对消费者来说，在对一个产品不能确定的情况下，他们就会寻求比较，上述的市场营销和消费者行为，就是利用神奇的"对比效应"。"对比效应"之所以神奇，主要是因为这种现象违背了传统的经济学原理。

在传统的经济学原理中，假如在市场上有一定市场份额的A产品和B产品，它们在封闭的市场里竞争。A产品的质量更高，而B产品价格更低。这时，A产品和B产品都有一定的市场份额：更关心质量的人选择高价产品A，更关心价格的人则选择B。如果厂家又加入一个C产品，根据传统经济学原理，A产品和B产品的市场份额会因为新加入的竞争对手而下降。

可事实告诉我们，如果C产品在各方面都不如A产品和B产品，那么，A产品和B产品的市场份额不仅不会因为C产品的加入而下降，反而会因为和C产品的对比而获得更大的优势，导致其市场份额上升。这就是"对比效应"发挥的强大作用。

微商们也可以利用"对比效应"，让第三方为我们想要推销的产品说话，从而让该产品的销售量大增。比如，你可以把一件质优价廉的产品和另一件质量不怎么样而且价格高的产品放在一起发广告，顾客肯定会对那件质优价廉的产品更加信服。

8.6 稀缺效应："这一次优惠，机会难得"

在心理学上，有一种现象被称为"稀缺效应"，即人们总是害怕失去或得不到，而对稀有的东西怀着本能的占有欲。在日常生活中，如果某画家的原作仅此一幅，这幅画就会显得十分宝贵，其价格要比印刷得十分精美的高档复制品要贵得多，而且购买人数也不在一个级别。

还有就是对收藏家来说，有一种"珍贵的错误"。有人曾花了400美元买了一张一美元的钞票，原因是这张一美元的钞票没有序列号，也没有政府印章，其市场价值就是超过400美元。在有些人看来，一张没有序列号和政府印章的钞票根本花不出去，对他们来说这张钞票就是一张废纸，而对这些爱好收藏的人来说，这张钞票是极为罕见的，所以，他们愿意花大价钱买它。所有这些，都是稀缺效应的结果，即机会越少见，价值似乎就越高。

同样，在消费心理学中，也有一种效应称为"稀缺效应"，即如果一样东西少见，或越来越少见，它就更金贵。这就是"物以稀为贵"的道理。对此，心理学研究者曾做过一个实验：让购物者从满满一罐子里拿一块巧克力曲奇饼品尝，他们认为这款曲奇饼还行；再让他们从快空的罐子里拿一块味道一样的巧克力曲奇饼品尝，他们居然说这款饼干的味道好极了，纷纷想购买。可见，人们对稀有的东西更有购买欲。销售人员也经常利用消费者的这种心理激起消费者的购买行为。

很多厂商基于对人们这一心理特性的了解，会推出一些限量款的产品。这类产品的价格会很高，而且会有很多人争着抢着购买这些商品。还有一些厂家在销售商品时，就会很自然地顺从顾客的这种心理需求，搞一些小把戏，最直截了当的做法就是所谓的"数量有限""名额有限""仅有一次""最后机会"等策略，告诉顾客某种商品供不应求，不见得随时都有，比如用"本店前100名顾客免费赠送会员卡""本店前20名顾客提供免费洗头服务"等活动，引诱顾客，增加顾客购买行为。

除了"数量有限"技巧，很多商家还利用"最后期限"战术吸引顾客，也就是厂商对顾客购买某种商品的机会做出时间上的规定。比如，小米手机新推出一款手机，都会在网上设置预订时间的最后期限并广而告之，过了这段时间将不会享有其优惠价格，从而激起顾客本来并没有的兴趣。比如，商家总会隔三差五地搞一些促销活动，像"一次性大甩卖""全场产品一律八折，仅售三天"等。

上述这些"把戏"都在暗示顾客：这次不买下次再也没有这样难得的机会了。这种推销方式，显然会吸引很多的顾客。

对于微商，如果想真正做好做长久，也不妨利用"稀缺效应"，选择一些竞争对手难复制、市场上稀缺的，并且品牌个性独特的产品，或者定期推出一些"限量限时"的促销活动，在节假日搞一些优惠活动，从而激发顾客的购买行为。

8.7 折中效应：细水才会长流

价格是决定成交的关键。价格太低顾客会觉得质量没有保障，价格太高顾客又嫌贵，最后，很多人都选择中间价格的产品。

有人曾做过一个实验，果汁店推出下面两款价格和品牌的橙汁可供选择，消费者会倾向于选择哪一种呢？

第一款橙汁，500毫升，12元

第二款橙汁，500毫升，20元

实验结果表明，在这两款橙汁中，选择第一款橙汁的人数大约占50%，选择第二款的人数也大约占50%。

接着，他又做了一种测试，果汁店推出下面三款价格和品牌的橙汁供消费者选择，他们又会选择哪一款橙汁呢？

第一款橙汁，500毫升，12元

第二款橙汁，500毫升，20元

第三款橙汁，500毫升，56元

最后的实验结果显示，选择第二款橙汁的人数竟达到70%左右，而选择第一款橙汁的人数大约占20%，选择第三款橙汁的人数占剩下的10%左右。

在生活中，你是否遇到过这种情况？

你第一次去一个理发店的时候，店员会很热情地向你介绍他们店里有48元、78元、128元三个价位，其中，48元是普通发型师，78元是经理级发型师，128元则是总监级发型师。这时，你会选择哪一个档次？

很多人会毫不犹豫地选择78元的经理级发型师，因为48元的档次太低了，别人会取笑自己，而128元觉得档次太高，根本没有必要。

上述两种情形，都是"折中效应"的表现。折中效应往往出现在人们自己的喜好不确定的情况下，当他们做选择时，往往更喜欢中间的选项。因为价格太高吧，我们自身消费能力有限，太低吧，又看不上。只有中间的选项才让我们感到安全，不至于犯下严重的决策错误。换句话说，人们在进行产品选择时，也倾向于奉行"中庸之道"，觉得中间的不至于太差！

很多微商也看到了"折中效应"带来的商机，看看他们是如何做的？

刘晓鹏是做快餐行业的，之前专门做实体店，随着移动互联网的发达，他开始转型做微商，增加了订餐、外卖等服务。在他饭店消费的人群基本上都是中产阶级。下面看看他的菜单是如何设计的。

第一页的菜单基本上都是家常小菜，比如醋溜土豆丝、西红柿炒鸡蛋等，价格一般在15～18元之间，第二页的菜单就是上一点儿档次的，比如小鸡炖蘑菇、红烧肉等，价格一般在20～30之间，第三页则是最有档次的，比如麻辣小龙虾、红焖羊肉等，价格一般在50元以上。

结果，很多吃快餐的人都选择中间档次的快餐，而且这些菜也是刘晓鹏最赚钱的。

快餐店刘晓鹏正是利用了"折中效应"，引导顾客点一些较贵但不是最贵的菜。事实上，这些最贵的菜他们基本上都不怎么准备。如果每天的订餐人员中没有这些最贵的菜，他们就有可能不会进货。可以说，他们菜单中的有些菜只不过是摆设而已，目的是为了影响顾客的选择。

目前，很多商家都推出几款价格不同的商品，他们有些是故意推出最贵的、中间的以及最便宜的产品，目的不是卖最贵的，也不是卖最便宜的，而是靠卖中间的产品赚大钱。微商们也要学会利用"折中效应"，把自己的主打产品放在中间位置，从而促进自己主打产品的销售量。

第9章
牛人大咖们如何玩转微信

目前，微信每月的用户活跃度达5.49亿，它已经不再是一个充满创新功能的手机应用软件，而是作为中国电子革命的代表，覆盖90%以上的智能手机，成为人们日常生活中不可缺少的社交工具。在如此活跃之地，牛人大咖们自然不会错过这样的好机会，他们纷纷抢占微信市场，想尽一切办法把微信上的潜在客户圈到自己的圈子里。

9.1 小米手机：一日互动过百万

在移动互联网时代，"粉丝经济"成了大家谈论的重点对象，一个网站、一个品牌如果没有粉丝，它基本上将要面临被淘汰的境地。而在"粉丝经济"中，小米可以说是代表品牌。小米作为一家自有品牌的垂直电商公司，不论是在产品软硬件，还是品牌、营销和粉丝推广上都非常有创新。

如今，微信成为小米推广的新战场，小米微信粉丝已经超过百万，人们都说小米有特殊的拉粉秘籍。下面就来分析一下，小米创始人兼CEO雷军都用了哪些工具来推广小米和圈小米的粉丝。

1. 拉粉王道：小米官方渠道拉粉

统计发现，小米50%的微信粉丝来自于其官方渠道，即把小米旗下的自有用户转化为微信粉丝。小米是如何通过官方渠道拉粉的呢？

小米通过官网拉微信粉丝，经过了两阶段：

第一个阶段：直接广告拉粉。

小米官网每周都发布一条开放购买信息，想要预订小米手机的用户就可以"点击预约"键，而在此键下面，有一个"关注小米手机微信"的二维码广告。这条直接的拉粉广告是从2014年2月份开始的，每个月大概4次。这种直接拉粉的广告，小米一共发布了12次，平均一天涨3万粉丝。后来，此广告就进入了疲惫期，每天只涨几千粉丝。到了4月份，小米就取消了这种直接拉粉的广告。

第二阶段：大活动拉粉。

小米在官网上除了直接打拉粉广告，还附加了两个重量级的大活动：一是"非常6+1"，二是微信抢答。

小米手机举行的"非常6+1"活动，规则其实很简单，就是趣味+大奖，奖品就是每天送出50个小米手机2F码、30张手机充值卡，而且参与活动的粉丝中奖几率极高！最终排名在前十位的粉丝，还将获得小米手机2、小米盒子及移动电源等大奖。

"非常6+1"是从2014年3月27日15：00 开始，到2014年3月29日24：00结束。此活动开始前，小米的微信粉丝量有41万，而活动结束后，小米的微信粉丝量增长到47.2万。小米用两天多的时间新增了6.2万的微信粉丝，其参与人数21万，总接收消息量403万。

微信抢答活动是在2014年4月8日举行的，当天正好也是小米的"米粉节"。这个活动由于出现临时故障，虽然没有想象的那么成功，但是效果也是很惊人的。当天14：00，由于信息量瞬间爆发，直接导致微信后台崩溃，小米粉丝没能成功参与抢答活动。在活动开始之前，小米的微信粉丝量是51万，而活动结束后，其微信粉丝量上升至65万，新增粉丝量达14万。这种拉粉效果是很多人可望而不可即的。

小米举办的活动拉粉的结果是很给力的，通过活动互动，小米不仅激活了老用户，还拉了很多新用户。不过，由于小米有一种强悍的米粉效应，所以，它的成功很有可能无法复制。但是要想通过活动取得很强的效果，我们也可以学习小米三段击的方法：一是预热，提前两天发微博、微信来预热；二是活动当天强力推，发动一切自身可以利用的渠道；三是活动结束，再次进行强有力的推广。

2. 第三方合作拉粉

小米通过第三方合作拉粉，其效果也是挺给力的。其中，小米40%的微信粉丝都是通过这种方式获得的。

那么，什么是第三方合作拉粉呢？即通过大号互推。其中，比较给力的第三方当属腾讯QQ和微信。有一次，小米为了加大微信粉丝量，与QQ会员联手举办过一次活动：小米携手QQ会员还您青春"童"心愿，参加微信活动每天免费送小米手机2、QQ会员等超丰厚大礼，回馈米粉！论坛抢楼活动送50个小米手机2A F码+3台小米盒子。只要在"5月24日—5月26日"参与抢楼即有机会赢取小米手机2A F码或者小米盒子。期待大家的人品大爆发！

活动的具体内容如下：

活动一：同时关注QQ会员生活特权+小米手机微信，10部小米手机2免费送！

图9-1 "QQ会员生活特权+小米手机"二维码

添加小米手机微信的方法（任选其一即可）：

1. 打开微信—朋友们—添加朋友—查找微信公共账号—填写"小米手机"和"QQ会员生活特权"并关注。

2. 直接使用微信扫一扫功能，扫描上面二维码（图9-1）添加。

活动二：回复QQ会员生活特权微信"我要礼物"，将有机会获得200个QQ会员资格、QQ公仔和夏日版/超人版米兔。

首次关注"QQ会员生活特权"微信后，会收到下发的回复指引：

图9-2 "我要礼物"界面

小米通过联手QQ会员等大号，获得的微信粉丝有40万。

3. QQ空间互动主力场

小米除了微博大号，还有QQ空间大号，其中的粉丝量超过1900万。小米的QQ空间每天都会更新说说，平均每条说说的转发率都在几千左右。有时一条好的说说，其转发率更是达到几万。可以说，小米QQ空间的转发率其实已经远远超过了其微博的转发率。

小米还会定期发表日志，每篇日志都有上万的访问量。那些有新意的日志，其访问量超过10万是没有问题的。而且小米还定制了QQ空间，在QQ空间实现了很多小米网站上的功能。从ALEXA的网站排名上看，QQ空间给小米网站带去了5%的访问流量，这个数量是十分可观的。

但是，国内大部分网站和大品牌还没有看到QQ空间带来的效益。其实QQ空间是非常有价值的社交工具，国内20～40岁的人，他们大部分人用QQ都有十多年的历史，几乎每天都会打开QQ空间观看好友的动态。所以，不管是微商还是其他厂家，如果能够真正利用好QQ空间，它给你带来的效益是不可估量的。

4. 9：100万的客服营销

小米采取了"9：100万"的粉丝管理模式，即雇用了9名客服人员管理小米微信账号的后台，他们每天的工作基本上就是回复100万粉丝的留言。其实小米自己开发的微信后台完全可以自动抓取关键词回复，但小米为了更人性化地接触粉丝，他们还是让客服人员对粉丝的有些留言进行一对一的回复。通过这样的方式，小米大大地提升了用户的品牌忠诚度。

当然，除了提升用户的忠诚度，微信做客服也给小米带来了实实在在的收益。小米的创始人之一黎万强表示，微信带来的最大的好处是省下了短信费。小米在开发微信客服平台之前，每次做活动都会群发短信，100万条短信发出去，就是4万块钱的成本，一年下来，就是几百万。

5. 雷军推广小米论坛

据统计显示，在小米论坛上，每天来访的IP数量大概是15万左右，而在这些访客中聚集了大量的小米手机发烧友，小米随便发一个帖子都能有上万的浏览量，还有几百条的回复。小米之所以推出小米论坛，其主要目的是为了把小米的铁杆粉丝圈进来，让他们不断对小米产品提出改进意见，帮很多用户解答疑问，让小米获取大量的用户反馈信息。

不要以为论坛已经没落了，其实像小米这样的垂直论坛还是非常有价值的，否则微信也不会推微论坛了。

可以说，小米为了加大粉丝量，几乎运用了市面上所有的社交平台来圈粉丝，比如微米，微视，来往等一些不怎么常见的社交工具。虽然这些平台中的粉丝虽然没有微博，QQ空间和论坛上拉的微信粉丝多，但其作用也是不可小觑的。所以，微商们要学小米，把自己的粉丝圈起来，这样你在"粉丝经济"中才不会被淘汰。

9.2 聚美优品："亲力亲为"的用户体验

从2014年开始，微商就成为电商圈最火爆的新词。如今，已经有数十万商家纷纷进驻微商。随着传统电商平台的加入，微商已渐成规模，并被很多人视为电商未来的发展趋势。

近期，化妆品电商聚美优品也按捺不住了，开始尝试微商渠道。近日，聚美优品App上线微店，开放部分商品给微商，发动海量用户在微信上销售商品，使其成为聚美优品新的销售渠道。

聚美优品一直力求创新，随着电商全面进入品质和服务的激烈竞争阶段，为了满足消费者多层次的需求，聚美优品通过不同的营销策划来满足用户感情层面的需求，以便给用户带来与众不同的体验。

聚美优品CEO陈欧说："大多数B2C拼品类的大而全，全然不顾后台管理能力能否承受、用户体验是否好，而聚美优品的品类少而精，我们会把精力都用在完善供应链和提升服务体验上。聚美保证100%的正品货源，坚持深化售后服务，不断提升用户体验。"

聚美优品在增强用户体验方面，一直进行着创新和改进，比如，增添产品分类导航搜索功能，竞选全面新改版上线，进一步方便用户的查找；在交易支付方式上，聚美优品也是全国首家开通支付宝"信用卡快捷支付"功能的团购网站；在售后服务上，把"30天无条件退货"升级为"30天拆封无条件退货"。这些服务都首破行业规则。

国内互联网圈刮起了一场明星代言风，聚美优品却不是紧跟潮流，而是另辟蹊径。首当其冲地尝试了明星营销，不仅斥巨资邀请了亚洲人气巨星韩庚，更有聚美优品创始人兼CEO陈欧及公司高管团队集体出镜，创新打出了"为自己代言"的响亮广告语。

这条广告中，陈欧的广告词："你可以轻视我们的年轻，我们会证明这是谁的时代。梦想，是注定孤独的旅行，路上少不了质疑和嘲笑，但那又怎样？哪怕遍体鳞伤，也要活得漂亮，我是陈欧，我为自己代言"。陈欧是80后，他在"为自己代言"中，既道出了当前80后年轻人所遇到的困难，也展现了当下年轻人的理想与憧憬，引起很多80、90后，甚至70后的共鸣。在短短几天时间内，这条视频的微博转发量将近40万次，视频点击播放次数更是已超300万次。

图9-3　"我的聚美"界面

可以说，聚美优品的创新永不止步。目前，聚美优品更是紧跟移动互联网潮流，在其官方App中已经悄然增加了"微店"功能，用户需要提交相关信息后，获取邀请码，才能成为聚美微店店主。

据官方介绍，聚美优品将帮助用户一键开微店，但这种微店又和一般的微商有所区别，依旧坚持"亲力亲为"的用户体验模式。

1. 产品的选择

一般的微商都是通过自己挑选产品，产品的种类不受任何的限制，而聚美优品中的"微店"为用户免费提供精选的特价商品。然而在"我的微店"测试期间，用户只能挑选和分享聚美提供的部分产品，不能自己挑选聚美的所有商品，或者上传其他商品信息。

2. 赚钱方式

一般的微商都是通过差价挣钱，而聚美优品的微店用户是将微店或微店商品分享到微信，通过微信销售微店商品获取佣金分成。

3. 物流环节

一般的微商都是自己给顾客发货、配送，而聚美优品在产品的发货、物流配送等环节中，都不是由微店店主负责，而是由聚美负责，微店店主只是负责微营销。

4. 结算方式

聚美优品在产品、物流等方面都"亲力亲为"，微商不仅不用为了货源焦头烂额，还能避免积压货品的现象发生。但是在佣金结算方面，目前聚美优品的微店店主获得的佣金在商品退货期内会被冻结，直到33天（30天退货期，以及3天邮寄时间）之后才能自动解冻。

目前，对于微店业务，聚美优品官方相当低调，除了在上述环节中公布的消息，其他具体细节还不得而知。最近，有人联系到聚美优品相关负责人，其表示对于微店业务的详细信息还不便向外界透露。

目前，微商已经基本分为两大阵营：一类是多级代理模式，包括总代、一级、二级代理等层级代理，常见的就是看谁一次拿货或累计拿货多，实质看钱区分，选择这类模式的微商可以找一部分有能力的代理，层级可以控制在3级内，这样才能保证层级利润；另一类是将代理商（或者分销商）限制为一级，本质上类似于导购形式，所有的终端用户来分享产品获得佣金。

近期，类似聚美优品这种"微店模式"的营销，还包括1号店、携程、苏宁易购等在内的电商平台商，它们也都纷纷开启了用户分享返佣金的模式，但由于开启时间短，营销效果还不得而知。

9.3 QQ音乐：开创移动听歌新方式

QQ音乐作为首个与微信平台深度合作的数字音乐平台，QQ音乐公众号发展得也很有特色，为QQ音乐用户提供了微信"摇一摇"搜歌、"微信点歌"、"微信推荐"、线下活动推广于一体的服务。用户只需关注公众账号"QQ音乐"（微信号：qqmusic），即可体验QQ音乐为微信用户定制的特殊服务。

1. 微信摇一摇搜歌

有时候我们在街上听到一首耳熟能详的歌，却怎么也想不起这首歌的名字，这是不是让我们很苦恼？对此，qq音乐设计了一个"摇一摇"听歌识曲的功能，只要摇一摇就可以把听到的歌曲识别出来，还可以下载下来。最近，微信4.5版同样也推出了"摇一摇"搜歌功能。接下来，大家就一起来看看qq音乐和微信如何合作实现摇一摇搜歌的功能。

（1）进入微信→"朋友们"→"摇一摇"，点击右上角的音乐符号开启"摇一摇"搜歌功能。

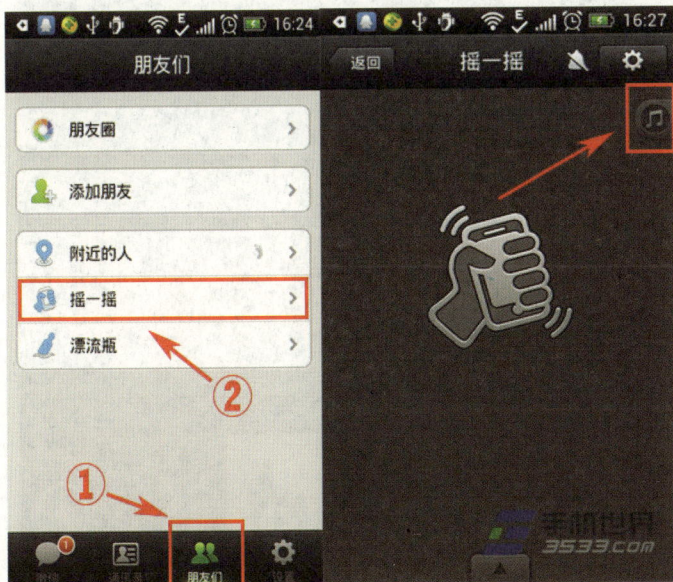

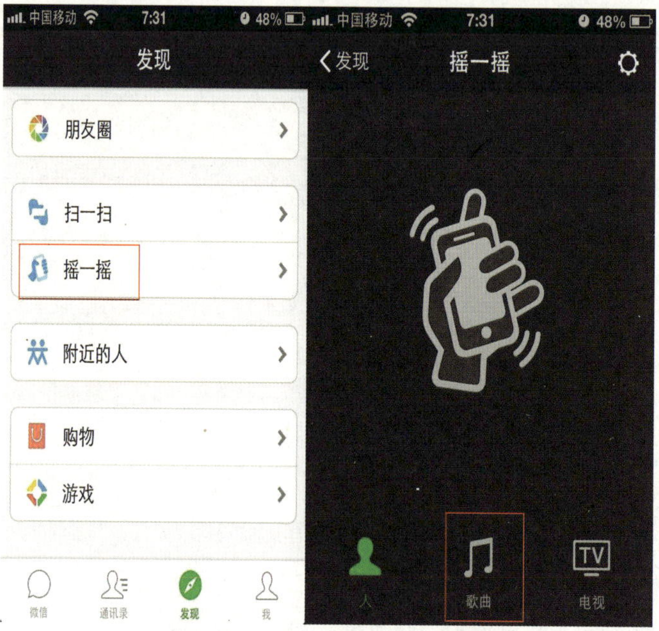

图9-4 微信"摇一摇"界面

（2）进入"摇一摇"搜歌模式后，对着你听到的歌曲摇晃手机，让微信收音，尽可能地靠近声源，等待微信自动识别听到的歌曲。

图9-5 "摇一摇"搜歌模式

（3）点击搜索结果界面右上角的菜单栏，可以选择"分享给朋友圈"、"发送给朋友"以及"收藏到QQ音乐"。

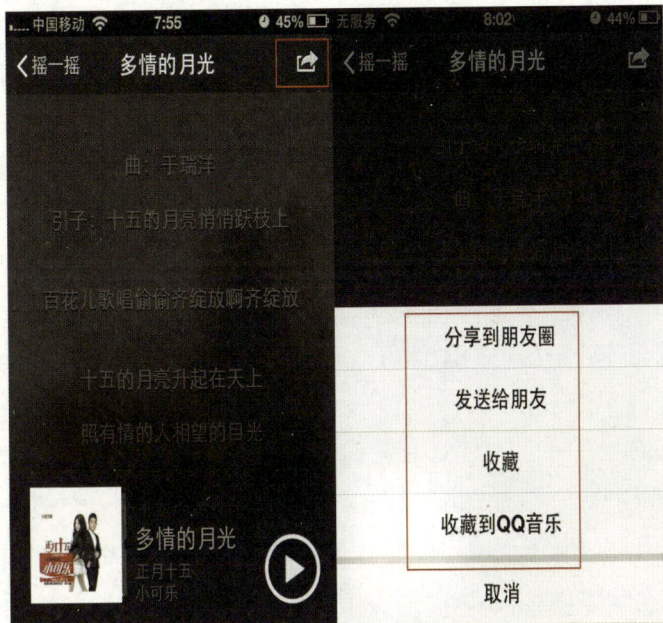

图9-6　分享音乐界面

2. 微信点歌

第一步，微信附件栏中添加QQ音乐

下面以iPhone为例，介绍如何通过微信给朋友分享音乐。

（1）在 iPhone上安装好QQ音乐。由于微信与QQ音乐的连接方式是通过插件的方式进行的，所以，QQ音乐必须以插件的方式加载到微信里，然后才能把歌曲信息发送给微信里的好友。

（2）打开微信，选择要分享音乐的好友，进入微信的聊天窗口，点击右下角的"＋"号图标

（3）在弹出的插件管理窗口中，点击"＋"号图标

（4）在添加应用窗口中，选择"QQ音乐"，再点击"加到附件栏中"

上述步骤操作完以后，就可以看到"QQ音乐"已经被添加到附件应用中，然后点击左上角的"返回"。

第二步，把歌曲分享给朋友

QQ音乐添加到微信附件应用中以后，就可以给朋友分享自己喜欢的歌曲了。

（1）回到微信好友聊天窗口中，点击右下角的"+"号，然后再点击"QQ音乐"，微信会自动切换到QQ音乐应用中。

（2）当QQ音乐中有下载或者收藏的音乐时，选择相应的"下载歌曲"或者"我的歌单"。如果QQ音乐里没有下载或者收藏的音乐，应在搜索栏内搜索想要分享的歌曲，然后在搜索结果中选择想要分享的歌曲

（3）在QQ音乐里选择好歌曲以后，确认"点歌给微信好友"，系统会自动切换到微信，点击"发送"即可完成操作。

通过微信分享QQ音乐给微信好友后，好友收到信息，打开微信就可以听分享的歌曲了。

3. 微信推荐

QQ音乐除了智能搜歌功能，在QQ音乐微信账号中，它还充分利用了微信自定义菜单中的"随便听听"，为只想随便听听的用户提供了丰富的选择。在"随便听听"菜单中，QQ音乐为用户提供"今日首发"，即提供当日最新的华语、欧美、日韩音乐等；"精选专题"是QQ音乐编辑们为用户精心策划的专题歌单；"神灯"则为用户贴心提供了"好听的歌"、"顾客端下载"、"如何搜歌"功能。而且用户每点击一次，都会返回一批精选的好听歌曲，这恰好满足了那些"懒得选择"或有"选择综合症"的用户的需求。

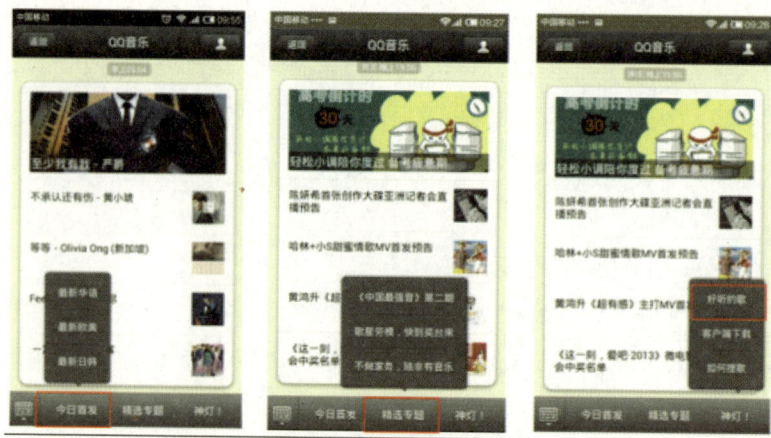

图9-7　音乐推荐界面

4. 线下活动推广

QQ音乐除了为微信用户提供好听的音乐，还利用其丰富的明星资源和成熟度，设计了线下活动推广功能，比如，线下尊享音乐会、首唱会校园行等模式，这些都为微信用户带来了大福利。

不久前，QQ音乐利用其线下活动推广，为奶茶刘若英首发专辑和五月天演唱会开启免费抢票等活动，微信用户的反响非常热烈。

图9-8 线下活动推广界面

APP化一直是微信主推的，QQ音乐作为最早与微信平台深度合作的数字音乐领先平台，获利颇丰，之后它也必然会加大在移动互联网上的发力。QQ音乐的微信公众账号作为其组建移动音乐生态系统的重要部分，除了不断完善微信"摇一摇"搜歌、"微信点歌"、"微信推荐"、以及线下活动的部分，今后会在分享、收藏以及与自身移动顾客端相关的新应用、新体验方面做得更多。

9.4 优酷：微信视频点播

前不久，微信官方发布消息，称微信的每月的活跃用户已经达到5亿多。

作为新兴的移动交互软件，微信逐渐成为移动客户端最受欢迎的应用之一，而当移动社会化与视频碰撞，更能满足视频"走着瞧"以及多屏联动等需求。

优酷作为国内最主要的视频来源之一，在个人电脑端口创造了最优、最酷的视频体验。而且随着越来越多的移动终端进入消费者的日常工作与生活中，多屏时代已经到来，这使优酷在移动端的用户数量不断提升，市场份额一直保持领先地位。

不久前，优酷为了满足网友随时随地想看的电视剧、电影、MV等视频需求，在官方微信(微信号：youku2012)的公关平台上，开通了微信的视频点播功能。用户可以通过对话的形式，与优酷官号互动，输入自己想看视频的相关剧名、片名或MV歌名，优酷就能通过微信对话为用户提供精准的视频播放页面，点击便可直接播放。

关注优酷公众号，用户可以通过直接添加优酷微信号"youku2012"为好友，还可以通过扫描二维码找到优酷的官号。优酷此次率先开通微信上视频点播服务，也为用户提供了全新的、更方便快捷的视频获取、观看的掌上渠道。

借助微信的公众平台功能，优酷官方微信将不定期向用户推送各种精彩视频以及剧集更新等信息。为了回馈优酷用户，优酷向用户派送各种优酷院线的优惠券。

用户借助微信能发送文字、语音、图片等功能，给优酷提出一些改进建议、用户需求等内容。优酷将根据用户的意见和建议积极改进服务需求，进一步完善信息内容。随着微信好友数量的不断增加，优酷将充分利用微信平台，不断丰富服务内容，根据需求为用户提供视频的相关服务，上述目的与优酷的愿景不谋而合，即让优酷成为中国人最主要的视频来源。

微商们不仅可以自制视频分享到优酷，还可以把优酷里很多搞笑、热门的视频分享给微信好友，甚至朋友圈，以此来增加顾客的访问量。如何将优酷视频分享给你的微信好友呢？操作流程如下：

首先打开你要分享的优酷视频。在优酷视频的下方，有一栏"分享给好友"，这里的好友可以是QQ空间好友、QQ好友、微博以及微信好友，你要选择并点击"分享到微信"图标。

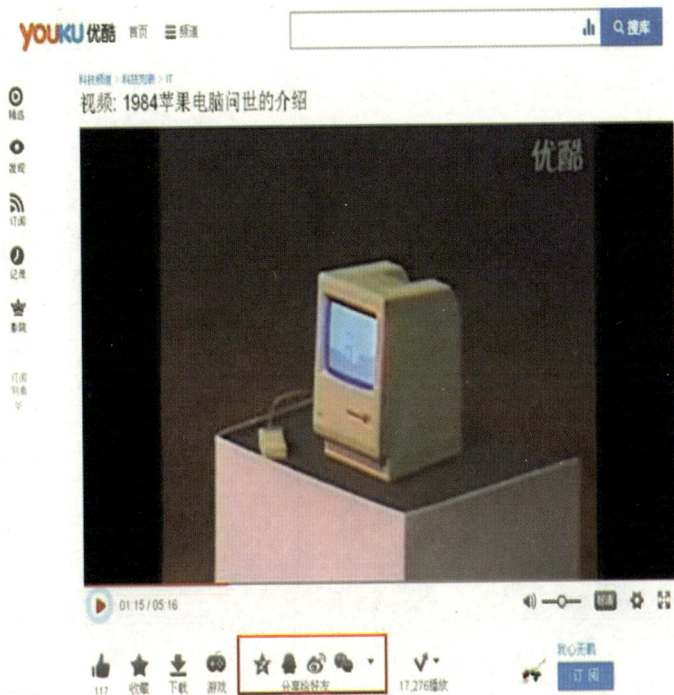

图9-9　优酷视频分享界面

其次，点击"分享到微信好友"的图标后，会弹出一个对话框，对话框的右边有一个二维码，你只需要用微信"扫一扫"右侧的二维码，即可把视频分享给你的微信好友或分享到朋友圈。

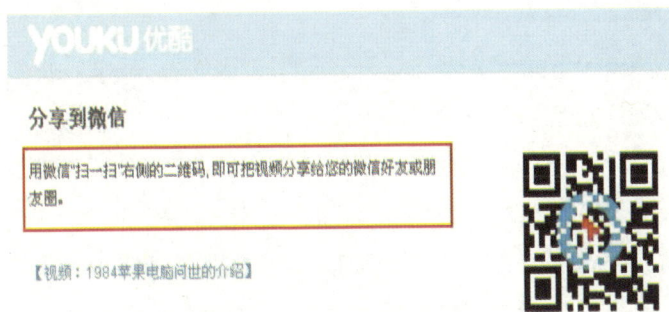

图9-10　视频分享到微信界面

第三，用手机打开微信，点击"发现"，选择"扫一扫"，扫完二维码，点击"分享"按钮，即可把优酷视频分享给微信好友或者分享到朋友圈，好友点击直接播放就可以了。

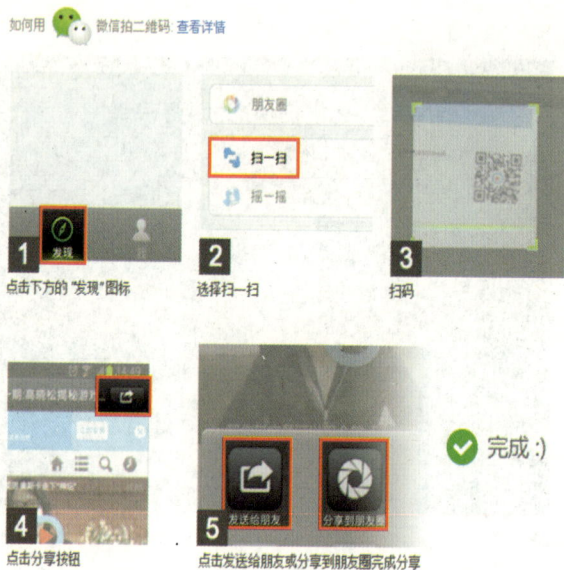

图9-11　"扫一扫"视频分享界面

9.5　余姚生活：打造智能化咨询平台

在微信越来越火的趋势下，有一个名叫"余姚生活网"的微信号趁着势头袭来。它为用户打造智能化咨询平台。余姚生活网围绕本地特色建立了信息广场、企业、房产、汽车、商家、生活、博客、旅游、财经、许愿墙、本地游戏、同学录等各个频道，提倡网民的互动，注重应用和分享。网友们只需拿起手机，打开微信，扫描二维码，不仅可以和余姚生活网客服亲密互动，获取各种新鲜资讯，还有机会获得余姚论坛微信纪念勋章一枚哦！

在余姚生活网官方微信上线期间，余姚生活网举办了"头号粉丝领勋章"活动。活动规则如下：

1. 用微信扫描余姚生活网官方微信的二维码，直接添加余姚生活网官方微信（微信号：eyurao-com），或者在微信上直接点按"添加朋友"——"按号码查找"，输入"eyuyao-com"查找并且关注。关注成功后，将其推荐给微信好友。

2. 发送"XZ"+你的余姚论坛账号给余姚生活网官方微信。

3. 满足以上两个条件即视为参加"头号粉丝领勋章"活动，即所有参加活动的论坛网友均将获得余姚论坛微信纪念勋章一枚。（注：一个微信号只能赠送一枚勋章）

为了吸引广大用户关注余姚生活网微信，关注用户除了获得一枚勋章外。还有什么好处呢？

1. 余姚生活网为用户提供了查公交、查天气预报、查停电停水、查车辆违章等功能，只要用户关注余姚生活网的官方微信，就能获得以上信息。

首先进入余姚生活网的互动节目，你回复数字"0"，就会为你提供功能菜单，如下图：

图9-12　余姚生活网界面

（1）公交查询

如果你想要查询具体某条公交线路，回复"公交XXX"查询，比如"公交101"，余姚生活网会立刻回复你，如图：

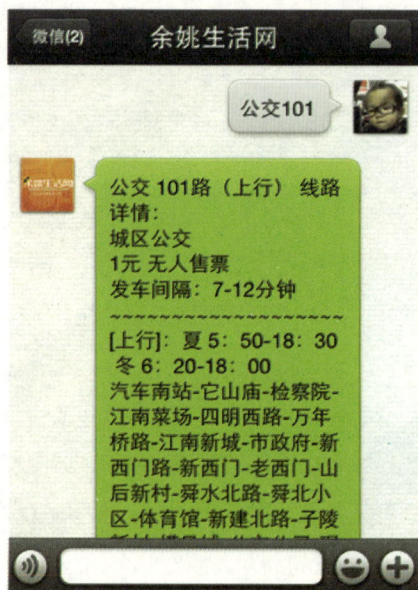

图9-13　公交查询界面

如果你想查询经过某个公交站点的所有公交线路，回复"公交站XX"，余姚生活网会立刻回复你该条路线要经过这个站点的所有公交，如图9-13所示。

如果你想要查询两个公交站点的换乘方案，回复"公交XX到XX"查询，余姚生活网就会立刻回复你最便捷的换乘方案，如图：

（2）天气查询

如果你想要查询余姚的天气，可以回复"天气"或者"tq""TG"，此外，你也可以查询其他地方的天气，比如北京天气、上海天气等。

（3）停电预告

如果你想查询停电通知，你只需直接回复"3"，或者"停电"，余姚生活网就会给你近期的停电安排通知。

（4）停水信息

如果你想查询近期的停水信息，你只需直接回复"4"或"停水"，即可查询近期的停水信息

（5）车辆违章

如果你想查询你的车辆或他人的车辆的违章情况，回复你的车牌号码+车辆识别码6位，如"京BXXXX123456"，即可查询该车辆的违章记录。

（6）电影影讯

如果你想查询某电影的影讯，只需点击：http://bbs.eyuyao.com/read-htm-tid-1483265.html

（7）信息广场

想了解租房、招聘等信息，直接回复数字"7"，立即进入余姚生活网微信信息广场，如下图9-14所示。

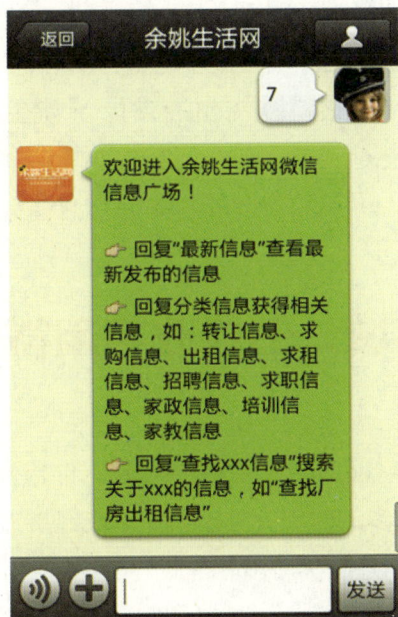

图9-14　信息广场界面

回复"最新信息"就能查看信息广场最新发布的信息。

回复相关分类信息即可获得相关信息，比如转让信息、求购信息、出租信息、求租信息、招聘信息、求职信息、家政信息、培训信息、家教信息等。

回复"查找xxx信息"就能搜索到关于xxx的信息。

（8）轻松一下。

余姚生活网的官方微信，还有翻译、查股票、识脸、听歌等功能。

输入"翻译+你所需要翻译的中英文"，就能帮你翻译；输入股票代码，就能查询最新股票价格；发张你的靓照，还能提供"察言～观色～面相～摸骨"功能；输入"听歌+歌名"，就能为你提供好听的音乐；如果你饿了，回复"我饿了"，余姚生活网还能为你提供外卖服务平台。

（9）联系生活网各个频道的客服

回复"9"或者"客服"进入客服菜单。如果你想找的是频道客服，回复房产客服、汽车客服、装修客服、英才网客服、姚聚团客服、信息广场客服、论坛客服、游戏客服，余姚生活网就能为你提供相关客服网址和咨询电话。

2. 关注用户可以通过微信咨询有关余姚生活网的各类问题，包括旗下的余姚论坛、汽车、楼盘、装修等各频道。

3. 关注用户可以向余姚生活网直接发送爆料消息，反映民生问题。

4. 当有好的活动或余姚最新最热的信息时，余姚生活网将通过微信向关注它的用户传送，让他们及时了解余姚的生活信息。

9.6 科通芯城：七成业务用微信

科通芯城是国内首家面向中小企业的IC元器件自营电商。它成立于2010年，到如今只有短短4年多的时间，其年营业额已经接近100亿元。在它快速成长壮大的背后，微信可谓是功不可没。

在微信刚刚被推上神坛之际，科通芯城就看到了微信中的商机，当然也为"如何用好微信"绞尽脑汁。结果，科通芯城成为B2B电商中最早尝鲜微信生态的电商。如今，其七成业务都是用微信完成。

在没有使用微信之前，科通芯城和其他传统模式下的电商一样，其顾客需要登录账号、密码才能访问网站。有些顾客面对复杂的网站流程，都不愿意进行体验。实际上，他们一个月只可能登录一两次网站，电商们也只能在这仅有的几次中跟顾客互动。所以，在传统模式下，B2B电商在用户体验上存在很大的问题。

如今，智能手机已经普及了，而微信也正在慢慢地把那些不太上PC互联网的传统行业的高端人士吸引过来了。但微信不仅仅是一个社交工具，它更像是一个移动版的Facebook，一个交互式的终端。科通芯城从2007年起，就开始研究怎么找到Facebook这样的社交工具帮企业做营销。微信的出现，正好满足了科通芯城的需求，他们通过微信找到了革命性的突破口。

于是，科通芯城以"把微信作为CRM（顾客关系管理）"的思路研发了公众账号"芯云"。"芯云"是一个傻瓜式的前台，其界面很简单，你只需在上面输入关键词或者语音询问一下，系统就会自动回复。"芯云"是科通芯城提供的免费服务，它的功能打穿了B2B的交易环节。通过微信，企业每周甚至每天都在与顾客互动。微信在降低顾客对网站依赖的同时，反而大幅提升了用户体验。

对于微信，科通芯城做了一整套运作方案。当时，大多数企业只是把微信当作二次营销和顾客服务工具，而科通芯城则把微信作为第三方营销和服务平台，他们希望能通过微信实现企业商务电子化，将复杂的"多对多"的交流过程，变为人机交互的简单指令操作。而且微信首先是一个沟通工具，顾客基数庞大，准入门槛低。其次微信是一个营销工具，通过公众账号帮助企业做营销，从而将科通芯城中的很多功能予以实现。

除此之外，科通芯城之所以把业务单元移到微信平台上，是因为企业对B2B电商新的理解。这与原阿里巴巴B2B公司CEO、嘉御基金董事长卫哲的看法不谋而合。卫哲提出了"商务电子化"的概念，即B2B企业的本质是商务，电子只是渠道，现阶段的企业需要利用第三方营销和服务平台，而不是自建平台。"B2B维持人的关系比推广产品更重要。而微信绑定顾客和潜在顾客，建立'商人圈子''采购圈子''采购社区'，这类圈子社区本身就有很高的价值。"

科通芯城搭建的"微信营销和服务平台"流程如下（图9-15）。

流程一	IC元器件买家通过科通芯城官网下订单
流程二	所有的订单流程可以用微信简单的指令进行操作，并得到即时回复
流程三	用户可通过"科通云助手"公众账号，查询产品、价格、订单、财务等信息
流程四	收到即时通知，并进行交互

图9-15　科通芯城搭建的"微信营销和服务平台"流程

另外，科通芯城还推出了"科通云助手"公众账号。它是一个沟通平台。通过此平台，顾客可以查询销售、采购、仓管、物流以及客服等信息。

图9-16　"科通云助手"公众账号

科通芯城执行副总裁朱继志曾说："未来，70%以上的业务操作将通过微信完成，网站将逐步边缘化"。科通芯城计划把业务70%以上的操作，通过微信的简单指令去实现，大部分顾客会通过微信和他们进行交互，网站可能会被边缘化。此外，朱继志透露了微信下一步的工作重点："顾客操作只有是一些很复杂的指令时，才需要登录网站。除了服务，我们还可以通过微信向顾客展示更多产品。"

对此，科通芯城董事长康敬伟也说："我们看中微信的就是精准和转化率。供应商每天都有想推销的新产品。他们把信息库给我，我的工作只干一件事——筛选。科通芯城筛选完了后，把有用的信息给需要它的人。我们不会告诉做电表的人手机圈的事。我的后台能精准定位到顾客是哪个公司，公司做什么产品。我只针对你，一个星期给你一两条信息。我们这个顾客数据库现在有大概1万家公司。"网络为企业带来了强大的信息库，而信息化带来的好处是越来越精准的管理，最后大家的效率都提高了。

如今，微信已经成为主导的商业模式，科通芯城的业绩从2012年下半年开始突飞猛涨，当年营业额大概做到了6亿元；2013年的营业额大概做到了40亿元，其净利润超过1亿元；2014年，科通芯城的年营收入达到100亿元。目前，科通芯城七成以上的业务都是靠微信完成的，80%的顾客也是通过微信来服务的，他们的目标是通过微信服务100%的交易顾客，而科通芯城目前的顾客重复购买率超过90%。

第10章

草根明星教你玩转微信

微信不仅是牛人大咖们的致富平台，也是草根一族的赚钱工具。微信为创业者和商家们提供了无数个机遇，如果说那些牛人大咖们的一些"高大上"的方式，你无法复制，那么，像你一样的草根一族利用微信赚钱的方式，该是你应该学习的吧。

10.1 "新潮的哥" 微信月收入上万

　　微信商机不断袭来，除了被商界的一些大佬们所青睐，一些草根们在微信平台来临之际，也加入了这场微信营销的热潮，依靠微信带来的商机赚了不少钱。

　　目前，杭州的许多出租车司机开始通过智能手机拉生意。有一位司机身穿质地考究的西装，平时两部手机不离身，蓝牙耳机不离耳朵，远远看上去，简直就是潮男一个。谁又能想到，这位数码潮人竟是一位资深的哥，他叫蒋烨，今年39岁，出生在杭州一个普通工人的家庭。他开出租车已经有十多年了。他给大家的印象：白净的脸，穿着材质好、版型考究的衣服和擦得锃亮的皮鞋。从外表上来看，很少有人能猜出他是一名出租车司机。

　　在杭州，蒋烨可是一名知名的哥，除了外表另类以外，他招揽生意的方式也非常独特——聊微信、"织围脖"，甚至收费都用支付宝。蒋烨的工作方式令人耳目一新，效果也比传统的揽客方式好上三倍以上。如今，他通过微信和微博，拥有了大批铁杆粉丝，还创建了一支微信车队，月收入也由以前的4000元狂飙到万元以上。

　　蒋烨是如何利用微博、微信发财的呢？

　　蒋烨在一家出租车公司从事出租司机以来，一直都是开夜班。直到2011年6月，他开始开白班，原因是当时白班生意不好做，原来的司机不干了，没人愿意开白班，他只能硬着头皮上。的确，白班生意很不理想。没办法，为了增加收入，他开始在网络上找乘客。最初他只是在赶集网、58同城等一些网站上发布一些约车信息，效果还不错，他陆陆续续接了一些订单。

　　在网络上尝到甜头的蒋烨，开始觉得在网络上招揽生意是个不错的办法，这能让他有一些收入。后来，一次偶然的机会改变了他的的哥生活。

　　有一天，蒋烨拉载了一名乘客，当时这位乘客上车后就开始朝着手机和朋友对话。蒋烨对此感到很好奇，便问乘客用的是什么软件，竟然能随时随地和朋友对话。乘客回答说："这是和微博一样流行的社交工具——微信。"乘客还告诉蒋烨，这款社交软件好用极了，不仅能够发文字和表情，还能用语言对话，更重要的是还能够通过定位功能知道彼此的距离。

听了乘客的话，蒋烨灵机一动，心想："如果我用微信锁定乘客，做预约服务，那比在网上发帖方便多了，而且我还可以随时随地发帖子，和顾客对话。"

第二天，蒋烨便开始尝试用微信拉单。起初，他并不会用微信，也不知道怎么把招揽顾客的广告推广出去。慢慢地，他在朋友的指点下摸索了一段时间，学会了定位查找附近网友。在闲暇时间，他会挑选一些附近好友，和他们打招呼："您好，我是出租车司机蒋烨，想约车可以找我。"后来，蒋烨把在微信上拉客发广告的行为形容为"发微信就像在网上隔空发名片"，非常适合出租车司机这种流动性强的行业。

蒋烨经过不断地查找，并和潜在顾客沟通，一段时间后，他还真通过发微信接到了生意。由于蒋烨开车技术娴熟，服务又好，通过微信接到的一些乘客还成了他的忠实粉丝。

后来，蒋烨还把通过微信预约这个好方法介绍给了公司的其他司机。于是，微信预约打车在杭州一下子火了，这种方式尤其受到很多年轻人的欢迎。因为通过预约叫出租车，很方便，就不用老站在路边等，只需在约定的时间出来就能坐上出租车。

另外，蒋烨还发现，很多乘客在乘车时喜欢翻手机看，于是，他还特地办理了车内无线上网套餐，免费为乘客提供无线上网服务。毕竟他的主要任务是开车，考虑到行车安全，他又给自己配了一套专业武装——微信专用耳机。有了这套装备，他只需要轻松按键就可以收听和发送微信语音。

几个月后，蒋烨的个人微信好友已经上升到400多位，他还开通了名为"杭州出租车预约"的新浪微博，用来公布预约方法和联系方式。很快，他的微博也吸引了1 000多个粉丝。通过微信和微博，他的顾客量是不愁了，但是他还要考虑到出行成本。为了避免不必要的损耗，他给自己的约车费用订了一个条件，即市区50元起预约。

前期准备都做好了，有时候还是会碰到难题，比如，顾客在同一时段预约你的出租车，你只能拒绝一个，当时如果长期出现这种情况，顾客就会产生反感，下次就不再预约你的车了。为了解决这个问题，蒋烨有意识地邀请了一些熟悉的车队好友加入，把几个技术和人品都不错的司机拉在一个微信群里。他们互相分享客源和订单，相互配合得很愉快。就这样，他们的生意越来越好。

现在，蒋烨每天的营业额都能达到六七百元，有时会更高。算下来，除去油费和班费，每天他至少能赚400多元。一个月下来，他至少有1.3万元左右的收入，果真成了名副其实的"万元的哥"。

蒋烨在微信上预约打车的想法，给了其他一些互联网大佬很大的启示，他们开发了APP"快的打车""滴滴打车"等为打车乘客和出租车司机量身定制的智能手机应用软件。

2012年"滴滴打车"在北京中关村诞生，9月9日正式在北京上线。如今，"滴滴打车"手机软件可以随时随地叫出租车，大大地方便了人们的出行，提高了人们的出行效率。

随着微信使用人数的剧增，"滴滴打车"也靠上了微信这一巨大"靠山"。现在滴滴打车每天为全国超过1亿的用户提供打车服务。下面就来向大家介绍一下如何简单地利用微信实现滴滴打车。

第一步：打开手机上安装的微信软件，点击右上角的图标，如下图10-1所示（出现以下界面）。

图10-1　安装软件界面

第二步：选择菜单中的"我的银行卡"选项卡，到微信相关应用的界面，如图10-2所示。

第三步：在界面中找到"滴滴打车"应用，选中点击，会打开"滴滴打车"的界面。在打开的"滴滴打车"软件界面中输入你所在位置（一般会通过GPS自动定位显示出来）和你要去的终点，地址书写完毕后，单击"马上叫车"，如图10-3示。

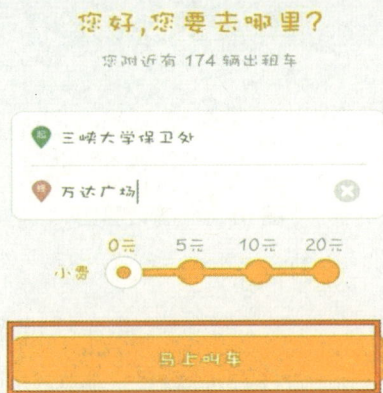

图10-2　选择"我的银行卡"界面　　图10-3　"马上叫车"界面

第四步：在下面（见图10-4）出现的界面中，输入你的手机号码等信息（方便司机与你联系）。

第五步：信息填写完毕并确认后，"滴滴打车"系统会自动将你的信息发送给出租车司机，出租车司机会根据自己与你的距离，选择是否进行"抢单"操作，如有司机抢单，则会出现抢单司机的信息，如图10-5所示界面。

第六步：稍后抢单的司机会通过你提供的手机号码与你联系。司机接到你并将你送到你指定的位置后，你可以选择使用微信支付或者使用现金支付车费。提醒：如果使用微信支付，你将会获得12元的现金补贴，你本次出行只需要支付剩余的金额。

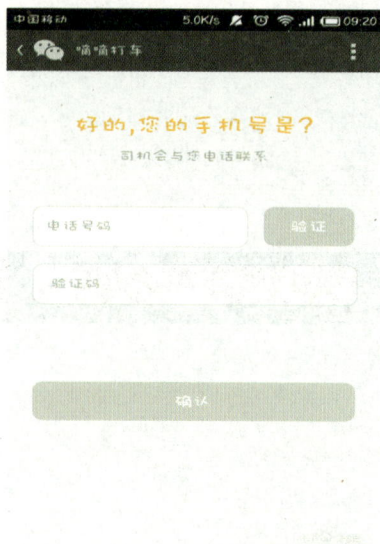

图10-4　确认界面　　　　图10-5　司机抢单界面

10.2　"90后"开创"V"创业模式

　　当很多人还在尝试和体验新诞生的微信时，一些人有创业头脑的人就已经开始将微信当作自己的创业利器，开始创业了。然而通过微信创业的人大多是刚刚崛起的"90后"大学生。经专业人士分析，"90后"都有共同的特点：他们敏锐大胆，敢于尝试新生事物，勇于行动又富有商业头脑。所以，对于新兴的微信，他们当然不会放弃这次难得机会，他们虽然没有多少资本，却有很多新的点子。况且在微信创业几乎零门槛、零成本，建立在熟人基础上的微信社交平台无疑成为这一帮"90后"最好的创业舞台。

1."90后"开创"we信水果帮"

　　华中科技大学黄铁森同学在读大三的时候和几个好友一起创立了"we信水果帮"，一时成为校园红人。

当记者问及他的创业灵感时，黄铁森说："身边很多同学平时喜欢宅在寝室，特别是夏天，在武汉将近40摄氏度的天气下，有时想吃水果又不想出门。再加上微信业迅速崛起，很多同学都申请了微信号，所以，自己就萌生了在微信上卖水果的想法。同学们只要关注"we信水果帮"的微信公众号，把宿舍的地址、水果种类等发到微信上，就有专人送货上门。"

"we信水果帮"自创立以来，水果的质量和价格都得到了同学们的好评，而且他们每天都会在微信朋友圈更新新到水果的名字和图片，方便同学们预定，有时还会发表一些生活中的趣事。所以，"we信水果帮"的粉丝也越来越多。他们的团队的发展一直顺风顺水，人数也不断壮大，今年5月20号，团队为了感谢同学们的大力支持，还免费送出500个爱心苹果，其粉丝数量又上了一个阶层。

2. 在校生微信上的外卖店

从2013年4月开始，一个名为"首大订餐"的微信公众号开通了。开通这个微信平台的是首都经贸大学大三学生刘奇，他心想："很多同学喜欢宅在宿舍，或者是上课时就想好了吃什么，但是学校餐厅里吃饭的人太多，特别是放学的那段时间，吃饭的人会更多，常常需要排很长的队才能买到饭，有时因为排对的时间太长，而失去了吃饭的兴趣。但是如果他们只需动动手，在微信上下单，上完课回到寝室时就有人把他在食堂订的食物送到门口，这无疑是一种享受。"

仅用一周的时间，刘奇就完成了撰写订餐计划书、与校方和食堂经理洽谈合作事宜，组建"首大订餐"团队等计划，把订餐的点子变成了现实。一时间，"首都经贸大学食堂有了外卖！不想去食堂挤着打饭，只想宅在宿舍的同学有了一个好的订餐平台。"在宿舍里传开了。

"首大订餐"平台一经推出，很快就吸引了很多粉丝，他们每天的订单就像雪片一样。而刘奇组建的团队每天要做的事，就是在午饭和晚饭前，统计微信里同学下的订单，并将订单内容及时传到食堂，然后再把食堂里打包好的订单核对后送出即可。在首都经贸大学，共有3个食堂，刘奇在每个食堂都安排了二三个配送人员。

不久，食堂众多用户就为他们带来的稳定订单。为了扩张业务，刘奇的团队开始拉入校外外卖、便利店、饮料等商家。对此，刘奇说："我的团队最大的优势就是'垄断'，因为学校管理比较严格，外边的人不能随便出入；而且宿舍楼只有本校学生才能上楼，这一点是其他非学生外卖平台所做不到的。"

目前，刘奇团队每天的销售额能达到5 000元左右，这个数目还是在未把校外商家纳入他们自建物流时的数据。

刘奇是一个名副其实的富有商业头脑的"90后"小伙，他除了"玩"订餐平台，现在还在考虑另一件事：如何用互联网的方式改造家乡传统的服装制造业。

3. 大三女生开青旅微信促销生意火

广州某院校一位读大三的女生名叫刘子欣，她从去年暑假开始就正式升级为老板了，她创业的辅助工具就是微信。

即将面临毕业的刘子欣说："我读的是二级院校，学校的教学质量一般，选的专业也不是我喜欢的，从我们这样的学校毕业后找对口的工作，肯定也没有什么竞争力，估计也找不到好工作。而我从小就喜欢旅游，所以，进入大学后我就加入了学校的旅行社，还经常利用业余时间前往广州市的各大青年旅社做义工，三年下来我积累了很多经验和人脉，于是，我就想着与其出去找自己不喜欢的工作，还不如选择创业，做自己喜欢的行业。"

有了创业的想法后，刘子欣就找了现在的合伙人，他们是在做义工的时候认识的。这位合伙人原本是一家大型国企的资深HR，听了刘子欣的想法后，他觉得很不错，于是就辞掉了工作和刘子欣一起筹备青年旅社，从家具到装修，他们全部都是亲力亲为，虽然很辛苦，但他们也觉得很值得。

去年暑假刚开始，他们的青年旅社就正式营运了。当时，刘子欣心想，传统旅店的经营方式根本不适合他们，因为这种方式需要旅店有一定的知名度才有人愿意入住，自己的旅店刚开业，这种方式肯定行不通。热爱旅游的刘子欣了解到，现在的旅客入住的旅店基本上都是在网络上订购的，而且很多"驴友"还会通过微博、微信分享一下对某些旅店的看法，尤其是微信上分享的信息，它的可信度比较高，很多人都会从微信上寻找一些有用的建议。所以，刘子欣认为利用微信促销一定是一条非常不错的路子。

刘子欣利用微信的公众账号、朋友圈、微信群等推广工具，在这些平台上发表自己旅社的设备等信息，还时不时地和旅客们互动，推出入住旅客扫二维码优惠打折活动等。刘子欣通过微信促销比较成功，自己的青年旅社开业不久，就接到很多订房电话。刘子欣说："我真没有想到，一切会是这么顺利，这要多亏了微信，它帮了我大忙，顾客90%以上都是从微信上吸引过来的"，旅社住的人的年龄基本上都是从15～28岁的年轻人，他们有些是来广州旅游的，有些是培训的，还有些是暑假实习的……

如今，刘子欣订房的订单已经排到了半个月以后，而且每天的客房基本上都是满房，这无疑是一件值得高兴的事。另外，随着旅社的生意越来越好，刘子欣还打算通过微信招一些义工帮忙，目前已经有一些人有意向了。谈到未来的发展，刘子欣信心十足地说，她打算以后在全国开连锁店。可见，刘子欣从微信营销中尝到了不少的甜头。随着微信的普及应用，她的信心更大了。

微信的出现，给很多人带来了创业机遇。现在微信覆盖了90%以上的智能手机，并成为人们生活中不可或缺的日常使用工具。截止至2015年第一季度末，微信每月活跃用户已达到5.49亿。而且微信自从2012年8月推出企业公众号以来，仅一年的时间内，微信上的企业公众号就上升到800万了，而且每天仍然以超过8000家的数量增长。

微信海量的用户和熟人社交模式，改变了人们的生活方式。微信这种以熟人为基础的社交模式，不论对企业还是个人，都是移动互联网时代最好的创业工具。

10.3 餐馆老板：10万微信会员走O2O转型路

目前，微信公布的用户数量即将破6亿。如此庞大的用户数量，商家自然也想在此争得一席之地。况且现在消费者的消费方式和注意力也逐渐向移动端转移，很多传统行业的老板们不得不借助移动互联网寻找他们转型的机会，也开始琢磨着如何利用这个平台和顾客形成互动，从而提升企业的业绩。

自微信公共开放平台推出以来，不少餐饮酒店、商家等线下品牌开始纷纷进入微信，将其作为品牌营销的重要出口。一业内人士表示："汉庭连锁酒店，每天在微信平台预订房间的数量已达到上千间。"而商家微信平台上的用户具体给店家带来了多少的销售额，目前并没有任何官方或非官方的统计。

广州食尚国味集团在全国拥有43家门店，全部员工将近6千人。它是移动互联网趋势下的一个成功案例。近日，该集团的负责人郭春鹏参加了腾讯电商微生活会员卡新版发布会，并首次向外界谈及广州食尚国味集团的O2O转型之路。

当天，郭春鹏在发布会上分享了广州食尚国味集团的转型经验。郭春鹏指出，在O2O转型的路上，如果企业能够利用好移动端工具，不仅能实现更精准的营销、提升消费者回头率，还能为顾客提供直接的服务。

郭春鹏还说："目前我们公司一共拥有10.5万名微生活会员卡顾客，其中有3.2万变成储值会员。"广州食尚国味集团利用微生活平台经营餐馆，使其淡季的营业额都高于春节旺季。而且他们还利用产品后台对会员进行分类营销，在三个月时间内，他们就帮一个白酒供应商卖掉了近60箱白酒。之前，他们半年的时间才能卖出16箱左右的白酒。可见，该集团在新型微信模式下的营销方式，相较于传统的销售方式，其销售额要提升好几个档次。

在O2O的转型路上，郭春鹏还有哪些经验之谈呢？

传统餐饮已经不再"传统"了，它们也开始时髦起来。广州食尚国味集团就是利用微生活会员卡为自己的转型打了一场漂亮的翻身仗。郭春鹏说："传统企业必须要转型，而且这个转型必须是战略性、全局性、系统性的变革。"

传统餐饮的转型是必然的，那么，转型的时候要往哪个方向转呢？经过数据分析后，未来的中国一定是全球最大的移动互联网市场，所以，企业转型的战略方向就是朝移动互联网上去转。

1. 会员转型

郭春鹏说："我们企业早在两年前开年会，主题一直是会员、会员，还是会员。为什么我们企业这么重视会员呢？其实大家都知道一个营销学的理念叫做血管与血液的关系，以前餐饮行业就缺乏血管经济，虽然看着店里人很旺盛，但是将来这些人不能为你所用，因为他吃完饭就要走，并不是在长期在这个地方，所以，我们企业需要建立自己的血管，有了自己的血管经济以后，我们可以在上面跑很多东西。"

可见，会员是广州食尚国味集团发展的重点。所以，该集团在向移动互联网转型的时候，还是围绕着会员，他们开始使用微生活会员卡。前四个月，他们发放了10.5万的会员卡，接下来的四个月，他们发放实体卡的数量为5.1万，但通过微信发放的10.5万会员中有3.2万变成储值会员。这意味着广州食尚国味集团的会员已经开始有储值消费行为。

通过这几个月的统计数据发现，集团与微生活合作以后，他们在淡季的交易笔数、消费金额、充值金额竟然都超过了之前在旺季的数量。

既然微生活会员卡的效果如此明显，广州食尚国味集团是如何通过微生活会员卡发展会员的呢？

到广州食尚国味集团的店门口，你会清晰地看到一个二维码扫描，而且在顾客坐下以后，桌面上也会有一个二维码，顾客只需扫一扫就成为他们店的会员。这种方式比传统的填表要方便多了。

有了二维码之后，你还要给顾客一个扫它们的理由，最好的理由就是为他们提供价格优惠。客人通过扫码加入会员一般是在两种情况下：一是在顾客点菜的时候，因为每个菜价都会有两个价位，一个是会员价，一个是标准价，想要享受会员优惠的人，扫一扫二维码就行了。二是在顾客结账的时候，因为他们在账单上也做了很多的二次开发，把账单设计成更适合推广他们的微生活会员卡的方式，比如，非会员情况下的价格是600元，会员价格就是554元。而且他们的会员卡都是做储值的，顾客必须储值才能享受他们的会员价。看到这么大的优惠价格，顾客自然会忍不住办理一张会员卡。

通过这些小小的改进，广州食尚国味集团平均每家分店每天可以增加办卡的人员达10个，他们在全国一共有40家门店，乘以365天，那么，他们一年就可以增加14万的会员。

郭春鹏说："微生活会员系统给我们提供了很丰富的平台，我们以前只能是玩儿文本、短信，现在可以有图片、音乐、视频，整个活动都可以下发。"以前，广州食尚国味集团有专门的呼叫中心，但是自从他们开启微生活会员服务之后，他们的会员呼叫量明显降低。相反，他们每天的微生活客服平台的咨询量不断上升。可见，顾客越来越青睐于企业通过微信提供的服务了。

2. 营销转型

广州食尚国味集团除了在会员方面转型，他们在销售方面也做了改变。如今，他们通过微信开始做精细化营销。

在烟台，广州食尚国味集团有一家分店，整体设施都很奢华，菜品也很昂贵。自从国8条推出后，该分店的整体营业额差不多降了50%。如果不转型，该店面很快就要面临关门。这时公司下令整改，首先就是在菜品设计方面。当时他们推出了很多8.9元、9.9元以及11.9元的菜。刚开始，很多人看到装修门面就觉得档次太高，都不敢进门，觉得这是在忽悠他们，说不定一个人的茶位费到时候要加四五十元，这就得不偿失了。

看到效果并不明显，公司又开始转变思路，一边在原有的烟台三家中档店里给他们做推送消息，另一边则通过微生活会员卡给会员们注入电子券，吸引他们到这家店来。这次效果明显好很多，"在大餐厅吃了一顿饭仅花百十块钱就可以"的消息迅速传开了，这家店的生意也火起来了。当时报纸还刊登了这件事情。本来面临倒闭的店面竟起死回生了。尤其在烟台的旅游旺季，该店面的利润反而上升了。

在新时代、新工具下，任何行业都要转变思想。在新工具的应用下，它不仅为大家提供便利，还能提升企业的利润，比如，微生活给广州食尚国味集团提供了很多方便，它可以通过微信的自动推送功能，将每个客人在消费完的账单发动到顾客那里，给顾客打造了一种安安心心充值，明明白白消费的环境。另外，他们还通过该系统让顾客随时随地都能看到自己卡里的积分有多少，余额有多少，甚至在哪一个店哪天消费都有记录。对这种方式，客人很容易接受，也给了他们一种安全感，所以，他们愿意把钱充到会员卡里。

通过微生活这个入口，广州食尚国味集团除了能导入会员，还能通过里面的数据，把客人去做细分，把各个层次、各个体量做细分，再分析每个人的活跃度，哪些是常客，哪些是散客，哪些是过客。可见，微生活又成为了他们的筛选器，把会员通过自己设定的不同条件把他们筛选出来，采取不同的营销方式，推送不同的信息。

现在，广州食尚国味集团90％的营销活动都在微生活，他们成功完成了向移动互联网方面的转型。

10.4 IT男叫卖微信广告位，日入万金

在微博之后，微信成为了一种新的社交平台，也是新的掘金之所。当微信开始盛行之际，一些有眼光的先行者便开始尝试这个新事物，想方设法从中获取第一桶金。

腾讯一前员工程苓峰2010年就职于腾讯，2012年8月辞职开始创业，他也是微信第一批先行者之一。他于2013年1月28日，决定在微信公众平台卖广告，到2月4日他成功卖出8个广告，进账8万元，可谓是日入万金。

1. 第一个吃螃蟹的人

当时，程苓峰在独立运营自己的微信公众号"云科技"之后，对外宣布自己的微信上有2万真实用户，其中包括数十位互联网上市公司CEO、总裁、CXO，以及风险投资合伙人，上百位上市公司总经理、创业公司副总裁等。他于1月28日正式在微信公众平台上对外"叫卖"后，每天都会向2万微信用户发一篇文章，并在末尾附上图片和广告的链接。

在微信平台上卖广告，程苓峰是第一位，他的收费标准：1万元1天，3万元5天。作为这一行业第一个吃螃蟹的人，他自然也狠狠地尝试了一下微信的甜头。

不过，1天1万的广告价格，对一般人来说，可谓是"天价"，如果没有利可图，任何人都不会花费这些钱的。程苓峰为了使用户的广告曝光率高，他为用户发行的广告，并非只是单纯的微信平台，他在其微博和云科技网站上也会

有相应的推广，可以说是"微信+微博+网站"的混合模式。微信、微博、网站这三个平台是目前聚集人数最多的地方，这也是吸引广告主的地方之一。

程苓峰推出的"微信+微博+网站"混合模式，被认为是尝试性的动作，但是，从目前的效果来看，似乎颇有成效。因为当他推出的前6天，就得到了唯品会、金山猎豹等8个企业的青睐。程苓峰表示："一旦这个模式走通，将激励更多个人媒体的成长。"

一些业内人士认为，程苓峰的成功模式不是那么容易就能复制的，因为微信用户的增长速度很缓慢，更何况是2万个微信用户的数量级别，更是难以做到的。而且程苓峰本身就在圈内有一定的人脉关系和品牌影响力，这也是其成功的关键因素之一。

2. 广告联盟在微信平台上"萌生"

很多人都喜欢尝试新鲜事物，不少广告主也对微信这个新兴的社交平台有很大的兴趣，所以，他们也愿意尝试一番。

随着程苓峰在微信平台上卖广告位的成功，一些想通过微信粉丝赚钱的人士也开始竞相效仿，尽管他们的微信账号上仅有千百个粉丝。紧接着，广告联盟也开始在微信平台上"萌生"。他们把一些有影响力的微信公共账号聚集在一起，打包后向广告主推荐。广告联盟对广告主的选择也是很严格的，尤其是那些有可能会损害微信公共账号品牌形象的广告主，他们一律不会和他们合作。

目前，做微商的人越来越多，他们的微信公众账号一般都是个人创建的。它和微博不同，微信上的粉丝基本不会有什么"水军"，基本上都是朋友推荐或通过口碑传播，粉丝主动关注账号的。所以，微信上的粉丝质量很好。微商们宣传产品的主要平台，也是靠微信、朋友圈传播，其效果也是不错的。

10.5　"蛋糕哥"促销生意火

最近，网络走红的"蛋糕哥"频开分店，人气飙升，而他的成功秘诀就是微信、二维码、微电影……为了吸引顾客，他可以说是"长枪""短炮"齐上阵，将所有能动用的网络营销手段都用上。

"蛋糕哥"原名叫楼智杭，老家在浙江绍兴，只有小学学历，15年前只身来到杭州打拼。在开小蛋糕店之前，他做过蔬菜批发生意，开过麻辣烫店，还跟人合伙开过理发店，但都由于没有技术，最后都以亏本而告终。这时他意识到，没有技术就没有竞争力，要想让自己的店铺做大、做强，自己必须学一些真本事。于是，他在2007年决定从头再来，开始跟一个开面包店的师傅学习做小蛋糕。但师父的技术也不好，自己只能糊口罢了。"蛋糕哥"出师后，开始自己"搞研发"。

"蛋糕哥"的制作工艺看起来很简单：拿出工具"铁饼"，将它放在煤气上预热一会儿，然后将事先制作好的蛋糕原料均匀地浇在"铁饼"上的一个个花朵形的模子中，盖上盖子。只需30秒的时间，一锅新鲜小蛋糕就出炉了。如此简单的制作程序，如何让"蛋糕哥"成功逆袭，扭转自己做什么亏什么的局面呢？

5年前，他来到杭州下沙这个地方卖小蛋糕，像很多商贩一样，一直默默无闻地工作。而他之所以突然被很多人知晓，还是源于一次巧合。杭州电子科技大学一名学生为应付作业采访了他，随后他又被该学生邀请到学校座谈会，从此红遍整个下沙，并受到了媒体的广泛关注。

自我营销也是"蛋糕哥"创业成功的关键因素之一。他自创经典雷人叫卖语录，首先走红网络："来小蛋糕、鸡蛋糕，纯手工打造，现场直播，闪亮登场，火爆进行中！""小蛋糕2.0，火爆升级中啦！""小蛋糕3块3块，全场85折，标准跳楼价！"这些叫卖语当时被杭州电子科技大学的学生写成经典语录放到了网上，之后他又参与了传媒大学某学生拍摄的微视频，继而一夜成名。

成名之后，"蛋糕哥"的生意更好了。这让他觉得网络营销真是一个不错的方法。在2010年元旦，他开通了微博，还申请了实名认证。当时，网络社交工具刚从博客转向微博，一时之间微博红了半边天，很多人都没有想到，小商贩还申请微博。但"蛋糕哥"就是要紧跟潮流，刚开始他的微博的影响力很小，因为他的粉丝很少。为了让更多人关注他，他做了一些促销活动，并将优惠信息发布在微博中。他提醒前来购买的人群关注他的微博，优惠多多。他还在微博上发布产品信息、征求粉丝的意见和建议，后来很多顾客都是因为关注了他的微博才来光顾他的店铺。通过微博吸引的顾客，大概占了他营业额的15%左右吧。

不仅如此，在他得知"一个煎饼阿姨的O2O启示"的事例后，他觉得这是一个不错的想法，于是，他便开始通过建立QQ群和利用微信等方法营销。如今，他的店铺墙上贴一张带有二维码的漫画：印有楼智杭头戴绅士帽的画像。而且他还在装小蛋糕的纸袋上也印上了"好吃才是硬道理，再不买就涨价了"以及制作二维码等。每次见到顾客，"蛋糕哥"都会指着墙上的二维码会告诉大家："蛋糕迷们，这是我的微信二维码，名字叫杭电蛋糕哥，有事没事我们都可以一起交流心得哦。"

最近，有人发现"蛋糕哥"的微博、微信、QQ空间的动态更新速度越来越快。据他透露，目前他的这些营销工具已经让财经大学的学生团队帮忙打理，他自己也经常在这些平台上跟大家一起互动，还会发布一些自己最近新研制的产品的消息，有时还会让粉丝们提出改进意见和建议。如今，他的蛋糕店又多出了几种花样，这些都是粉丝们的功劳。

如今，"蛋糕哥"的小蛋糕店遍布整个下沙的大街小巷，而且越来越多的大学生想加盟他的小蛋糕店。他说："我本身只有小学文化，当然会优先考虑让想创业的大学生加盟，这样可以弥补我在学历上的不足。"

"蛋糕哥"很愿意和大学生们交流，因为他觉得大学生都有很多新奇的想法，也能跟上时代的前沿。在大学生的建议下，他还计划拍微电影。他的目标是将所有能动用的网络营销手段都用到自己的产品推销上。

10.6 "史上最无理"的会员募集活动

不久前，"罗胖"罗振宇做了一件轰动网络的"大事"——发起一项"史上最无理"的会员募集活动，6小时入账160万。

罗振宇到底是何许人也，竟有如此大的魔力，让人心甘情愿地给他掏腰包。罗振宇，人称"罗胖"，资深电视人，曾是央视《对话》《中国房产报道》《商务电视》《经济与法》等栏目的制片人。2008年，他从中央电视台辞职，成为自由职业者。

2012年底，"罗胖"打造个人视频脱口秀《罗辑思维》在优酷上线，每周更新一期。在此节目中，罗振宇分享的内容有文化、书籍、历史等领域。《罗辑思维》充分利用微信公众订阅号、微商城、微信群等互动形式。在《罗辑思维》的微信公众账号，"罗胖"为了扩大影响力，每天都会在此平台上分享一段60秒的语音。目前，《罗辑思维》节目已经成为影响力最大的互联网知识社群，吸引了许多有"爱智求真"强烈需求的80、90后群体。

"罗胖"的这次会员募集活动，募集了5000名发起会员和500名铁杆会员。"发起会员"的会费是每人200元，"铁杆会员"的会费则是1200元，两者的会员期限均是两年。

这些会员有哪些特殊"待遇"呢？"罗胖"提出的会员的"待遇"，有些人听起来会有些扯，比如专属会员号码、专属座位、神秘礼物、罗胖好书、罗胖电影分享等，反正这些"待遇"让不熟悉"罗胖"的人看了，100%会觉得完全是扯犊子，是骗钱的没用玩意儿。

但是这次会员募集活动，"罗胖"仅用了6个小时，就将5500个会员名额售罄。这样的结果让很多人都意想不到。仅仅6个小时，"罗胖"通过支付宝、银行等途径就将160万元轻松入手。待活动截止后，还有人不断汇钱过去，罗胖只好@罗辑思维朋友圈在微博上请求别再付款。

这个胖子也太牛了吧，他究竟是采用了什么神奇的方法，让一些人心甘情愿为他掏腰包？后来，有人采访和"罗胖"一起合伙打造《罗辑思维》的独立新媒创始人申音，他说到了"粉丝经济"。

《罗辑思维》节目除了内容丰富，语言幽默，观点独到，还常常通过微信与粉丝互动，从而吸引了大量的忠实粉丝。这些忠实粉丝看到了《罗辑思维》发起的募集活动，自然会因为他们爱这个节目，心甘情愿地捐钱。这就应了一部电影里的那段台词："客人：恭喜啊，你终于嫁了一个符合你长长标准的男人。主人：其实他一条都不符合，只是因为我爱上他了。"这就是"爱"的伟大。

凯文·凯利曾写过一篇文章《一千个铁杆粉丝》，里面有一句话：任何创作艺术作品的人，只需拥有1000个铁杆粉丝便能糊口。这足以说明了粉丝给大家带来的经济效益。

做微商也是一样，要通过微信、微博等一切营销手段，为自己发展铁杆粉丝，有了铁杆粉丝，他们自然愿意响应"偶像"所做的一切活动。而发展"铁杆粉丝"的前提是，努力为粉丝带来精神上、心理上或者物质上的满足。你还可以学习"罗胖"，在线发展一些会员体系，为会员提供专属优惠。

第11章
别踏入微商赚钱的误区

在移动互联网时代，一切新东西的出现，既有机遇，又有挑战。任何的成功都不是随随便便的，要跟上时代的变化，传统微商已经过去，新的微商时代已经来临。微商们要转变思路，不要再靠刷朋友圈、发广告做微商了，也不要没有自己的主见，别人干什么你干什么，别人说什么你做什么。

11.1 刷朋友圈能月入10万

如果说在微商刚兴起的时候，你靠朋友圈刷屏能刷出个月收入两三万来，我信！但现在，你再说你能刷一个月屏，赚两三万，就是打死我我也不能相信。现在，一个微商新手刷一个月屏，能赚两三千就阿弥陀佛了。

下面我举一个刚刚发生在我身边的一个血淋淋的事实：王莉娜是我的一个朋友，她上个月月初转做微商，为了快速发展，她招聘了两个客服，前期她用价格竞价的方式，收集了1000多名精准顾客，然后让客服疯狂刷屏。结果呢？她每天的出货量不到5单。也许有人会说，她才做微商一个月，这个成绩已经不错。好吧，我服了你。那我再举一个例子：我的另一个朋友去年10月份开始做微商，他靠付费的方式在淘宝上面买了5000个精准顾客，用了三个微信号，现在刷屏刷了8个月了，一天最多的时候才出15单，靠三个人刷了8个月，现在快要面临倒闭了。所以说，微商刷屏赚钱的窗口期已过。

看到上面的例子，你是不是觉得微商现在不赚钱了，当然不是！还是有20%的人，找到了朋友圈卖货的正确方法的。只有他们才真正赚到钱了。剩下的那80%的人，仅仅充当了炮灰的角色。这20%的人除了刷屏，他们每天都还做些什么呢？

如果你有心思对这20%的微商进行深入的解析，你就发现他们成功的秘诀大同小异！其内容如图11-1所示。

秘诀一	以真实的面目示人
秘诀二	广告+评论
秘诀三	互动+点赞
秘诀四	发展自己的微商团队

图11-1　成功微商的秘诀

1. 以真实的面目示人

成功的微商，他微信上显示的所有信息都是真实的，比如，头像使用自己的真实照片，用户名或昵称中含有自己的真实姓名，个人信息中的电话、所在地、年龄等信息均为真实的。试想，如果你打开一个人的朋友圈，看到的是一个真实的、有血有肉的大活人，你会有一种踏实的感觉。如果你翻遍一个人的朋友圈，他姓氏名谁，长什么模样，是哪里人都搞不清楚，你一般不会去他那里买东西，因为人都有防备心理。况且越来越多的网络诈骗让人心理更加忌惮，更不会轻易相信网络上的一些东西。如果你给人一种感觉：不能确认他是否真实存在。亲爱的，你拿什么让大家相信你卖的是真货，相信你不是骗子？

2. 广告+生活

成功微商的朋友圈信息中，他们的产品硬广告只占3成，剩下7成都是一些微商技巧、产品使用技巧、生活秀、日常活动、心情分享等生活化信息。当然了，秀生活不等于作秀，一定要是真实的生活写照。还有就是在朋友圈如何发图的问题，比如，你要发产品使用效果图，千万不要在网上随便找一张，你要把自己当模特，发一些你自用的实拍图。因为现在假货很多，特别是化妆品，很多人都对网上的产品心有余悸。如果他们在你的朋友圈看到你自己使用的照片，他们才会对你的产品放心，因为他们觉得你自己都在用，那么，一定不是假货了，如果他们需要的话，自然也会放心购买了。

3. 互动+评论

成功的微商都特别喜欢与朋友、粉丝们互动，包括聊天、评论和点赞。他们几乎一整天都在想着该怎么互动，该和谁互动，该如何对朋友、粉丝们的说说评论等。而你呢？不对朋友圈专注，你就做不好微商。

在他人的朋友圈中评价和点赞是很重要的，这也是增加互动的有效手段。但你要连续地去关注、去评价，而且你的评价内容一定要是自己写的。评价的时候，内容也千万不要应付了事，比如，"好""早""哈哈""呵呵"，你要有一些实质性的内容，你的评论内容要让对方也能用心回复你，这样才能达到互动的效果。

另外，当别人对你的动态评价后，你一定要回复别人。这样会让给你评价的人有一种被重视的感觉。不管你是不是在忙，都要做，不要给自己找借口，也不要给自己找理由，微商靠的就是用心经营。

4. 发展自己的微商团队

成功的微商都有自己的团队，要想赚大钱只能靠团队，毕竟一个人的力量是小的，团队的力量才是无穷的。商界有一句经典之谈——"薄利多销"，成功的微商在自己的团队中也是用的这种方式，买的产品越多价格越低，这就促使大家从他们那儿买更多的产品，那自己赚的当然也就多了。他们的产品价格越低，吸引的人也就越多，而且他们绝不会做"一锤子买卖"，他们对自己团队的成员很大方，有钱大家赚，而不是让自己一个人赚，这样他们建立的微商团队才长久不衰。

上面都是成功微商的共同秘诀。如今，那些还天天梦想着靠刷刷屏，就月入过万的小白们，醒醒吧！那些朋友圈除了广告看不到任何东西，一分钟恨不得刷10条信息的小白们，也醒醒吧！要知道微信不是淘宝，切忌用卖货的思维做微商。

微商要温柔刷屏。为什么要说温柔刷屏呢？不是不支持刷屏，刷屏本没有错，做微商，你不刷屏，别人根本不知道你的产品信息，那你的产品自然是卖不动的，所以，要学会温柔刷屏，而不是暴力刷屏。所谓温柔刷屏，既要刷屏，又要让大家觉得你不是在刷屏。当然温柔刷屏是一个技巧，也是一个技术活，它需要在数量和内容上有严格的限制。到底一天发多少条微信合适呢？如果你是做微商，一般6～8条是合适的，其中两条产品广告，三条生活分享，一条情感，其他的有就分享，没有就不发。还有就是不要一味地复制别人的信息，要有自己的原创，而原创的信息要有内涵，有娱乐，有亮点。

在朋友圈营销，除了要学会温柔刷屏，还要知道它真正的精髓是通过分享建立信任，水到渠成地去销售产品。在朋友圈营销，虽然我们的目的都是卖货，但千万不要从一开始就奔着卖货的念头。如果你有这个念头，那你从最开始就败了！不要看别人晒着账单赚着米，心里就不是滋味，也想狂发产品赚米，我劝你还是继续好好上班，继续看别人赚米，继续羡慕嫉妒恨吧！如果真的想通过朋友圈赚钱，那从现在起，忘掉自己是个微商吧！

11.2 随便发发推送内容

很多微商都有此困惑："为什么我每天都推送好多内容，我的销售业绩总是没有别人好？为什么我以前效果较显著的方法，现在都不管用了呢？"如今，微商时代已经变了，如果你还认为，只要随便发发推送内容，就能带来客源，卖出去商品，那你就大错特错了。要知道，新的微营销时代已经来临，不要再沉迷于以前的微时代了。

利用推送消息吸引顾客是微商每天都必须要做的事情，但很多微商在微信营销推送信息方面存在3大方面的误区（如图11-2）。

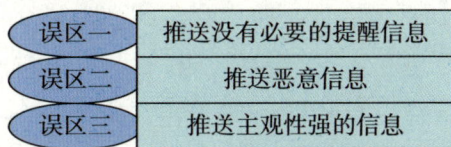

误区一 推送没有必要的提醒信息
误区二 推送恶意信息
误区三 推送主观性强的信息

图11-2 推送消息3大误区

1. 推送没有必要的提醒信息

很多人为了让顾客买他的产品，总是在推送消息中赤裸裸地提醒大家购买、转发等消息，比如"我的××产品质美价廉，快来购买我的××产品吧"。殊不知这样的提醒消息会增加读者的"负担"，从而引起他们的反感。最近，微信也在打击提示转发等营销性伎俩。所以，微商在推送消息中，不要赤裸裸地出现提醒字眼。

在推送消息中赤裸裸地提示营销肯定是行不通，但在一些好的推送内容中我们又不得不发一些提醒信息。好内容在微信里面流传，也是一个增加微信活跃度和黏性的形式。所以，我们有必要做一些提醒。一般来说，推送内容中的必要提醒有三个（如图11-3）

通常情况下，一些必要的提醒信息应放在推送内容的最后，或者在内容中自然而然地提到，而不能上来就让别人关注你，购买你产品。

2. 推送恶意信息

有些微商不重视潜在顾客的体验，恶意推送一些广告或垃圾内容，这无疑是一件既浪费时间又浪费精力的事。任何营销，都要以注重顾客的体验为核心，只有把顾客优化到位了，顾客才能对你的产品产生信赖感，你的推送信息才算有价值，否则，你做的微信营销就做失败了。所以，在你推送信息的时候，必须要考虑到顾客的体验感受。

提醒一	关注提醒，比如提醒大家关注你，将能了解更多信息。
提醒二	转发提醒，比如提醒大家帮你转发，为什么转发等，这能扩大推送内容的传播。
提醒三	回复相关的提醒，比如回复"××"查看哪个栏目的内容，回复"××"可以得到什么好处等，这能提升推送内容的内在粘着力。

图11-3　推送内容提醒

特别是在微信公众平台上，有些人会订阅你的公众号，这些人无疑是你的潜在顾客，他们肯定是对你的产品感兴趣，否则，他们就不会订阅你的公众号。对于这些人，你更要对得起他们的眼睛。在推送内容之前，你首先要分析你的潜在顾客喜欢什么样的内容，摸准潜在顾客心理。如果你实在没有内容可推，不要为了增加曝光率，恶意推送一些没用的信息。因为如果你不考虑顾客的心思，你的潜在顾客就会离你越来越远。

3. 推送主观性强的信息

推送的内容一定要站在顾客的角度思考，思考目标群体顾客喜欢什么内容，想要什么样的价值，而不能以自己的主观意愿推送自己想要的信息。顾客就是上帝，这是亘古不变的真理，多为顾客着想，放下你自私的想法，你的顾客会越来越多。

11.3　大家走这条路我也要跟着走

很多人做微商都因为盲目跟风而"死"掉了。这绝不是危言耸听，而是我身边一些微商朋友们的真实例子。

有的人看着别人做面膜，他也跟着做面膜，做了一段时间之后发现没有想象中那么好做，这时候又寻思着做另外一个。于是，他看见了别人做减肥产品，他又跟着做减肥产品。谁料还是没有想象中的那么赚钱，接着又看到……就这样一直恶性循环，到最后一事无成。

不要看见这个做得好就心动，也不要认为跟着群众走准没错。因为你销售的好坏跟这款产品火不火没关系，也跟别人卖得好不好没关系，关键是你能不能卖好。不要看现在微商卖面膜的特别多，就觉得大家走这条路我也要走这条路，你有没有想过，这么多人卖这款产品，钱都让那些有销售经验的给赚走了，像你这样的菜鸟再进去插一脚，你怎么能竞争过他们，到最后还是看着别人挣钱，自己眼红。

也有的人看见别人花钱买粉，自己也跟着买。花钱买粉，可能是很多微商都做过的事，但如果你能静下来认真思考一下，就会觉得这个方法不可取。你要知道，你之所以千方百计地让顾客关注你，目的就是为了从他们身上赚钱，而不是你去花钱买他们。况且你的这种做法又跟明星签合同不一样，你在他们身上花了钱以后，他们会帮你赚取更多的回报，但是你买的这些粉丝就是一群僵尸粉，除了占用你的空间，没有任何好处，更不会给你带来回报。

还有的人看见别人到微信群去推广，自己也疯狂地在贴吧、微组队、论坛等上面找一些微信群，然后加进去。你不知道那些用来推广的群，都是别人费心建立的吸引顾客的群，你想不出力就想在上面推广，那是不可能的。因为很多群的建立就是为了推荐自己的产品，如果你在别人的群里发自己的产品，群主肯定不乐意，二话不说就把你"踢"出去了。

即使好不容易有一个群让你加进去了，很大程度上那些你能加进去的群，里面真正的顾客很少，基本上都是和你一样做微商的。这些群里面整天广告满天飞，进去以后不是推荐，就是比谁的广告刷得最狠而已。所以，还是不要费力去网上找微信群了，倒不如自己建一个微信群，吸引自己的顾客。

盲目跟风不可取，虽然有些人也知道这个道理，但为什么他们还是忍不住要跟下去呢？我们要从以下（图11-4）3个方面进行分析。

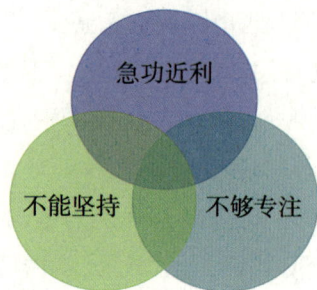

图11-4　盲目跟风的表现形式

1. 急功近利

很多微商每天都会在朋友圈晒"米"，比如，发一些代理们的微信聊天内容的截图，内容大部分就是代理商说产品多么好卖，1个月甚至1星期就卖了多少，赚了多钱等。看到这样的信息，很多人都心血沸腾，便加入了做微商的行列。而为了能赚更多的钱，便学着别人囤了很多货。因为进的货越多，价格越便宜。但是你有没有想到，别人进的货多，是因为他们已经打开了销售渠道，而你一个微商新手怎么能有这么大的魄力。不仅如此，还有人因为看到别人做微商挣得比自己一个月的工资多好几倍，自己就想：这么赚钱的事情我怎么能错过呢！干脆，辞职了去做他们的代理。到最后发现做微商没有自己想象的那么容易，只能后悔莫及。

做微商，千万不要心浮气躁，总想一口气吃个大胖子。别人做微商挣钱，那都是靠一点一点积累而来的。你要静下心，慢慢来，这样你才有可能靠微商赚大钱。

2. 不够专注

有些人做微商，产品太杂，主要原因就是做事情不够专注，只有三分钟热度，今天看到别人做的这款面膜卖得很好，就买了货准备做面膜，结果面膜还没有卖出去几个，又觉得别人卖零食挺挣钱的，又去进了一批零食，到最后什么都没卖好，还花了一大笔钱，真是得不偿失的。

做微商，最重要的就是专注，专注于一款产品。你把一款产品做好了，就已经很了不起了。假如你已经成为一名微商高手，你可以做一些其他产品，但如果你现在还是一名微商新手，还是老老实实地做一款产品吧，因为朋友圈有太多的东西是微商新手驾驭不住的。

3.不够坚持

做微商前期是很累的，你不仅要学习如何做微商，还要不断地绞尽脑汁想一些新奇的点子吸引顾客、发帖、更新朋友圈，每天都要重复做这些事，遇到奇葩的顾客还要受他们的气。不仅如此，有时候你虽然很努力很努力，最后也只是挣一点钱，甚至不挣钱。在这个阶段，你会面临很多压力，不仅是自己给自己的压力，还有旁人给的压力，他们看你挣不了钱，就劝你微商不好做，挣不了钱，还是放弃吧。有些人在这时就会因为承受不了压力而有了不想做的念头。其实我完全可以理解他们的心情，但是我还是劝你要坚持下去，不能别人说微商不好做，你就不做了。

马云说："今天很残酷，明天更残酷，后天很美好，但是大多数人死在明天晚上，看不到后天的太阳。"挣钱难，创业更难，你要想在微商行业打出一片天空，不是轻而易举就能成功的，如果你遇到困难就选择放弃，那你什么也做不好。所以，在你想放弃的时候，再坚持一下，说不定马上就能成功。记住，想要做好微商靠的就是坚持，就绝不能"三天打鱼，两天晒网"。

11.4 张口闭口都是产品

有些人跟顾客聊天张口闭口都是自己的产品如何如何，发消息除了打广告就是打广告。他们总抱怨：不发推销产品，不发广告，我还能做什么啊？相信很多微商小白们都曾因为这样的问题而困扰许久。

其实，仔细想想，做微商的，他们自己肯定也不想张口闭口都是产品，不想天天没完没了地发广告，不想被朋友给屏蔽掉，不想自己的闺蜜好友从此对你退避三舍！但是，做微商就是要卖东西，要去展示自己的产品，不推销产品，不发广告，别人怎么知道你卖的是什么，产品质量怎样？这是一件很矛盾的事。正是因为这样，现在很多微商朋友都做不好，甚至不是做不好，而是压根就没人搭理！

那么，做微商除了发广告、推销产品，到底应该怎么做，才能让他们对你发的东西不反感并购买你的产品呢?

首先我们要回到微商的根源。你发的信息之所以让顾客反感,最根本的核心点就是你没有站在顾客的角度思考。想想你发什么信息他们才不会反感呢?要让他们不反感的前提是什么呢?我觉得需要有这么几个前提:

第一,以不急于求成为前提

有些人做微商就是太急于求成了,看见好友在线,张口就是介绍自己的产品,总让好友觉得不买他的产品不好意思,买了他的产品自己也不舒服,最后好友都害怕和他说话,甚至看见他就"跑"。不仅如此,他们看见有人加他为好友,就使劲向人家推荐自己的产品。在没有情感的基础下,他们这样做会让顾客产生这个人是不是销量不好或者是骗子的误觉。最后就是他们想买他们的产品,也因为有所顾虑而放弃了。

对于熟人和朋友,他们看到你朋友圈发的产品信息,如果真的想买你的产品,就会主动向你提出来,如果他们没有提出来,说明他们不需要你的产品。这时你再厚着脸皮给他们介绍你的产品如何如何的好,会让他们觉得你对他有利可图,他们自然不乐意。而对于一些新关注你的好友,你们之前根本不认识,他们加你肯定只有一个原因,就是对你的产品感兴趣。既然对你的产品感兴趣,他们肯定会主动找你沟通,这样你才不会处于被动地位。如果你一见到别人加你,就急着推销你的产品,他们会以为你这么闲,肯定生意不怎么样。你要学会掉顾客的胃口,你越是巴巴地去找他们,他们越会觉得你的产品不好或者怎么的,你若对他们稍微冷淡一些,他们越是信任你的产品。

第二,以交朋友为前提

对于新关注你的好友,你们在沟通时要学会分析他们的心理,要知道自己该怎么做才能增加他们对你的信任感。当然前提是你要把他们当作朋友,先让他们认识你,等你们的朋友关系建立之后,你们就是很友好的线上朋友!这样的话,你再宣传产品,他们对你的信息就不会那么的反感。

对于个人微商,顾客选择从你的店铺买东西之前,他们往往会先选择看你这个人,如果信任你,那就好办!他们信任你,就算你发广告,对他们来说也是一种帮助。如果真正解决了他的问题,最后说不定他还会感谢你。不久前,小米公司的一个顾客给他们送了一个特殊的礼物——亲手捏造了一个小米手机模型送给小米公司，表示感谢！你想想，如果你能和顾客达到这种关系，那未来，不用想就知道答案了。

第三，以让顾客感兴趣为前提

如今，铺天盖地的广告信息，让大家看得眼花缭乱。做微商让顾客购买你的产品，肯定不是因为你赤裸裸的产品广告，而是你发的其他一些信息。这些信息是什么呢？就是把广告的直接程度降低一点，让人看起来不是广告，但却能让他们猜出你卖的产品是什么，产品质量如何。

如果你是卖面膜的，那你可以发布一些稀奇古怪的面膜贴法，比如用面膜来敷腿，敷手，甚至给你家狗狗敷面膜。当然这个不可以的，因为狗狗有毛毛！如果你卖的是鸡蛋，那你可以发一些自己做鸡蛋的照片，以分享美食和艺术的形式来传播你的广告。如果你卖的是化妆品，把你化妆前的照片和化妆后的照片拿出来对比，大家看到效果后，就知道你的化妆品质量不错。这样的微商别有用心，他们发的说说特别有意思，都是一些有趣的图片加文字。当然我这个人比较会编造故事，也很幽默！所以，做微商发产品宣传信息，就要有一种无声传达有声的效果，而且能达到"无声胜有声"的境界。

总之，尽量把你的推销信息以另外一种形式来传播，而不是产品本身！这样的话，顾客才不会觉得反感，反而对你发的信息很感兴趣。

11.5 做微商就要囤货

什么是微商囤货呢？它是把传统经销机制照搬到移动互联网上面。在传统经销机制下，厂商一般根据进货量的多少为经销商制定出相应的级别，有些经销商为了达到某种级别要求，他们会多进一些货，这就出现了囤货的现象。

如今，大部分微商最熟悉的操作模式也是囤货。然而囤货却一直饱受争议，它可能会存在两个极端。一种极端的人会说，你囤的货越多，你的拿货价越低，你的格局就越高，不仅可以做零售，还可以招下级代理。如果你是一级代理，就可以招二级代理，但二级代理拿货是价格会比一级代理高一些；如果你是二级代理，可以招三级代理，三级代理拿货的价格会更高一些；但如果你拿的货少的话，只能做特约经销，你的拿货价格最高，而特约经销只能做零售，你的投资少了，但成本却高了，利润自然也就低了。下面是一份与大部分微商招商雷同的价格表（图11-5）。

产品名称	产品说明	市场价	微信价	一级	二级	三级	特约经销
隐藏		299元	239元	85元	100元	115元	130元
加盟条件				40800元	14400元	5520元	1560元

图11-5　微商加盟条件

另一种极端的人就是谈囤货色变，你囤了那么多货，如果卖不掉怎么办？如果不好卖又怎么办？如果……

"微商不囤货没出路""微商有货才有底气"……目前，各种各样的鼓励微商代理们囤货的说法在微商圈内层出不穷。虽然层层囤货在短期内确实造就了一批微商的突起，同时也在诱惑着大批即将进入的传统品牌。但同时盲目囤货的危机，正在逐步发生。

微商并非传统经销商，不一定具备供应链经验、库存控制能力和分销能力。所以，盲目囤货存在一定的危机，比如它会导致产品和用户断裂，其具体内容如图11-6所示。

危机一	由于微商囤货压力大，个人分销能力限制等原因，将会破坏品牌和用户间关系（价格、服务等）。
危机二	产品大量囤积，无法直达消费终端，无法快速升级产品。
危机三	部分微商违背微信产品特性，粗暴销售，售后服务差，导致最终品牌为负面信息买单。
危机四	人为囤货，影响产品自然复购，产品流转出现天花板，产品与用户没有形成闭环。

图11-6　囤货危机

1. 囤货的优劣势

微商到底应不应该囤货呢？

囤货有一定的好处，它可以让你看到产品，给你一种无形的动力和压力，让你想方设法把产品卖出去。你还可以把这些产品当作你的"道具"，拍摄一些产品图片发到朋友圈，比如，你的朋友来你这取货，你可以把他们取的货摆出来拍摄一些图片做"证据"；或者快递来取货的时候，你把一个个包裹放凌乱，拍摄一些走货量大的"证据"。然后把这些最真实的照片发布出去，这会给人一种真实的感觉。

虽然囤货有一定好处，但是其弊端微商们也是不容忽视的。所以，微商们一定要理性对待囤货这个事。有些上家他们会根据你的经济条件或实力让你囤一些货，这样的上家是好的，而有些不负责的上家为了不要自己积压货，他们才不管你能不能销售掉，能不能招到代理，总是用花言巧语骗你要囤货，他们恨不得把货都压给你，甚至不能退。这样就使一部分听信上家的微商囤了货卖不掉，或者说钱都压在货上了，让自己陷入了进退两难的地步。所以，微商切不可盲目囤货，当你准备囤货前，一定要根据自己的经济条件、顾客资源和自己的能力来决定自己要不要囤货，或者是囤多少货。

做微商还要有自己的主心骨，不要听一些"高大上"的话，比如"只有压力才有动力""你只要努力，一定能卖出去的"一类的话。虽然每个人都有足够的潜力让自己去开发，一些人总认为，只要能赚到钱，我可以比别人努力，也能比别人能吃苦？但是有些事情不是靠你努力、吃苦就能做好的。

所以，在你没有能力卖出大量的货之前，你千万不要意气用事，否则你囤了那么多货，这种压力会把你压死，压得你喘不过气。在这个时候你再想心平气和地学习提高自己做微商的能力，恐怕是很困难的。到时候你只会自乱阵脚，逼自己恨不得无时无刻地去宣传自己的产品了，恨不得见人就求他们购买自己的产品。你越是这样效果反而就会越差，到最后你就后悔自己当初为什么傻傻地囤积这么多货。虽然当时进货的价格便宜，但是你没有卖出去，再便宜的货到最后也只能折本，把产品给自己用，或者给亲戚朋友用。

要知道，微商囤货的目的是为了更好地卖货，而不是把货囤起来，最后把它们给自己用或者分给他人用。现在的一些微商很多时候因为产品卖得不是太好，而囤的货又比较多，自己就开始挥霍使用，甚至于把手上囤积的产品送给朋友或同学。这些微商这样做的结果只会导致自己对微商失去信心，更挣不了钱，甚至放弃做微商。最后产品到不了消费者手里，只能囤到自己手里。

如何做才能让你囤了货，而又不会陷入进退两难的地步呢？比如你做减肥产品，首先你要做的就是定位某些减肥关键词，定位到减肥人群，再在这些人群中做试用，做推广销售。当你接触了很多真正的消费者后，你再去将他们转化成你的粉丝代理。通过这个环节不断提高自己的基调，你才不会感到压力，而且在这个过程中你还能很好地了解产品，接触到消费者环节才是最良性的销售模式，并结合自己的计划来囤货。

2. 不囤货微商怎么玩

盲目地囤货是不可取的，它只会给自己带来不必要的麻烦和烦恼，也会造成资金周转问题。而且对于一些保质期很短，运输有困难的产品可以不必囤货，或者只能进行少量囤货，也能赚很多钱。那么，不囤货的微商是怎么玩的呢？

如今，现在市面上很多分散的个人微商，他们不像传统的微商那样，主要依赖个人承载品牌顾客服务的功能。而他们一方面因为不具备完善的专业顾客服务素质，另一方面因为他们都是小规模营销，根本没有专门的售后服务，所以，他们的售后的服务是参差不齐，他们一般不适合囤货的微商模式。

要想做不囤货的微商，你就要改变经营模式，将自己的主要精力集中在社交互动转化以及顾客社交维护上，配合品牌标准化的顾客服务、物流配送、售后跟进以及顾客增值等，使终端消费者享有更好的服务。在品牌的"优质产品 + 专业化服务"下，形成更为稳固的互补共赢关系。所以，不囤货微商模式对品牌方和微商的要求都高，品牌方要提供标准化的高品质货源、顾客服务、物流输送以及定期动销主题活动等。

广州最大的新鲜蔬果批发市场10年来一直依赖传统的营销模式。最近该企业通过运用大部分微商不敢尝试的"不囤货的微商"，即个人只需通过社交关系挖掘需求并收单，品牌方统一进行标准化物流派送及品牌顾客服务。没想到，在这种新型营销模式下，其销售量远远超出了预料的很多倍。仅在4个月时间内，该企业的月流水突破百万。而且该企业的7天个人微商动销活动周期，参与微商不足100人，但共完成销售量超7000斤。

做广州果蔬批发市场的微商，他们做得好的，每月的业绩能达到6~7万，做的一般的微商每月也能拿到几千。可以说，广州果蔬批发市场成功实现了传统营销向可持续的微商模式的转型。

广州果蔬批发市场是如何做到的呢？广州果蔬批发市场与微商之间，他们趋向于合作的关系，各自在产品生产与销售环节中发挥相应的作用。产品怎么定价、包装、物流运输等这些信息都是广州果蔬批发市场给出的，微商只需要将这些信息传递出去，将顾客吸引过来，并对顾客解答疑问，还负责下单到广州果蔬批发市场系统上。系统接到微商下的订单后，将果蔬产品通过物流运送到顾客手上。如果物流中途出现损坏，则由广州果蔬批发市场方来做售后客服以及赔偿处理。

对于不想囤货的微商，你们无需顾忌复杂的寄送运输，而是要投入更多的精力在个人的社交优势上，实现品牌与用户之间友好的社交互动，提升消费者转化率和复购率。

第12章

小心！"危"商来了

　　微商淘金热，像层层热浪迎面袭来，市场日益火爆，但同时鱼龙混杂，稍不留神，就会在热闹之下掉入陷阱中，微商便会变"危"商。所以，微商在选择代理商和产品时需要"擦亮眼"，还要增强法律意识，以免给一些投机取巧、钻空子的人以可乘之机。

12.1　美女微商进货被骗30万

网上购货与在实体店购货还是有差异的。在网上购货，一切都是虚拟的，你见不到卖主，只能通过电话、微信等工具联系，也看不到实际的商品，商品质量是一个未知数。这也是有些人不愿意在网上买东西的重要原因。

年初，郭先生在朋友圈无意间看到一位微商正在特价促销某品牌的保健品，每盒价格比实体店要便宜100元。当时，郭先生心动了，于是他关注了这个微商，并在他那里买了5盒。这位售卖保健品的微商要求郭先生先通过微信支付将货款打给他，他才发货。于是，郭先生把货款打给这位微商。两天后，郭先生收到货，打开一看，让他大失所望，这款保健品的包装、生产日期模糊不清。郭先生才反应过来，自己被骗了。

于是，郭先生立马给那位保健品微商打电话要求退货。可是该微商不同意郭先生的要求，挂了电话就将郭先生从微信中拉黑。郭先生非常生气，便向当地的工商部门投诉。然而在工商局的工作人员向他询问时，郭先生显得有些底气不足了，因为他除了知道那位保健品微商的微信号、电话号码以外，其他的一概不知。由于郭先生采用的是网络销售渠道，既没有收据也没有发票等证明，所以，他的维权之路困难重重。

无独有偶，下面的一位美女比郭先生更惨。近日，"一美女微商在微信上进货被诈骗30万元"的消息在平阳县的多个草根微信公众号上迅速传播。该推送内容是由受害者自己发出的，她自称被诈骗30万元，并将对方姓名、身份证号码、户籍所在地、联系方式在网上予以公布。

不仅如此，她随后又在其网名为"爱丸子的丸子妈咪"的新浪微博上发布一则信息："这不是愚人节的玩笑，我们被人骗了30多万，我不知道这几个人是处（出）于什么心里（理）来骗我们的，希望这个94年的小姑娘自己出来投案，麻烦大家转发一下……"并附上一组"骗子"的个人信息的一组照片（图12-1）。

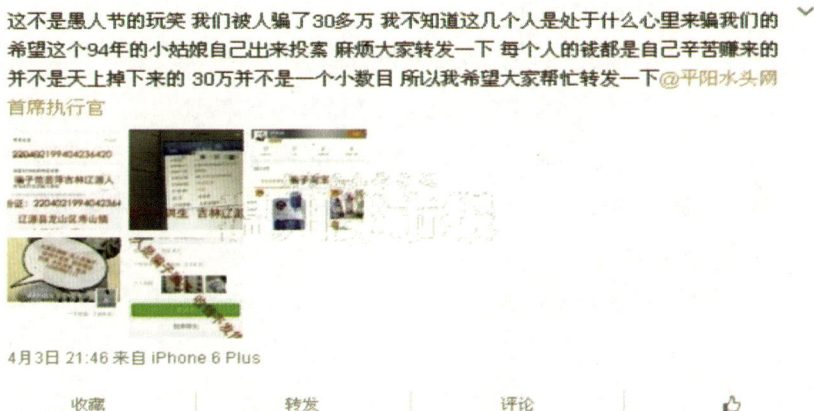

这不是愚人节的玩笑 我们被人骗了30多万 我不知道这几个人是处于什么心里来骗我们的 希望这个94年的小姑娘自己出来投案 麻烦大家转发一下 每个人的钱都是自己辛苦赚来的 并不是天上掉下来的 30万并不是一个小数目 所以我希望大家帮忙转发一下@平阳水头网

首席执行官

4月3日 21:46 来自 iPhone 6 Plus

收藏　　　　　转发　　　　　评论

图12-1　被骗美女微博截图

这则消息一经曝出，立马炸开了锅儿。据新浪微博账号为"龙港大叔新闻"称，"爱丸子的丸子妈咪"的网友还将这些信息私信给账号管理人员。"龙港大叔新闻"也将该新闻在其微信公众号中，以"一美女微商微信上进货被诈骗30万元"为标题作为当日头条推送。很快，"龙港大叔新闻"的这条微信推送内容，又被当地各媒体大肆推送，引起线上线下的广泛关注。

事实真如上述微博上所说的那样吗？正当消息传得沸沸扬扬之际，这则消息的另一主人公"94年小姑娘"范小姐出面，她出面澄清："商品已按时发出。"记者也表示范小姐的电话并非像魏女士所说的那样关机打不通，而是在他拨通后很快就接了。

范小姐是吉林人，她做微商已经有半年了，一直做面膜批发生意。她并非厂家，而是作为中间商，推广面膜，自己赚取差价。

对于网上疯传的自己涉嫌诈骗一事，她感到十分诧异。她说自己确实收了对方的货款，但已按照约定的时间将78箱面膜发出，她对于网上称她诈骗30多万元的事件感到很无语，也很冤枉。

范小姐猜想，对方说自己诈骗他们30万，可能是因为他们觉得面膜质量没有达到他们的要求，想要退货。但是，这些货也是自己从上家那里拿的。况且这些货都是从上家那里直接发出的，根本不经她的手。她也曾向上家提出顾客退货的要求，但对方不但没有回应此事，还把她给拉黑了。因为自己也没法联系到上家，所以，她也没有办法给顾客退货。

随后，记者又联系上了网名为"爱丸子的丸子妈咪"的网友，她自称姓魏，她和丈夫苏先生都是平阳钱仓人，他们和范小姐一样也是在微信上做面膜批发生意。魏女士告诉记者，她自己也不清楚什么时候加了范小姐的微信，前段时间，她在范小姐的朋友圈中看到了她发的批发面膜的信息。

经过接触，她觉得这个"94年小姑娘"还比较靠谱，便在她那里订了10箱面膜，并由范小姐代为发货给魏女士的顾客。也就是说，魏女士和范小姐一样，他们从头到尾都没有见过这些面膜，而是从厂家直接发货到顾客手中。很快，魏女士定的10箱面膜就卖完了。看到这款面膜如此好卖，魏女士和丈夫商量后，又从范小姐那里订了68箱面膜，前后总货款30多万元。然而在第二次订货之前，原先订的10箱面膜均尚未寄到顾客手中时。

当第一批货寄到顾客手中时，魏女士的一些顾客反映，他们收到的面膜不像之前说的是韩国制造，看起来更像是国产的。听到此消息，魏女士赶紧打电话向范小姐反映这一情况，并要求退货。但是范小姐却告诉她，她定制的68箱面膜已于3月底陆续发出，不能退。

后来他们双方又多次沟通，仍没有达到一致意见。范小姐曾将魏女士的微信拉黑，也联系不上。此时，魏女士才感到不妙，便向平阳县公安局钱仓派出所报警。

平阳县公安局钱仓派出所的相关人员表示，当事人魏女士前来报警后，他们已经受理。随后他们联系上范小姐，根据范小姐提供的商品发货单号照片，可证实她的确已将货品陆续发出。平阳警方向记者证实，该案件并没有足够证据证明范小姐存在诈骗行为，这起事件系双方对商品质量存在争议，并不存在诈骗情节，因此，并未予以立案，而是先让双方协商解决。

对此，魏女士表示，范小姐在双方交易尚未完成的情况下，忽然将其从微信中拉黑，还不接他们电话，存在欺诈嫌疑。同时魏女士作为一名普通微商，她担心自己的名誉受损，才想到通过个人微博、草根微信公众号等平台，向外宣称自己被诈骗30万元，并公布对方当事人身份信息及联系方式。

此事件弄清楚后，范小姐要求"龙港大叔新闻"撤掉相关信息，"龙港大叔新闻"也及时将"一美女微商微信上进货被诈骗30万元！"等相关信息删除。最后，范小姐自称，她将设法联系其上家，尽量与魏女士夫妇协商解决这起纠纷，并表示不再追究魏女士信息曝光一事，毕竟她也是受害者。

微商也是"危"商，微商们要小心了，一定要小心网络上的诈骗行为！从魏女士这件事中，我们了解到魏女士为了图方便省事，委托厂家直接发货，这才给了骗子可乘之机。而且她又在没有确定面膜质量的情况下，大肆购买巨额面膜。像魏女士这样的微商估计还有很多，一定要引以为戒。做微商质量是关键，产品一定要是长线的品牌质量一定要过关一定要自己试用！如果你在不确定质量的情况下，把产品推销给他人，无疑是自掘坟墓。

12.2　微商存在的个人信誉危机

很多新手都会误把做微商当作在微信上进行宣传和销售产品，其实不然，微商是一个非常大的概念，微信营销只是微商的极小一部分，它还包括微博、手机QQ、QQ空间、陌陌、百度贴吧等载体渠道而产生的商机。

图12-2　微商载体渠道

　　微商和传统电商也有很大的区别。微商是在以人为主的基础上建立的，而传统电商则是以货物为核心的基础上建立的。所以，正是由于它们在本质的不同，从而造成了它们营销方法的不同。但是，很多微商，甚至包括一些有经验的微商，他们往往因为不清楚微商营销和电商营销的区别，把电商营销上的一些方法应用到微商营销上面。如果微商盲目使用电商营销的方法，有时候不会产生良好的营销效果，甚至还会对个人的信誉造成危机。这种信誉危机对微商来说，无疑是一剂致命的毒药。

　　这完全不是骇人听闻，为什么这么说呢？我们可以先从营销的本质说起，营销的主要手段就是宣传，宣传的目的就是为了产生销售。而微商作为以人际交往为基础的营销模式，你的宣传对象基本上都是相信你、熟悉你或者认识你的人，特别是朋友圈里的宣传对象，他们基本上都是你的朋友，或者朋友的朋友。如果你只是为了宣传而宣传，在朋友圈、QQ空间等社交工具上刷屏，或者赤裸裸地要求大家买你的产品，完全不考虑宣传对象的感受，那么，他们就会对你发布的内容产生极大的反感。在这个背景下你的信誉自然就会受到影响。

　　除此之外，你可能还会面临一个更大的影响，那就是如果你的亲朋好友从你这里买的产品出现质量问题或者质量较次，势必会对你的信用产生负面影响，让他们从此不再信任你，甚至会让他们讨厌你，从而把你拉黑。而且你也会在你的圈子混不下去，因为好事不出门，坏事传千里，你的个人信誉必然面临危机，从而对你的人际关系产生极大的影响。如果真是这样的话，你做微商实在是得不偿失了。

　　做微商，如果把握不好，很可能对你的个人信誉构成负面影响。如何才能避免这样的情况发生呢？我认为，你只需要做好下面（图12-3）三件事情就能够解决个人信誉危机的难题。

1. 保证产品质量

　　微商经营基本只能靠个人诚信，一旦你的产品质量出现问题，你长期辛辛苦苦建立起来的形象一下子就会被毁掉。而且微商开始时是靠熟人间的信任来起步，一旦这种信任被打破，那些有进货渠道的人就会倒戈相向。况且，随着微商市场的发展，越来越多的专职微商开始加入进来，他们甚至已经发展出了层级代理模式。所以，千万不要在这时候出现产品问题，保证产品质量才是微商发展的长久之计。

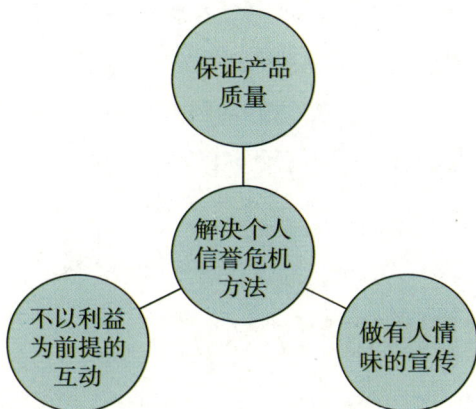

图12-3　解决个人信誉危机方法

2. 做有人情味的宣传

微商越来越火，很多朋友圈、QQ空间广告满天飞，顾客对这些铺天盖地的广告早已失去了兴趣。如果你还是像原来一样天天刷屏，结果只有两个：一是被屏蔽，二是被拉黑。所以，微商在宣传时，一定不要发一些赤裸裸的广告，要做一些有人情味的宣传，比如，KFC（肯德基）要做微商，有人说他想吃汉堡了，你就告诉他哪里最近，然后给他一张折扣券，或者订餐电话之类的，就会很好。千万别一到吃饭的点，就推送一条"要吃汉堡么？"所以，在推销之前一定要考虑到顾客的感受，根据顾客的需求进行宣传，就是最有人情味的宣传方式。

另一种有人情味的宣传方式就是给顾客的生活增添乐趣，比如，有一家很有特色的餐厅，他们通过微信告诉有限的顾客餐厅新增的特色菜品，以及最近发生的有趣故事，这也是一个情感沟通的好方式。当然顾客喜欢你了，自然也会信任你。

3. 不以利益为前提的互动

有些微商总是像个机器人一样，顾客问他什么他就回答什么，从来不会主动问顾客除了产品以外的其他信息，往往给人一种你们的对话就是为了利益而沟通。试想，谁会愿意跟一个机器人沟通呢？谁又会愿意跟一个眼里只有利益的人做生意呢？所以，如果要做微信营销，一定要学会如何跟顾客进行互动。你们互动多了，自然也就会成为朋友了。但是和你的顾客沟通，切记不要以利益为前提，否则他们会不信赖你，你的个人信誉将受到影响。

总而言之，微商营销的本质是对人的营销，商品仅仅是在对人营销的背景下的衍生产物。所以，抓住人际交往的本质才是微商营销的关键，无论使用什么方法，都要以顾客为核心，抓住了顾客的心，就能够让你无往而不利。

12.3　微商里的潜在危机

微商作为现代社会中的新兴事物，它的兴起，虽然成就了一大批富豪，然而在这个微商泛滥的年代，由于微商政策的入行门槛低，一些人为了谋取眼前的私利，不知不觉地做了一些违法行为。所以，踏入微商行列的人，要小心微商里的潜在危机。

1. 微商里潜在的刑事风险

目前微商最大的问题就是经营基本只能依靠个人的诚信，由于微商没有一个完善的法律监督系统，也没有一个明确的行业规则。消费者在向代理商索赔损失时很困难，而且执法部门也难取证，行政机关难管理。所以，在无条件的市场准入、滞后的执法监管及内部监控机制的现状下，微商里充满了诸多的不确定因素和法律风险。

微信软件的普及直接带动了"微商热"，有些人利用朋友圈平台做生意，也有人通过微信招揽一些代理商或者代购者等方式谋取差价……可以说，微信已经成为各行业人员兼职挣外快的新潮流。

同时，一些"微商月销售百万，造就创富神话不是梦""不出门也能轻轻松松收钱"等网络新闻也此起彼伏，促使公众对微商趋之若鹜。这时有些心怀不轨的微商趁着现在国家对微商没有严格的监管制度，他们就伺机钻空子，比如一些存在侥幸心理、跟风心理、从众心理的微商，在暴利的驱使下，知假售假。他们认为大家都在卖，都没事，便有了"法不责众"的心理，以为是民事关系，并未意识到这些空子里面会含有一些潜在的刑事风险。

虚拟性、隐蔽性是网络的重要特点，但是这些特点并不能成为那些心有不轨的微商的避风港。如果他们想要触碰法律底线，早晚都会害人又害己。网络不是法外空间，微商也不是法外乐园，在微信等社交软件里形成的法律关系需要法律规范及时补位。虽然我国刑法没有对网络犯罪进行单独立法，但网络经济秩序也是法治之地，社交软件里的生意同样应受到法律规范的调整。近期，微商因触犯刑法被判刑的新闻也屡见不鲜。所以，微商经营者应增强法律意识，不要因为眼前的蝇头小利断送了自己的微商前程，甚至断送自己的人生前程。

2. 微商有风险，销购需谨慎

现今微商没有严格的监管制度，部分微商又贪图利益，在一定程度上导致了"三无"产品的流入和不断泛滥。微商们要小心，对自己所销购的产品谨慎万分，不要让自己在这些潜在风险中栽了跟头。

微商市场作为一把双刃剑，从另一个角度来说，你出售一些货真价实的东西给身边的亲朋好友或者网上认识的人，如果做好了你会发展更多顾客，这样不仅可以给他们带去便利，加深朋友间的联系，还可以增加微商们的经济收益。相反，如果你因为没有仔细确认货物的质量，一旦你从上家手里不小心购买了假冒伪劣产品，而且又卖给了身边的朋友，他们发现后不仅让你的微商事业很难做下去，还会丧失别人对你的信任，你们之间的友谊也会立即化为泡影。所以，微商一定要擦亮眼睛，对自己的上家一定要有充分地了解，不能盲目相信上家的话，否则你一定会吃大亏。

另外，微商要想避免其存在的潜在危机，就要加强自身道德约束力，提高法律意识和辨别真伪的能力，还要维护好自己的权益，遇到侵权行为一定要向相关监管部门反映。由于一小部分微商的不正当行为，让很多消费者对微商都有一些看法，他们认为微商的货物没有保障，不会轻易在一些不认识的微商那里买东西。这对大部分做微商的小伙伴们来说，是不公平的，但这就是事实。所以，为了还朋友圈一片净土，让微商这个行业走得更长远，微商们要严厉打击那些破坏微商声誉的任何事和任何人。

3. 专家教你如何维权

有专家表示，消费者在投诉过程中，总体需要具备以下（图12-4）三个条件：

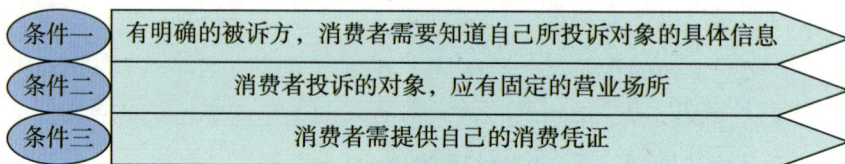

条件一	有明确的被诉方，消费者需要知道自己所投诉对象的具体信息
条件二	消费者投诉的对象，应有固定的营业场所
条件三	消费者需提供自己的消费凭证

图12-4 消费者投诉具备的条件

消费者如何维权，专家进一步解释说："如果商品质量没有问题，但其广告内容存在片面、夸大、有所倾向等问题，从而误导了消费者，则可认定该广告为虚假广告。在这种情况下，消费者可到工商部门投诉，责任方是广告发布者；如果商品的广告没有问题，而产品质量存在问题，造成消费者损失的，消费者首先应将该商品交由质监部门进行质量鉴定，然后根据鉴定结果再行处理。在这种情况下，责任方应是商品的生产商和销售商。

12.4 赶走"危"心态

微商作为新时代的宠儿，我们在接纳它的同时，更应该思考如何让自己做到更好。微商的到来，不管是商机还是危机，我们都应该做好充分的心理准备去迎接！前段时间，在网上看到这样一个数据：

最近两年是国内面膜"大跃进"的时代，市面上大大小小的面膜品牌层出不穷。如今，市面上的面膜品牌已经达到了300多个，其增长速度在这近两年间竟翻了4倍多。面膜从几年前的功效型产品已经变成了护肤的快消品，面膜市场的规模也在逐级增大。中国的面膜市场规模已达100亿元左右，目前正以每年约30%的速度增长。面膜在中国的使用人群中，渗透率已接近45%，超越了韩国、中国台湾地区。不过，繁荣的市场背后也存在着隐忧。在各种噱头充斥市场的同时，2016年微商将面临血淋淋的危机。

从上述数据来看，近两年国内的面膜行业经历了跨越式的野蛮生长。面膜是一个快消品，很多人都做起了面膜微商。一些力推微商渠道的面膜厂商声称，他们的面膜月销售量能达到50万张以上。

在销售量如此可观的背后，其实也难掩行业的隐忧。我们从微信朋友圈中就可以看出，超过50%的微商朋友都是从事面膜代理或者自主经营品牌。可能大家都有一个感觉，每次刷朋友圈，特别是在晚上7～8点之间，很多的面膜广告一涌而出。随着行业竞争愈演愈烈，面膜微商已经进入了白热化时期，有些个体微商的经营变得越来越艰难。这时有些人便开始耐不住性子了，不是拼命降价，就是打退堂鼓。这种心态是最危险的，千万不要觉得面膜不好做了，就改行做别的。因为面膜毕竟是快消品，受众人群依旧很广泛。你如果能在竞争中脱颖而出，你就是这个行业的佼佼者。

不仅是面膜行业，其他的很多踏入微商的行业都进入了白热化阶段。做微商的你必须调整一些非正常的心态，首先要改变面临竞争的心态。而相当多的线上代理商根本没有意识到，还在误区中徘徊。做微商，切忌有以下四种危险心态（图12-5）：

"危"心态一	依赖厂家不主动出击
"危"心态二	产品有竞争立马打折降价
"危"心态三	不主动学习等着被淘汰
"危"心态四	行业有困难立马转行

图12-5　微商四种危机心态

1. 依赖厂家不主动出击

在朋友圈中经常看到这样的信息："关注我，告诉你月赚10万的秘诀""私信我，让你从微商新手变成微商高手""你不得不知的微商小技巧"等，这就导致很多微商遇到竞争时往往依赖厂家给他们提供的促销方案，依赖厂家给你提供各类培训，依赖厂家帮你开发市场，依赖厂家做各种牛哄哄广告，依赖厂家返利补贴……而不主动出击。当依赖成为一种习惯时，你就失去了提升自我能力的机会。一旦厂家无法依靠时，你怎么办？到时候你只能当第一批被淘汰的对象。所以，微商要想做出突出的成绩，就不要依赖任何人，凡事靠自己，自己走出来，才是真正的路！

2. 产品有竞争立马打折降价

做微商的人越来越多，当然竞争也日渐激烈。这时一些耐不住性子的微商们为了提升订单量开始找捷径——打折降价，却不知产品一遇到竞争就立马打折降价是一种自杀的行为。尽管面膜的单品毛利较好，一级代理的拿货成本大约是30%，二级代理的成本大约是50%。他们的成本是一定的，打折降价将意味着间接抹去净利润。虽然当时你吸引了一些顾客，但导致的结果是只要你做了一次降价活动，就会给把顾客的心理价格降低，他们中的很多顾客就会等着下次降价的时候再买，如果你不降价他们将会找其他的代理商购买。所以，你不得不进行一次又一次的打折降价活动，导致以前的利润优势将不复存在。这对于大微商来说，还能承受得住，因为他们的走货量比较大，当然赚取的也多。而小微商的资源、实力都拼不过，只能慢慢死去。最后市场上存活下来的只有那些为数不多的面膜品牌。所以，对一些微商而言，折扣就等于自杀。

3. 不主动学习等着被淘汰

创业是一件非常艰难的事。而有些人做微商，给人的感觉就是"玩玩"，根本看不到他们的努力，没事的时候拍些产品照片晒晒，有事的时候，把别人发的产品广告复制过来，发一下宣传宣传。他们这样的做法在微商刚兴起的那段时间还有可能赚一些钱，现在还是这样做，只有一个去处：淘汰出局。微商的营销模式在改变，如果你不学习新的模式，你根本竞争不过那些来势汹汹的竞争者。

全球第一CEO杰克·韦尔奇说：你可以拒绝学习，但你的竞争对手不会！对于那些不紧跟时代步伐的贪婪者来说，竞争是危险的，但对那些勇于学习的强者来说，一定是千载难逢的良机!因为他们能轻而易举打败一些竞争对手。完全靠刷屏的微商时代已经过去了，现在的微商靠的是智力竞争，即服务竞争和品牌竞争。那些靠产品和刷屏的微商都会迅速被淘汰掉。

4. 行业有困难立马转行

有些微商总是害怕面对困难，有了困难他们想到的唯一方法就是"逃避"，所以，如果自己所做的产品行业一遇到竞争，他们就选择转行。转行，是一种资源的浪费，它意味着你要放弃过去积累的所有行业资源，比如产品知识、销售网络、顾客资源、区域品牌等，你将把这些辛辛苦苦获得的资本瞬间变为泡影，要重新打开一个新的出路，相当于从头开始。

现在做微商的不乏人才，你要是放弃了这些资源，想要重新再建立起来，基本上是不可能。而且你重新开发的这个行业也是人才济济，想要打出一片天来更是难上加难。所以，不要在行业有困难的时候就轻易放弃，如果你是这种心态，再换一百个行业结果还是一样——做不好也做不大，最后还要面临被淘汰的局面。

12.5 "危"商中如何求变

微商越来越火，各式各样的行业都想挤进去。那么，接下来摆在微商面前一个问题就是，微商如此之乱，明天究竟会如何？几乎没有人会给你一个准确的答案，但我可以肯定的是，传统的微商模式已经不适应微商的快速发展。所以，微商们必须转变思想，适应新的营销模式。

在新的营销模式下，新手微商应该怎么做才能做到真正的良性微商呢？下面从四个方面（图12-6）进行介绍：

方法一　产品差异化
方法二　渠道多样化
方法三　方法多样化
方法四　去传销化

图12-6　良性微商的方法

1. 产品差异化

新的微商模式已经来临，现在还想做微商的小伙伴们，在选择产品时也不再局限于化妆品、面膜、土特产品等，原因是现在做化妆品、面膜等产品的微商已经泛滥，他们已经占据了市场，如果再加入这些围得水泄不通的行列中，完全没有任何优势。而且由于一小部分微商为了一时利益，将假冒伪劣产品充斥其中，使得用户对这类产品早已失去了最基本的信任。

另外，像化妆品、面膜这样同质化高的产品，已经不再具备市场竞争力了。一些经销商为了扩大销售量，已经同意微商可以降价打折，这就很容易形成低价、促销等各种恶性竞争的局面，使这类产品不再有丰厚的利润空间，同时也限制了其市场成长空间。

2. 渠道多样化

微商渠道必须多样化。传统的微商主要靠朋友圈卖货，这也是最简单的营销方式。所以，很多新手微商在不了解新的营销模式的情况下，会依旧把微信朋友圈当作是做微商的唯一渠道，甚至于将微信电商与微商等同起来。这是新手微商必须注意的事，如果你还停留在传统微商的行列，那你将不会有所发展，很有可能在不久后就被这个行业淘汰。事实上，做微商除了利用微信以外，还有很多社交化平台，比如微博、QQ、百度贴吧等。这点在本书前面的章节中都有提到。所以，微商的渠道很多，不要局限于一个社交工具，进行多样化营销，这样你才能从各个方面吸引到大量粉丝，而且你的微商之路也能越走越宽。

3. 方法多样化

传统微商基本把精力集中在增加微信好友和微信朋友圈刷屏上，现在的微商必须使用多样的方法，因为加陌生好友的转化率极低，频繁刷屏的效果也不是很好，还会让大家感到厌烦，甚至还会被一些亲朋好友屏蔽掉。所以，微商就必须改变固有的玩法，重新寻找适合自己的销售方法。有的微商通过社群的方法发展自己的用户，也有的微商借助于微信这个最大的移动社交平台来增加产品的销售，还有的微商在微信公众平台上开设微商城，并推出上门服务，希望通过结合"O2O"的形式来做微商。其目的就是打破原来的微商模式，通过新奇的方法吸引到更多的顾客。

4. 去传销化

目前，"去传销化"是微商们面临的难题之一。什么是去传销化呢？简单来说，就是微商被扣上了微传销的帽子，将这种传销的帽子去掉，就是去传销化。为什么要进行去传销化呢？因为微商一旦被死死地扣上传销的帽子，就很难再有翻身的机会。那些带有传销性质的微商无疑是微商界的害群之马，他们会毁掉微商。所以，去传销化成为当下还想做微商的企业最大的挑战。

　　微商应如何去传销化呢？首先要做的就是改变那些最像传销的分销制度，这就要让经销商或者大微商发展区域性的一代理或者二级代理，而不是一级一级代理的传下去。其次，要明白做产品代理商的盈利核心绝不是赚取差价，而是真正靠卖出产品的利润赚钱。